地球編年史
THE EARTH CHRONICLES
7

THE END OF DAYS

ARMAGEDDON AND PROPHECIES OF THE RETURN

・完結日・

善惡大決戰與回歸的預言

撒迦利亞・西琴
ZECHARIA SITCHIN

龔力、洪禎璐
譯

讓人翹首以盼的撒迦利亞·西琴經典啟示系列的最終卷！在這部花費了三十多年研究而得來的傑作中，西琴展示了「過去即是未來」這一靈性觀點引人注目的新證據：人類和地球，屬於一個早已決定好的週期性天體時間。一個偉大的循環即將來臨……

——《科克斯書評》（*Kirkus Reviews*）

本書反映了最高水準的科學知識。

——《科學與宗教新聞》（*Science & Religion News*）

幾千年來，祭司、詩人和科學家一直試圖解釋人類是如何被創造的。現在，一個公認的學者提出了最令人驚訝的理論。

——美國合眾新聞社（*United Press International*）

自從撒迦利亞·西琴出版《第12個天體》一書已經有三十多年，該書使得蘇美文明和關於阿努納奇的記載重新復活。這些天外來客塑造了人類，並給予人類文明和宗教信仰。在這本終結之書裡，西琴向人們展示了禁錮於「開端」中的「完結」，一旦你瞭解這個「開端」，就有可能預知「未來」。

——《圖書館雜誌》（*Library Journal*）

獻給

我的兄弟安農．西琴（Ammon Sitchin）博士

他的航空航天專業知識在任何時候都是無價之寶。

序言 過去，未來

「他們將在何時回歸？」

我曾經被問到這個問題無數次，而這裡的「他們」，當然是指阿努納奇（Anunnaki），那些從尼比魯星來到地球的外星人，在古代被人類視為神。尼比魯星沿著長長的軌道，何時會回到離我們最近的那個點？當那一天到來時，又會發生什麼事？會出現午時的黑暗嗎？地球會被撕裂嗎？地球會獲得和平，或是發生末日善惡大決戰（Armageddon，亦常直接音譯為哈米吉多頓大戰）？會發生長達一千年的苦難與煩惱，還是彌賽亞（messianic，意思是救世主）的第二次降臨？關鍵是，這一切將發生在二〇一二年嗎？或是更晚，或根本就不會發生？

這些意義深遠的問題，結合了具有宗教信仰與期待的人們最深層的希望與焦慮，同時也被混雜於當前的事件之中：戰爭在眾神與人類的事務交纏的地方爆發；核毀滅的威脅；凶猛驚人的自然災害等等。對於這些問題，我多年來一直不敢回答，但現在，這些回答不能夠也不可以再被推遲了。

人們應該認識到，關於「回歸」的問題並不是什麼新鮮事；就像現在一樣，它在過去也無可避免地連結到對於主之日（the Day of the Lord，編注：《和合本》稱耶和華的日子）、日子的完結（the End of Days，編注：又稱完結日，《和合本》稱末後的日子、末期等）、末日善惡大決戰的盼望與憂懼。四千年前，近東地區目擊了神和他的兒子所許諾的人間天堂；三千多年前，埃及的國王與人民渴求一個彌賽亞時間（messianic time）；兩千年前，猶大的人們想知道救世主是否會出現；直到今天，我們仍然為這些謎團所困惑。預言會成真嗎？

在本書中，我們將處理這些疑問，解答古代的謎團，解譯諸如十字架、雙魚宮和聖杯等象徵物的起源與意義。我們將說明太空站相關地點在歷史事件中所扮演的角色，並呈現為什麼過去、現在和將來都正好彙聚到耶路撒冷這個「天地紐帶」（Bond Heaven-Earth）之地。我們將思考，為什麼現在的西元二十一世紀與西元前二十一世紀如此相似？難道是歷史本身在重演？是否一切都被彌賽亞時鐘（Messianic Clock）所指引？是否那個時候即將到來？

兩千多年前，《舊約》中的但以理反覆地問天使：「何時？」何時將是日子的完結、時間的完結？三百多年前，知名的艾薩克・牛頓（Isaac Newton）爵士闡明了天體運動的祕密，也寫過關於《舊約・但以理書》和《新約・啟示錄》的論文。最近人們發現了牛頓對於完結日（末日）的計算手稿，我們將會同時分析這份資料，以及近期對於世界末日的預言。

希伯來《聖經》和《新約》都宣稱，未來的祕密根植於過去，地球的命運與天國相關聯，人類的事務和命運連結著上帝和眾神。在考慮將會發生什麼事情之前，我們會從歷史跨越到預言；每件事都不可能排開其他事而被單獨了解，所以我們會同時論及相關事件。我們以此為嚮導，透過過往的眼光看到未來。可以確定的是，這些答案必定令人驚訝。

撒迦利亞・西琴

二〇〇六年十一月，紐約

1．彌賽亞時鐘

無論走到哪裡，人類似乎都困擾於對天啟（Apocalypse）的恐懼、彌賽亞的狂熱和時間完結的焦慮。

在戰爭、叛亂、對「異教徒」的屠殺中，都展現著人類的宗教狂熱。西方的國王召集軍隊，與東方國王的軍隊作戰。文明的衝突動搖了傳統生活方式的根基。大屠殺吞沒了城市與村鎮；權勢者在保護牆後方尋找安全。自然災害與不斷增強的災禍使人們疑惑：人類有罪了？這是上帝憤怒的證據嗎？這些預示著下一次的大洪水嗎？這是天啟嗎？救世（Salvation）會到來或即將到來？彌賽亞時間即將來臨嗎？

彌賽亞時間是在西元二十一世紀，還是西元前二十一世紀呢？

這兩個時間點都是正確的答案，我們的當下與遙遠的古代是一樣的。這是現在的情形，也是四千多年前的情形；這驚人的相似性，歸因於這兩個時刻之間的事件；而這段期間與基督時代的彌賽亞狂熱有關。

人類和這顆星球有過三次大災難時期，其中兩次發生在過去（大約是西元前兩千一百年，以及西元紀年展開的前後時期），一次即將發生在臨近的未來，它們是相互關聯的。一個事件引發了下一個事件，只有理解了那個事件，才能理解這個事件。現在源於過去，過去就是未來。這三次災難的基本要素是**彌賽亞的盼望**（Messianic Expectation），而將它們連結在一起的，是**預言**。

這個充滿苦難與憂患的現在，將會怎樣結束？未來預示著什麼呢？要回答這些問題，需要進入預言的領域。我們的預言不會是那些以對厄運和完結（End）的恐懼為吸引力的新發現之大雜燴。我們的預言是建立在古代紀錄上，它們記錄過去、預測未來，並寫下了先前的彌賽亞的盼望；彌賽亞的盼望中預言了古代的未來，但也有人認為，它說的是即將到來的未來。

在這三個天啟的例子（兩個已經發生，另一個將要發生）中，天地之間的物質和精神關聯，對這些事件來說一直是且仍然是至關重要的。在物質方面，是透過實際存在於地球上且連接了地球與天國的地點來表現的，這些地點被認為是事件焦點的關鍵；精神方面，則是透過我們所謂的宗教來表現。在這三個例子中，除了在西元前兩千一百年左右的那次之外，人類和神之間的關係變化是核心所在。西元前兩千一百年，人類面臨了這三個劃時代劇變的第一個，當時人與眾神之間的關係是複數形式。這樣的關係是否真的發生了變化，讀者很快就會發現。

兩大神族的衝突

蘇美人將阿努納奇（那些從天國來到地球的人）稱呼為「神」，這些神的故事開始於他們因為需要黃金而從尼比魯星來到地球。他們的行星之故事被記錄在《創世史詩》（*Epic of Creation*）中，這是一份被刻在七塊碑刻上的長篇文獻，通常被視為寓言神話，屬於原始思想的產物，述說著行星是互相對抗的活生生的神。

但是，正如我在《第12個天體》（*The Twelfth Planet*）所陳述的，這份古代文獻實際上是一個深奧的天體演化論，講述了一顆經過太陽系的迷路行星，如何與名為提亞瑪特（Tiamat）的行星碰撞。這個碰撞導致了地球與月亮、小行星帶與彗星的誕生。這個入侵者本身也擁有了一個週期為三千六百個地球年的巨大橢圓形軌道（見圖1）。

蘇美文獻提到，阿努納奇來到地球後，在大洪水之前經過了一百二十次軌道週期（相當於四十三萬二千個地球年）。他們如何及為何而來、在伊丁（E.DIN，《聖經》中的伊甸〔Eden〕）的第一座城市、他們製造亞當以及為何而造，以及悲慘的大洪水相關事件，這些都已經在《地球編年史》系列前作中提過，此處不再重複。但是，在前往西元前二十一世紀進行時光旅行之前，我們需要回憶一下發生在大洪水前後的重大事件。

《聖經》中的大洪水事件，開始於《創世記》第六章，將其矛盾的面向歸因於唯一的神耶和華，他起先決定將人類從地球表面除去，然後又透過挪亞（Noah）和方舟來拯救人類。在更早的蘇美來源

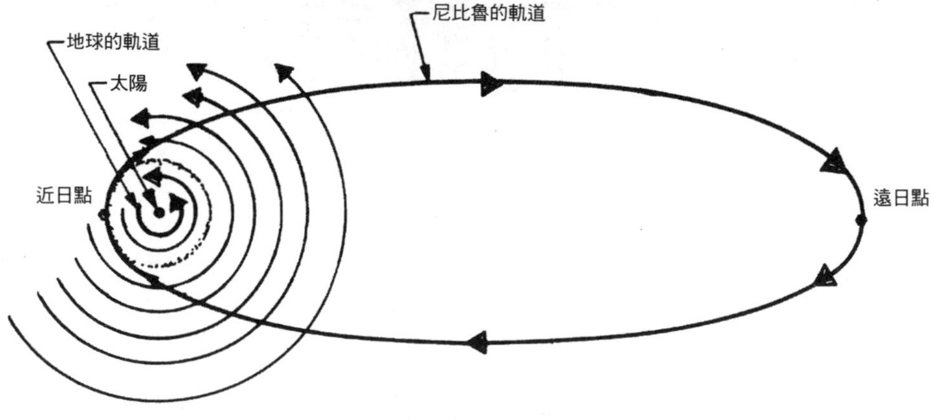

圖1：尼比魯星的軌道

故事中，提到了對人類感到不滿的是神恩利爾（Enlil），而試圖拯救人類的是神恩基（Enki）。《聖經》為了強調一神論，不僅掩蓋了恩利爾與恩基之間的分歧，也掩蓋了主導著隨後的地球事件的原因：這兩個阿努納奇家族的競爭和衝突。

我們需要把這兩個家族及其後代的衝突，以及大洪水後分配給兩方的地球區域，牢記在心，才能理解之後發生的一切。

恩基與恩利爾是同父異母的兄弟，父親是尼比魯星的統治者阿努（Anu）；他們在地球上的衝突，根源於母行星尼比魯。恩基，又稱為艾（E.A，意思是他的家是水），是阿努的長子，但不是由阿努的正式配偶安圖（Antu）所生。恩利爾是由安圖所生，而安圖是阿努的同父異母的姊妹，因此，雖然恩利爾不是阿努的長子，卻是尼比魯王位的合法繼承者。

阿努獲得王位的艱難過程，也加劇了恩基及其母系家庭不可避免的不滿情緒。因為阿努在繼承競爭中輸給了阿拉盧（Alalu），但後來阿努在政變中篡奪了王位，迫使阿拉盧終生逃離尼比魯。這使得艾的怨恨情緒擴及祖先的時代，也對恩利爾的領導權帶來了其他挑戰。這些故事都寫在史詩《安祖傳說》（*Tale of Anzu*）中。（欲瞭解尼比魯皇室錯綜複雜的關係，以及阿努、安圖等人的祖先，請參見《失落的恩基之書》〔*The Lost Book of Enki*〕）。

我發現，要解開眾神繼承（與婚姻）規則的祕密之關鍵，是認識到眾神的這些規則也用在他們的人類代理人身上。在《聖經》故事（《創世記》20：12）中，族長亞伯拉罕（Abraham）在介紹他的妻子撒拉（Sarah）是他妹妹時，解釋道自己沒有說謊，「況且他也實在是我的妹子，他與我是同父異母，後來作了我的妻子。」他不僅娶了同父異母的妹妹，而且由她所生的兒子以撒（Isaac）也是合法繼承人，但亞伯拉罕與侍女夏甲（Hagar）所生的大兒子以賽瑪利（Ishmael）卻沒有這個資格。（這樣的繼承規則如何引起古埃及拉〔Ra〕神的後代——同父異母的兄弟奧西里斯〔Osiris〕與塞特〔Seth〕，且分別娶了同父異母的姊妹愛西絲〔Isis〕、奈芙蒂斯〔Nephtys〕——彼此間的苦痛與仇恨，在《眾神與人類的戰爭》（*The Wars of Gods and Men*）中有說明。）

這樣的繼承規則看起來複雜，卻是建立在書寫王朝歷史的人所稱的「血統」之上。「血統」就是我們現在認識到的複雜ＤＮＡ譜系，其中包含了從父母雙方遺傳而來的普通ＤＮＡ，以及從母親而來的線粒體ＤＮＡ（mtDNA）。這個複雜而基本的規則是：王朝的血統透過男性血統延續；長子是下一位繼承者；可以娶同父異母的姊妹為妻，而這位妻子所生的兒子無論是否為長子，都會成為合法的王位繼承者。

這一對同父異母的兄弟艾（恩基）與恩利爾的王位爭奪衝突，又因為加入了感情因素的對抗而變得複雜。他們都對其同父異母的姊妹寧瑪赫（Ninmah）有好感。寧瑪赫的母親是阿努的一個小妾。她是恩基的真愛，卻不被允許嫁給恩基。恩利爾奪去了寧瑪赫，並與她生有一子，名為尼努爾塔（Ninurta）。雖然尼努爾塔不是婚生子，但是這個繼承規則使他成為無可爭議的繼承者，因為他是長子，而且其母親是恩利爾的同父異母的姊妹。

正如《地球編年史》系列前作所敘述的，艾（恩基）是首批來到地球的五十位阿努納奇的領導者。他們來到地球是為了獲取黃金，以保護尼比魯正在減少的大氣層。當最初的計畫失敗後，他的同父異母兄弟恩利爾為了擴大的地球任務（Mission Earth）而帶領更多的阿努納奇來到地球。寧瑪赫也來到地球，並擔任首席醫藥官。

大洪水前後的權力變化

在長篇文獻《阿特拉－哈西斯》（*Atra-Hasis Epic*，又譯阿特拉－雜湊斯）中描述了眾神與人們的故事，開頭是阿努造訪地球並定居一次，因為他的兩個兒子之間的競爭毀了重要的任務；他甚至提出自己要留在地球上，讓這一對同父異母兄弟的其中一位承擔尼比魯的攝政工作。接著，這份古代文獻告訴我們，他們以抽籤方式決定誰留在地球上，誰坐在尼比魯的王位上：

> 眾神雙手合十，然後開始抽籤並劃分：
> 阿努上升到天國；對恩利爾來說，地球是他的統治主體；
> 被循環包圍的海洋，給了王子恩基。

抽籤的結果是，阿努到尼比魯擔任它的國王。艾獲得了大海與河流的統治權，即後來希臘人所稱的波塞頓（Poseidon），羅馬人所稱的涅普頓（Neptune）。他也獲得了「恩基」（意思是地球之主）的稱號，這使他得到了安撫。但是，恩利爾（EN.LIL，意思是指揮之主）獲得了全部的統治權：「地球是他的統治主體。」無論艾（恩基）憤恨與否，他都不能違抗這個繼承規則和抽籤的結果。恩基的兒子馬杜克（Marduk）對於合法性被否決而感到憤怒，決定要為父親及祖先報仇，因而發動了戰爭。

有許多文獻都描述了阿努納奇如何在伊丁（大洪水之後的蘇美）建立他們的定居點，每個地點都具有特殊的功能，並按照總體規畫進行布局。最重要的太空聯繫（持續與母星球、登陸飛

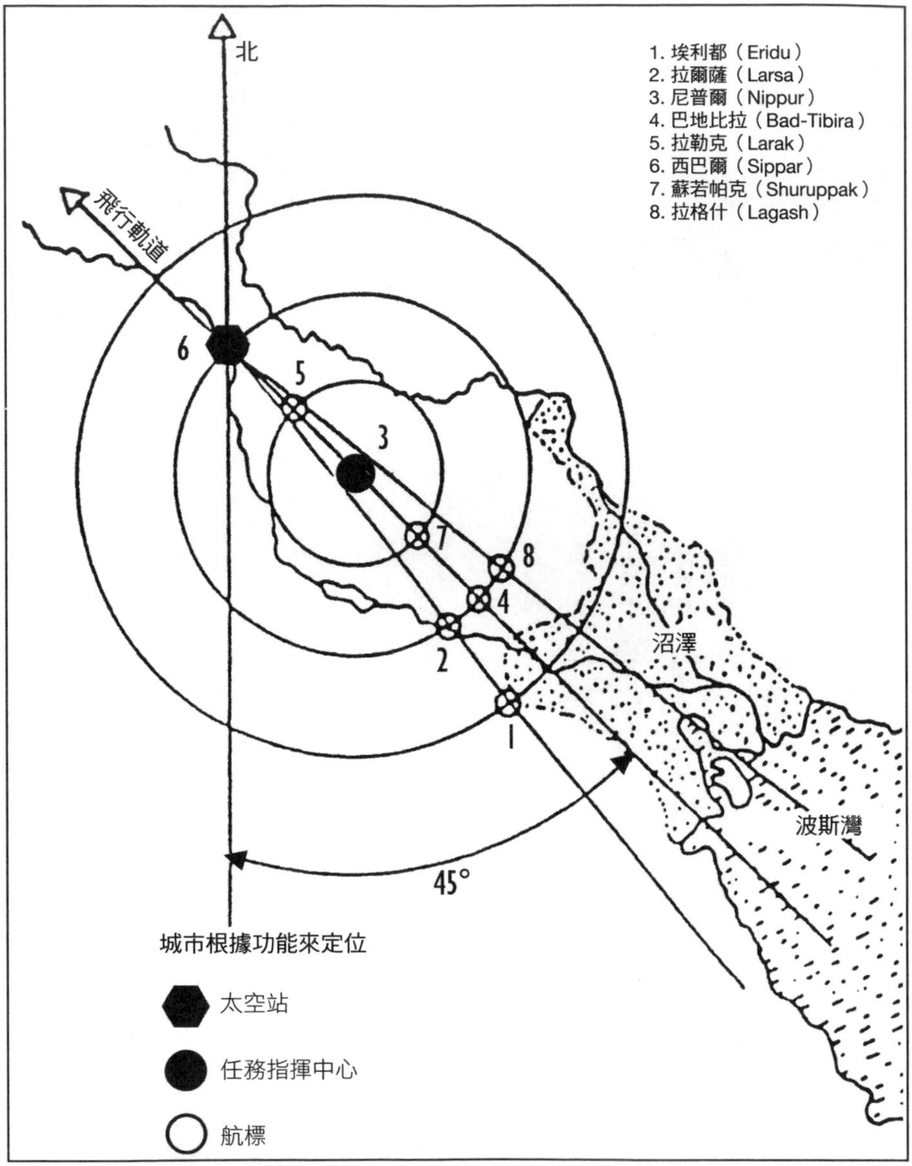

圖2：大洪水之前的西巴爾太空站周邊地圖

船和太空船保持溝通的功能），由恩利爾在尼普爾（Nippur）的指揮所來控制。指揮所的中心是一個發著微光的房間，名叫杜爾安基（DUR.AN.KI，又譯杜蘭基），意思是「天地紐帶」（Bond Heaven-Earth，又譯天地連接）。阿努納奇的另一個重要設施是太空站，位在西巴爾（Sippar，意思是鳥城）。尼普爾坐落在由其他「眾神之城」所形成的同心圓的中央；所有城市一起勾勒出提供給抵達的太空船使用的登陸走廊之輪廓；登陸走廊的焦點是近東最顯眼的地標：亞拉拉特山（Ararat，編按：即《聖經》中的亞拉臘山）的雙峰（見圖2）。

然而，大洪水「席捲了地球」，毀滅了所有的眾神之城，以及他們的任務指揮中心和太空站，也把伊丁埋葬在千萬噸的淤泥下。一切都得重來，但是很多地方可能不再一樣了。首先，他們需要建立一個太空站設施，搭配新的任務指揮中心，以及登陸走廊的新燈塔城市。新的登陸通道依然以亞拉拉特山突出的雙峰為錨點；其他的設施都是新的：實際的太空站設在西奈半島的北緯三十度線上；以人造的雙峰（吉薩金字塔）為信標點；新的任務指揮中心設在耶路撒冷（見下頁圖3）。這個布局在大洪水之後的一些事件中扮演了關鍵的角色。

對於眾神與人類的事務，以及兩者之間的關係，大洪水事件都是一個分水嶺（字面上及象徵意義上皆是）：地球人原本是被塑造來為眾神服務及工作，從此之後被視為眾神在這個遭破壞的星球上地位較低的夥伴。

大約在西元前三千八百年，人類在美索不達米亞被授予第一個高級文明，人類與眾神的新關係被建立起來並神聖化，同時被編入法典。接著發生的重大事件便是阿努正式訪問地球，而阿努不僅是尼比魯的統治者，也是地球上古代眾神的首領。他這次訪問的一個原因（也許是最重要的原因），是要建立並確認眾神之間的和平，將舊大陸的土地劃分給兩個主要的阿努納奇家族（恩利爾和恩基），因為大洪水之後的新環境和太空站設施地點，需要進行領土上的重新劃分。

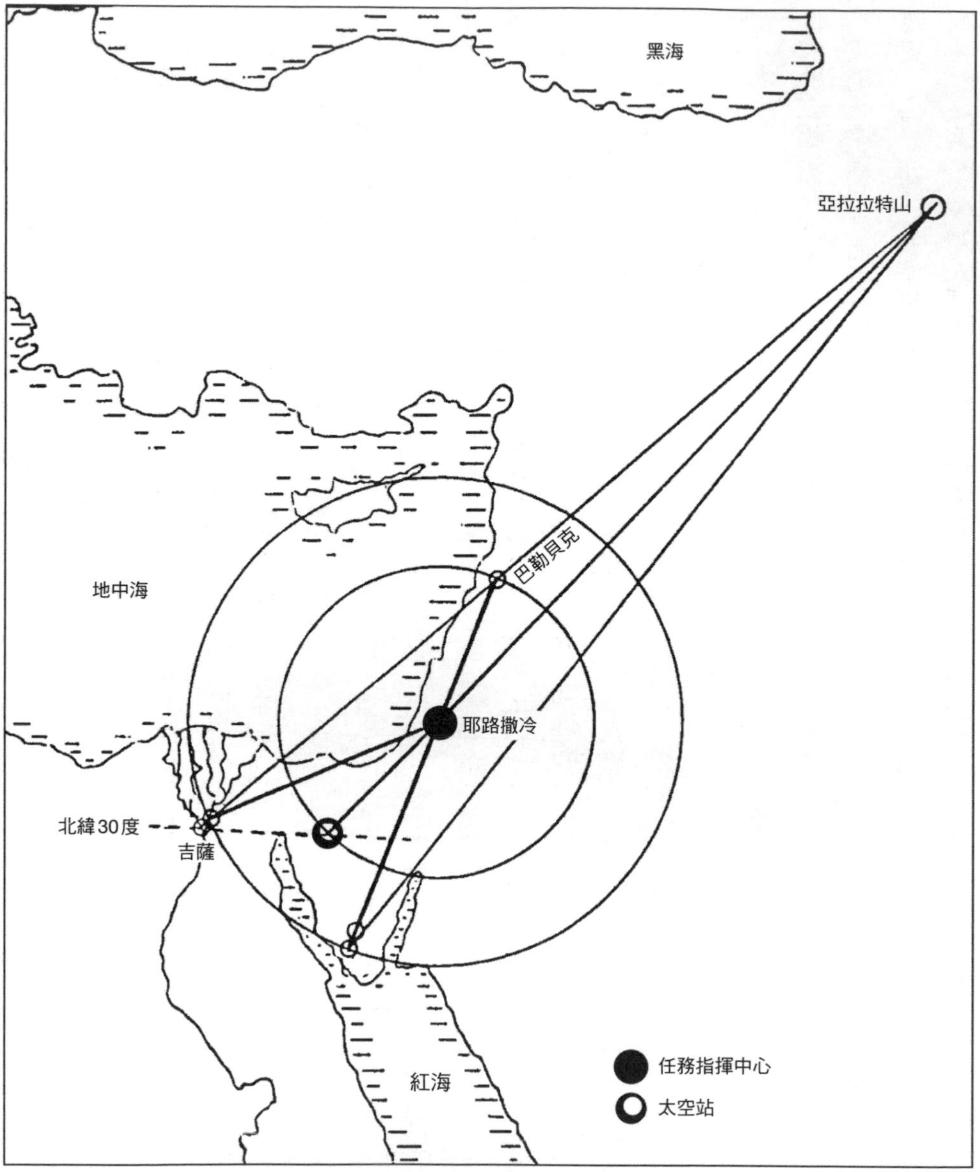

圖3：大洪水之後的太空站設施

在《聖經》的國家列表中（《創世記》第十章）反映了這次的領土劃分，由挪亞的三個兒子所生的人類子孫，是按照國家和地域記錄的：亞洲是閃（Shem）的國家／土地，歐洲屬於雅弗（Japhet）的後代，非洲屬於含（Ham）的國家／土地。歷史記載顯示，在這次的領土劃分中，恩利爾家族得到了二分之一的土地，而三分之一的土地分給了恩基及其子孫。而西奈半島，最重要的大洪水之後時代的太空站所在地，則被劃分為中立的神聖區域。

《聖經》只是簡單地按照領土劃分列舉了各個國家，而在更早的蘇美文獻中，提到了這次的劃分是阿努納奇的領導階層經過深思熟慮後才決定的。《伊塔那史詩》（*Epic of Etana*）中寫到：

> 制定命運的大阿努納奇，交換了他們對大地的計畫。他們創造了四個區域，建立起定居點。

第一個區域是幼發拉底河與底格里斯河之間（即美索不達米亞），人類第一個知名的高級文明——蘇美文明——被建立在此。這裡是大洪水之前的眾神之城所在地區，如今人類城市興起，每個城市裡都有神聖區域，該區域中有神居住在他／她的廟塔（ziggurat，又譯金字神塔）中：恩利爾在尼普爾，寧瑪赫在舒魯派克（Shuruppak），尼努爾塔在拉格什（Lagash），娜娜／辛（Nannar/Sin）在烏爾（Ur），伊南娜／伊師塔（Inanna/Ishtar）在烏魯克（Uruk），烏圖／沙馬氏（Utu/ Shamash）在西巴爾等等。

每個城市中心都有一位恩西（EN.SI），意思是正直的領導者／牧人。他們最初都是被選中的半神，為了眾神的利益而統治人類；主要的任務是發布符合公義與道德的守則。在這個神聖區域裡，由大祭司監督的神職人員負責為神及其配偶服務，監督節日慶祝活動，並為神提供奉獻祭品，以及對神祈禱。藝術與雕塑、音樂和舞蹈、詩歌及讚美詩，以及最重要的書寫和記錄，都在神廟裡繁榮發展，並延伸到皇宮。

有時，某個城市被選為這片土地的首都；當地的統治者是君王，努戈（LU.GAL，意思是大人物）。這片土地上最有權力的人，是君王與大祭司。君王是針對其地位與權威而被仔細挑選出來的人，而王權的所有物質象徵，都被認為是直接來自天國，來自尼比魯星上的阿努。有一份蘇美文獻提到這個主題，記載了代表王權和公義的象徵物（即頭飾／皇冠和權杖），在被授予地球君王之前，要「放在天國的阿努面前」。實際上，在蘇美語中，王權（Kingship）就是阿努的權力（Anuship）之意。

在蘇美國王列表（Sumerian King List）的聲明中，明確表示，「王權」是文明的本質，是人類的行為和道德準則，而且，在大洪水之後，「王權從天國被帶下來」。當本書內容在朝「彌賽亞的盼望」前進時，讀者必須牢記這段聲明；以《新約》的話來說，「彌賽亞的盼望」**就是「天國的王權」重返地球**。

大約在西元前三千一百年，一個與蘇美文明相似但不同的文明，在位於非洲尼羅河兩岸（努比亞〔Nubia〕與埃及）的第二個區域建立起來。它的歷史不如恩利爾一族所創造的歷史那樣和諧，因為恩基的六個兒子為了整個土地（而非城市）分配給誰而不斷競爭與爭執。主要的衝突發生在恩基的長子馬杜克（在埃及稱為拉〔Ra〕）與寧吉什西達（Ningishzidda，在埃及稱為圖特〔Thoth〕），最後使得圖特和他的一群追隨者逃往新大陸（他在那裡變成了羽蛇神「魁札爾科亞特爾」〔Quetzalcoatl，意思是有翅膀的巨蛇〕）。

馬杜克（拉）因為反對他的弟弟杜姆茲（Dumuzi）與恩利爾的孫女伊南娜（伊師塔）結婚，導致了杜姆茲的死亡，因此受懲罰並被流放。為了補償伊南娜（伊師塔），她獲得了第三個區域——印度河河谷——的統治權，此處的文明大約建立於西元前兩千九百年。這三個文明區

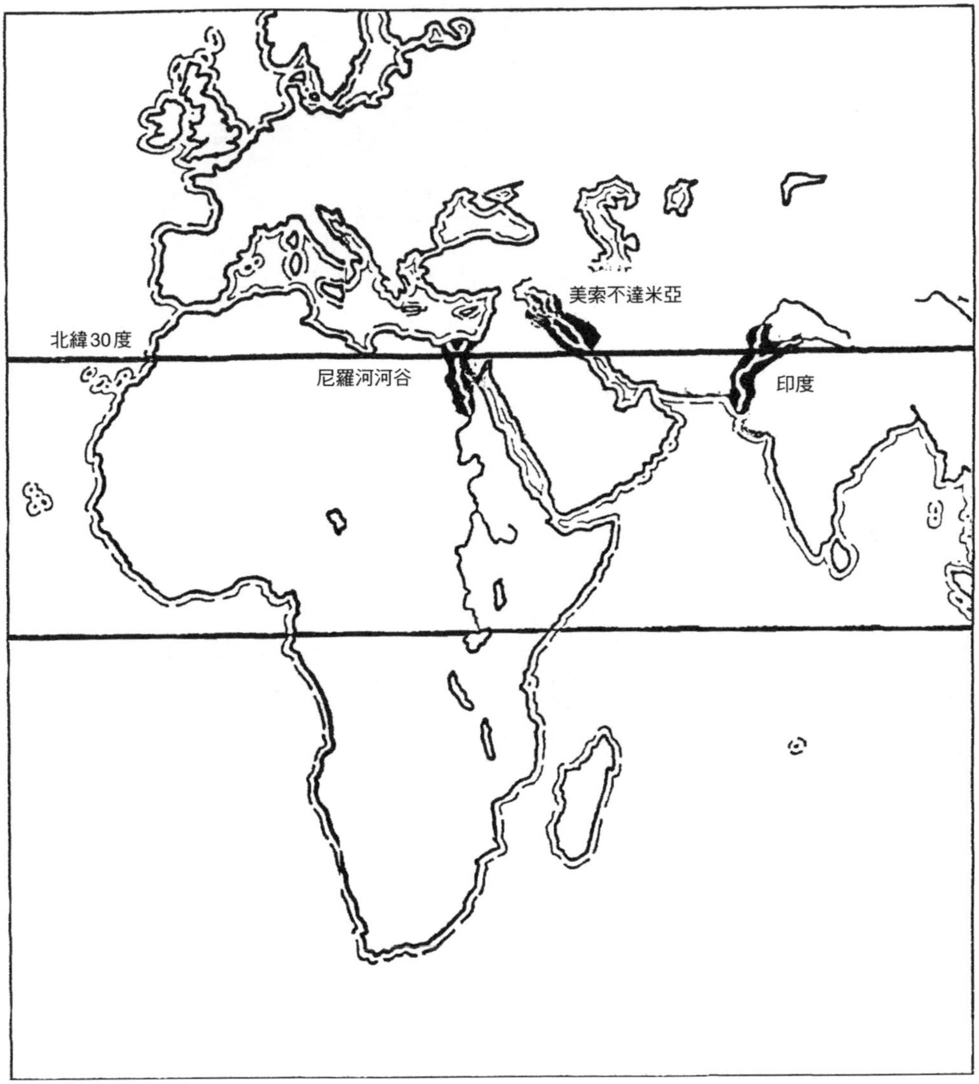

圖4：四個文明區域的位置

域，以及神聖區域裡的太空站，都位於北緯三十度線上，是有絕佳理由的（見圖4）。

根據蘇美文獻記載，阿努納奇設立了王權做為他們與人類的關係之新規則；而關於王權的文明及制度，在美索不達米亞展現得最清楚。在這個規則中，君王和祭司是眾神與人類之間的連接者和分隔者。當我們回顧看似最能代表眾神與人們之事務的「黃金時代」，將會發現，眾神的事務持續控制並決定了人的事務和人類的命運。為這一切投上陰影的是馬杜克（拉），他決定要改變父親艾（恩基）所遭受的不公正對待：根據阿努納奇的繼承法則，母星尼比魯的統治者阿努的合法繼承者，是恩利爾而非恩基。

為了配合眾神賜予蘇美人的六十進位（基數六十）數學體系，蘇美神系的十二位主神都被給予了數字階級：阿努為最高階級六十，恩利爾為五十，恩基是四十，這樣依次排下來，序號在男神與女神之間交替（見圖5）。按照繼承規則，恩利爾的兒子尼努爾塔將繼承五十階級，而馬杜克的排名只有十；而且，最初這兩位繼承人都不是「奧林匹亞」（Olympians）十二主神之一。

因此，馬杜克那長期、苦澀且頑強的抗爭，始於恩利爾與恩基之間的仇恨，後來集中於馬杜克與尼努爾塔（恩利爾的兒子）之間的爭奪，以繼任五十這個階級，然後擴大到恩利爾的孫女伊南娜（伊師塔），她原本要與恩基最小的兒子杜姆茲結婚，卻遭到馬杜克的強烈反對，最後以杜姆茲的死亡而告終。

這時，馬杜克（拉）還面對著與其他兄弟及同父異母兄弟的衝突，除了我們已提到的圖特之外，還有與恩基的兒子奈格爾（Nergal）之間的競爭；奈格爾娶了恩利爾的孫女厄里斯奇格（Ereshkigal）。

在這些對抗的過程中，這兩個家族之間不時爆發戰爭；其中有些戰爭在《眾神與人類的戰爭》一書中被稱作「金字塔戰爭」。其中一次金字塔戰爭導致馬杜克被活埋在大金字塔中；後來

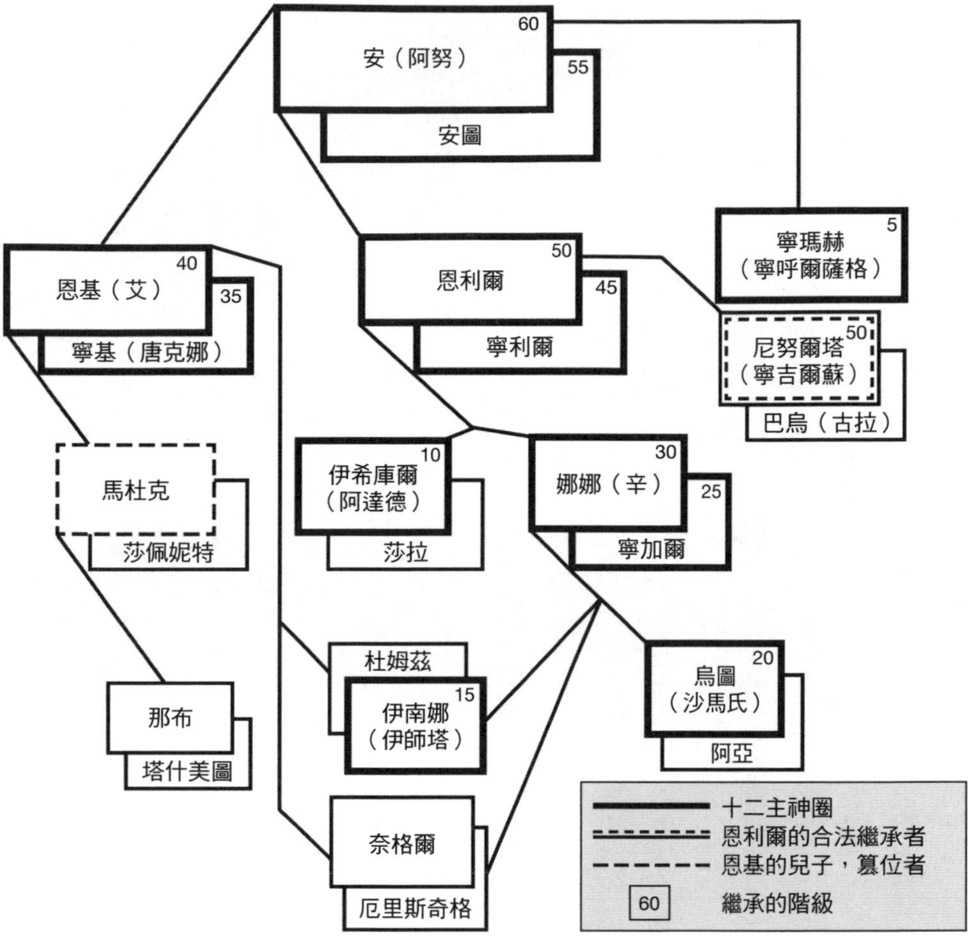

圖5：阿努納奇主神的階級

也導致金字塔落入尼努爾塔的掌控中。後來，馬杜克不只被流放一次，這既是懲罰，也是自我強加的缺席。馬杜克為了實現自認為應得的地位，持續不斷地努力，其中包括了《聖經》中記載的巴別塔（Tower of Babel）事件；在歷經無數次的失敗之後，直到最後地球和天國與**彌賽亞時鐘**對準之時，馬杜克才終於獲得成功。

實際上，在西元前二十一世紀，一連串災難性事件以及隨之而來的彌賽亞的盼望，主要是馬杜克的故事。這也使得他的兒子那布（Nabu）走上了舞臺的中央，那布是一個神，他是神的兒子，但母親卻是地球人。

尼普爾的曆法與黃道十二宮

蘇美文明延續了將近兩千年，它的皇家首都幾經變動：從第一個首都基什（Kish，尼努爾塔的第一個城市），到烏魯克（阿努賜給伊南娜／伊師塔的城市）、烏爾（辛神所在處和禮拜中心），到其他地方，又回到最初的那些地方，最後回到了烏爾。但是，在所有時間裡，恩利爾的城市尼普爾，也是他的「崇拜中心」（就如學者所稱），一直都是蘇美及蘇美人的宗教中心；那裡確定了禮拜眾神的年度週期。

蘇美神系中的「奧林匹亞」十二主神，每一個都對應著太陽系的十二個成員之一：太陽、月亮，包括尼比魯在內的十大行星。在十二個月的年度週期中，每位神也被授予一個月來致敬。

在蘇美語中，指稱「月份」的詞語是EZEN，實際上的意思是假日、節日。每個這樣的月份都被用來慶祝十二位至尊神之一的禮拜節日。由於每個月的開始與結束都需要被精確的確定（並非像教科書所說，是為了使農民知道何時該播種與收割），因此在西元前三七六〇年引進了人類的第一部曆法。它被稱為尼普爾曆，因為祭司的任務是確定曆法的複雜時間表，並且為整個大地宣布宗教節日的時間。這個曆法一直被當成猶太曆（又稱希伯來曆）使用至今，西元二〇〇七年，就是尼普爾曆／猶太曆的五七六七年。

在大洪水之前的時代，尼普爾被當成任務指揮中心，也就是恩利爾的指揮所，設有杜爾安基（DUR.AN.KI，意思是天地紐帶、天地連接），以便跟母星尼比魯及太空船聯絡。（在大洪水之後，這些功能被轉移到耶路撒冷）。它的中心位置，與伊丁的其他功能中心之間的距離都是相等的（參見18頁圖2），因此被認為與「地球的四個角」保有相同的距離，且被暱稱為「地球之臍」。有一首獻給恩利爾的讚美詩裡，提到了尼普爾及其功能：

恩利爾，
當你來到地球建立神聖的定居點，
你設立了尼普爾做為你專有的城市……
你建立了杜爾安基，
在地球四個角的中心。

（「地球的四個角」這個詞語也出現在《聖經》中。當耶路撒冷取代了尼普爾時，耶路撒冷也被暱稱為「地球之臍」。）

在蘇美語中，「地球的四個區域」被稱為UB，但也有另一個說法：AN.UB，意思是天上天體的四個「角」，在這種情況下，是與曆法有關的天文術語。它代表了地球－太陽年度週期的四個點，也就是我們現在所稱的：夏至、冬至，以及與赤道的兩個交叉點，也就是春分和秋分。在尼普爾的曆法中，新的一年從春分那一天開始，這個規則一直被保存在古代近東的曆法中。一年中最重要的新年節慶從春分開始，並且持續十天，在這段期間必須遵循詳細且神聖的儀式。

為了由日升位置來確定曆法的時間，必須在黎明時觀測天空，因為此時太陽剛從東方的地平線升起，天空仍然很暗，能夠顯示出日升背景的星星。而平分日這一天，可以透過白天和黑夜的時間等長的事實來確定，因此，要在這一天的日出位置豎立石柱做記號，以指導未來的觀測，例如，英國的巨石陣（Stonehenge）就是遵循這樣的程序。而且，就如同英國的巨石陣那樣，經過長期的觀測後，會發現日升背景的星群（星座）並不相同（圖6）。如今，巨石陣中的席爾石（Heel Stone），仍然指向西元前兩千年左右夏至那一天的日出位置。

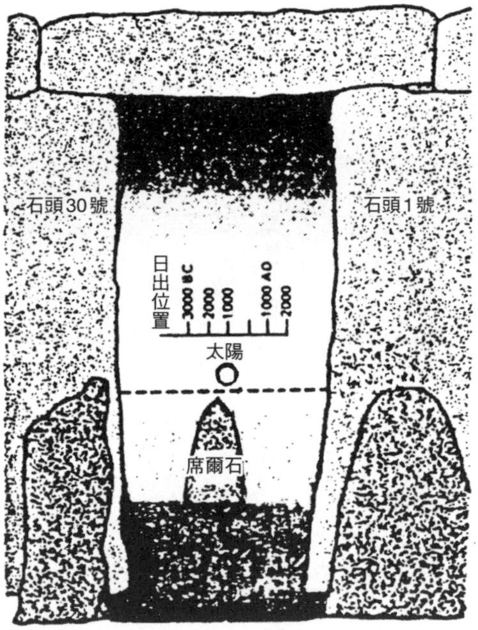

圖6：席爾石與夏至日出位置

每年地球繞太陽運行一圈後，並不會精確地回到原來的位置，這個現象被稱為「春分點差」（Precession of the Equinoxes）或「歲差」。這是非常微小的延遲，大約每七十二年相差一度（一圈為三百六十度）。恩基最先把星星組成可觀察的「星座」，還把地球繞太陽運行的軌道天域劃分為十二個部分，從此它們被稱為黃道十二宮（見圖7）。由於每一宮各占據了三十度的天弧，因此，春分日出點從這一宮移動到下一宮，需要花費二千一百六十年（72×30），而一個完整的黃道週期需要二萬五千九百二十年（2,160×12）。圖7是以相等的十二部分來劃分黃道宮時代的大概年份，提供給讀者參考，這與實際的天文觀測結果會有一些差距。

這是人類文明發展之前所取得的成就，這一點可由恩基首次來到地球時就採用這個黃道曆法的事實來證明（為了向恩基致敬，前兩個黃道十二宮是以恩基來命名）。這個成就不是（如許多教科書說所的）由生活在西元前三世紀的希臘天文學家喜帕恰斯（Hipparchus）達成的，因為在他出生之前的千年，蘇美人就已經知道了我們使用到現今的黃道十二宮的名字和符號（見31頁圖8、圖9）。

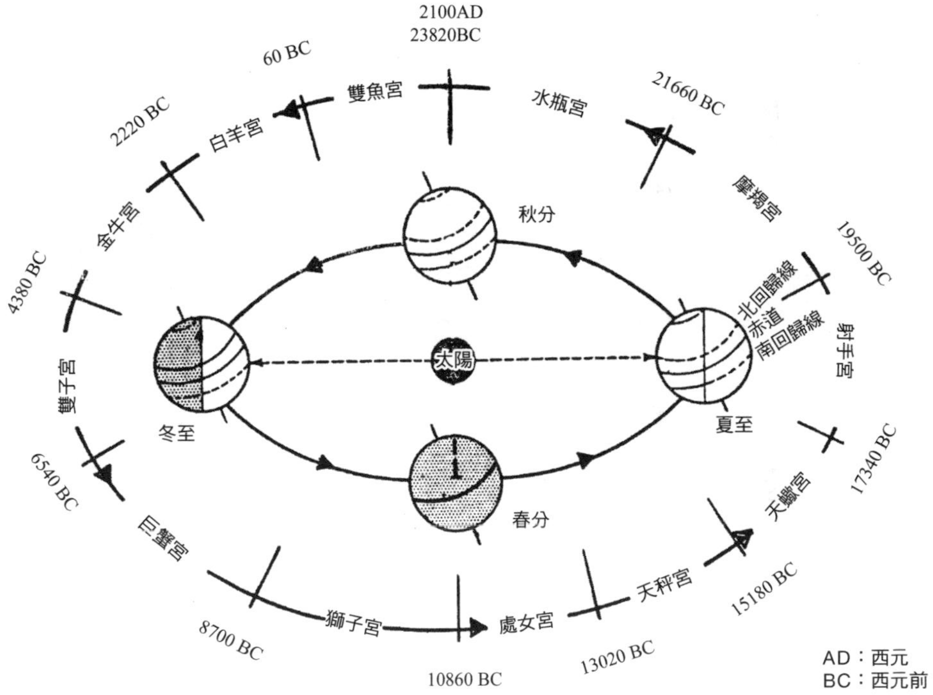

圖7：黃道星宮時代的大概年份

我在《當時間開始》（*When Time Began*）一書中，已經詳細討論過眾神和人類的曆法時間表。來自尼比魯星的軌道週期的時間單位是ＳＡＲ，等於三千六百個地球年。即使在軌道週期短很多的地球上，ＳＡＲ這個單位仍然是阿努納奇的第一個曆法基準。事實上，諸如蘇美國王列表等，有關地球早期的文獻，就是以ＳＡＲ來指定每位領導者在地球上的時段。我把ＳＡＲ稱為「神聖時間」；而把基於地球（及月球）的軌道時間，後來被傳授給人類的曆法，稱為「地球時間」。至於兩千一百六十年的黃道星宮轉移時間，對阿努納奇來說不到母星球的一年，能為這兩個極端的時間提供一個黃金比率：十比六（3600：2160），我稱此為「天體時間」。

正如馬杜克發現的，「天體時間」是決定他的天命的「時鐘」。

但是，哪一個才是決定了人類的命運與天命的彌賽亞時鐘？是「地球時間」嗎？以五十年、百年或千年來計算？還是遵循尼比魯週期的「神聖時間」？或是跟隨黃道時鐘緩慢旋轉的「天體時間」？

我們將要看到，這個難題使人類在古代感到困惑，如今仍是「回歸」問題的核心。這個問題一再被追問，被巴比倫及亞述的祭司追問，被《但以理書》、《啟示錄》中的聖經先知追問，被艾薩克・牛頓那樣的人追問，被今日的所有人追問。

答案將會令人大吃一驚。現在，讓我們開始艱辛的追尋。

1 古安納（GU.ANNA，「天牛」）—— 金牛宮
2 馬西塔巴（MASH.TAB.BA，「雙胞胎，孿生子」）—— 雙子宮
3 杜布（DUB，「夾子／鉗子」）—— 巨蟹宮
4 烏爾古拉（UR.GULA，「獅子」）—— 獅子宮
5 阿布辛（AB.SIN，「她的父親是辛」，暗指處女）—— 處女宮
6 茲巴安納（ZI.BA.AN.NA，「天命」）—— 天秤宮
7 吉爾塔布（GIR.TAB，「撕抓者」）—— 天蠍宮
8 帕比爾（PA.BIL，「衛士」）—— 射手宮
9 蘇忽爾馬什（SUHUR.MASH，「山羊魚」）—— 摩羯宮
10 古（GU，「水的主人／水神」）—— 水瓶宮
11 辛穆馬（SIM.MAH，「魚」）—— 雙魚宮
12 庫瑪（KU.MAL，「牧場居民」）—— 白羊宮

圖8

圖9

2．它就這樣過去了

《聖經》在蘇美和早期蘇美文明的紀錄中，選擇了一些事件來強調地球與太空的聯繫。這些事件具有重大的意義，其中一個就是「巴別塔」的故事：

他們往東邊遷移的時候，在示拿地遇見一片平原，就住在那裡。他們彼此商量說，來罷，我們要作磚，把磚燒透了。他們就拿磚當石頭，又拿石漆當灰泥。他們說，來罷，我們要建造一座城，和一座塔，塔頂通天。（《創世記》11：2－4）

這是《聖經》記載中，由馬杜克進行的最大膽的嘗試，他想透過在恩利爾家族領地的中心建造自己的城市，並且**打造屬於自己的附有發射塔的太空設施**，來維護自己至高無上的地位。這個地方在《聖經》中被稱為「巴別」（Babel），在英語裡叫做「巴比倫」（Babylon）。

巴別塔事件

這個《聖經》故事在很多方面都值得注意。首先，它記載了大洪水之後在底格里斯河－幼發拉底河流域平原的遷徙情形，這是發生在土壤已經足夠乾燥，滿足了定居條件之後的遷回。這塊新土地「示拿」（Shin'ar），真正的希伯來名字是「蘇美」。它提供了「這些移居者是從山區遷往東部」的重要線索。那裡出現了城市建築，人類的第一個城市文明從那裡開始了。故事裡還確切地記載（並且解釋），在那片大地裡，土壤是由乾燥的泥土層組成，沒有天然岩石，因此人們只能使用泥磚來建造，並透過在窯中燒製變硬的磚塊來代替石頭。故事中還提及了在建築物中用瀝青（編注：即《和合本》中的石漆）來取代灰泥。一項令人震驚的資訊是，瀝青這種天然石油產品從美索不達米亞南部地區的地下滲了出來，而它在以色列土地上是完全不存在的。

《創世記》這一章的作者非常瞭解蘇美文明的起源與主要創新；同時，他們也意識到「巴別塔」故事的重要性。就像在亞當的創造和大洪水的故事中，他們將各種蘇美神明融合為複數的伊羅興（Elohim，又譯耶洛因），或是全能且至高無上的耶和華。但是，他們也留下了這樣的內容，即一群神說：「我們下去。」並結束了這種造塔和造城的行為（《創世記》11：7）。

在蘇美和巴比倫的紀錄中，都證實了這個《聖經》故事的真實性，並且還包含了更多的細節，指出在大洪水之後爆發兩次「金字塔戰爭」的眾神，整體關係是緊張的。大約西元前八六五〇年的「地球和平」（Peace on Earth）協議，使得昔日的伊丁落入恩利爾家族的手中。這順應了阿努、恩利爾甚至恩基的決議，卻是馬杜克（拉）所無法接受的。因此，當人類城市在昔日的伊丁開始被分配給眾神時，馬杜克抗議道：「那我呢？」

雖然蘇美地區是恩利爾家族統治區域的中心地帶，它的一些城市也是恩利爾家族的「崇拜中心」，但其中有一個例外：在蘇美的南部，位在沼澤地邊緣的埃利都（Eridu）。那裡是艾（恩基）首度定居於地球的地點，並且在大洪水之後重建於相同的地方。當地球在敵對的阿努納奇家族之間被劃分時，阿努堅持要讓恩基永遠保有埃利都。大約西元前三四六〇年時，馬杜克決定他能夠擴充父親的特權，並且在恩利爾家族的中心地帶立足。

在看得到的文獻中，沒有顯示為何馬杜克選擇了幼發拉底河河岸的這個特殊地點做為新的統治中心，但是它的地理位置提供了線索：這裡位於重建後的尼普爾（大洪水之前的任務指揮中心）和重建後的西巴爾（阿努納奇在大洪水之前的太空站）之間，因此，馬杜克想到的是可以同時兼顧這兩種功能的設施。有一幅巴比倫後期的地圖被畫在泥版上（見圖10），並把它標記為「地球之臍」，就跟尼普爾原來的功能頭銜相似。馬杜克將這個地方取名「巴伊利」（Bab-Ili），在阿卡德語中的意思是「眾神的門戶」，也就是眾神升起和降落的地方，那裡的主要設施應該是「頭部能夠觸及天國的塔」，即一座**發射塔**！

正如《聖經》故事所記載的，在較早的美索不達米亞版本中也提到，建造太空設施的這個嘗試最後歸零了。在美索不達米亞文獻（由喬治・史密斯〔George Smith〕於一八七六年首次翻譯）中，儘管內容已經支離破碎，我們還是能清楚地看到，馬杜克的行動激怒了恩利爾，使他「憤怒地下令」在夜間發動襲擊以摧毀那座塔。

根據埃及的史料記載，在埃

圖10：巴比倫的地圖

及法老的王權於西元前三一一〇年左右開始之前，有一段持續了三百五十年之久的混亂時期。因此，我們可以推測「巴別塔」事件發生在西元前三四六〇年左右，因為這段混亂時期的結束，代表著馬克杜（拉）返回埃及，圖特被驅逐，是禮拜馬杜克的開始。

儘管這次的行動失敗了，但馬杜克從來沒有放棄要控制連接尼比魯星和地球、被當作「天地紐帶」的官方太空設施，或者建造自己的設施。最後，馬杜克的確在巴比倫達到了他的目的，但一個有趣的問題是：為何他在西元前三四六〇年失敗了呢？同樣有趣的回答是：這只是一個時機問題。

一本著名的文獻記錄了馬杜克和父親恩基的一段對話。馬杜克詢問父親，自己還有什麼沒有學到。他沒有做到的是：考慮到當時的天體時間**是金牛宮時代，也就是恩利爾的時代**。

吉爾伽美什與天國公牛

在古代近東出土的數千種碑銘中，有許多提供了與特定的神有關的月份資訊。在西元前三七六〇年於尼普爾開始啟用的複雜曆法中，第一個月是尼散（Nissan），是阿努和恩利爾的EZEN（節日時間）。在閏年裡有十三個月亮月份，這份榮譽被分給他們兩個。隨著時間的推移，被致敬的神不斷改變，並且組成了至高無上的十二主神。月份神的組成會隨著地域而改變，不僅是在不同的大地，有時還會表彰不同城市的神。例如，金星最初是與寧瑪赫有關的，後來又與伊南娜（伊師塔）有關了。

雖然這些變化使我們難以辨識究竟是哪位神與天上的什麼有連結，但從一些文字和圖畫中，我們可以清楚地推斷出黃道帶的成員。恩基（最初被稱為艾，意思是他的家是水）顯然與水瓶宮（見圖11）有關，而且在最初還與雙魚宮有關。雙子宮無疑是為了致敬雙胞胎神烏圖（沙馬氏）和伊南娜（伊師塔）而命名，他們是由娜娜（辛）在地球上所生的。而女性星座「處女宮」（應該是「少女」，而不是不精確的「處女」）和金星一樣，最開始的名稱很可能是為了向寧瑪赫致敬，後來更名為阿布辛（AB.SIN，意思是她的父親是辛），應該是針對伊南娜（伊師塔）。射手宮與眾多的文獻和讚美詩一樣，是為了讚美尼努爾塔是神射手，並且是他父親的戰士和衛士。西巴爾是烏圖（沙馬氏）的城市，在大洪水之後不再是太空站所在地，但被認為是蘇美時代的法律和司法中心，烏圖（沙馬氏）則被視為首席法官（後來的巴比倫人也這麼認為）；可以肯定天秤宮是代表他的星宮。

圖11：代表水瓶宮的圖案

然後有一個暱稱是將神的威力、力量或特徵，比喻為令人敬畏的動物，就如許多文獻反覆提到的，恩利爾的暱稱是公牛。這被描繪在圓筒印章、與天文學有關的碑刻，還有藝術品上。一些在烏爾皇家陵墓中發現的最美麗的藝術品，便是使用青銅、銀、金所塑造的公牛頭像，上面還裝飾了許多半寶石。所以，毫無疑問的，金牛宮應該向恩利爾致敬，也是恩利爾的象徵。它的名稱是古安納（GUD.ANNA），意思是「天國公牛」；與實際的「天國公牛」有關的文獻，將恩利爾和他的星宮，與地球上最獨特的地方之一連結在一起。

那個地方被稱為「登陸點」，至今仍然是地球上最令人驚奇的建築之一，包括了一座通向天

國的石塔。

許多古代文獻，包括希伯來《聖經》，都描述或提及了在黎巴嫩的一座由高大雪松樹組成的獨特森林。在古代，這座森林有幾英里寬，圍繞著一個獨特的地方：由眾神建造的巨大石頭平臺，是地球上第一個太空站相關地點，建造時間早於眾神的中心和真正的太空站之前。根據蘇美文獻記載，那是在大洪水中唯一留存下來的結構，正好成為阿努納奇在大洪水過後的活動基地；他們在這裡透過種植農作物和馴養動物，使大地恢復了生機。在《吉爾伽美什史詩》（*Epic of Gilgamesh*）中，這個地方被稱為「登陸點」（Landing Place），是故事中的國王追求不朽的目的地；從這個史詩故事中，我們可以得知，在這座神聖的雪松森林中，恩利爾擁有古安納（天國公牛）做為他的金牛宮時代的象徵。

之後，在這座神聖森林裡所發生的事，與眾神和人們的事務有關聯。

我們從史詩中瞭解到，前往雪松森林及其登陸點的旅程，是從烏魯克開始。這座城市是阿努送給他最疼愛的孫女伊南娜（名字的意思是受阿努喜愛的）的禮物。在西元前三千年早期，該城市的國王是吉爾伽美什（見圖12），他不是一個普通人，因為他的母親寧松（Ninsun，又譯寧桑）女神是恩利爾家族的成員。這使得吉爾伽美什不僅僅是半神，而是三分之二神。當他逐漸變老，開始思考生死問題時，突然覺得自己是三分之二神，應該有些與眾不同；他問母親，為什麼他要跟普通凡人一樣「面對那道牆」？她同意了他的看法，但也解釋道，眾神看

圖12：吉爾伽美什

起來不朽，其實是因為他們的母星有較長的軌道週期而擁有較長的壽命。為了獲得這樣的長壽，他必須加入尼比魯星上的眾神，而為了達到這個目的，他必須前往太空船升起和降落的地方。

雖然吉爾伽美什曾被警告這趟旅程很危險，他仍然決定要去。他說，如果我失敗了，至少人們會記得我曾經嘗試過。在他母親的堅持下，一個人造的替身恩奇都（Enkidu/ENKI.DU，意思是**由恩基製造**）成為他的夥伴和保護者。他們的冒險經歷被寫在這部史詩的十二塊碑刻上，也在許多古代譯文中被重複講述，詳情可參閱《通往天國的階梯》（*The Stairway to Heaven*）。實際上，那不是一趟旅程，而是兩趟旅程（**見圖13**）：一趟是到雪松森林的登陸點，另一趟是到西奈山半島的太空站。透過埃及人的描繪（**見40頁圖14**），我們可以看到火箭飛船被安置在地下發射井中。

第一趟旅程大約是在西元前二八六〇年，目的地是黎巴嫩的雪松森林。這兩個夥伴受到了吉爾伽美什的教父——神沙馬氏——的幫助，所以前進得相對快速和輕鬆。當他們到達那座森林後，看到了火箭飛船在夜晚發射出去。吉爾伽美什描述道：

> **我看到的景象令人驚懼！天空發出尖叫，大地隆隆作響。光明消失，黑暗來臨。光芒閃過，一團火焰升起。雲朵膨脹，下起死亡之雨！接著燃燒停止了，火焰消失了。而所有掉下來的東西都化為塵土。**

他們感到敬畏，但沒有被嚇到。第二天，吉爾伽美什和恩奇都發現了一個阿努納奇使用過的祕密入口，但是他們一進去，就被一個像機器人的守衛以死亡光束和旋轉火焰攻擊了。他們設法消滅了這個怪物，然後在小溪旁邊休息，認為前方的道路是暢通的。但是，當他們繼續冒險深入

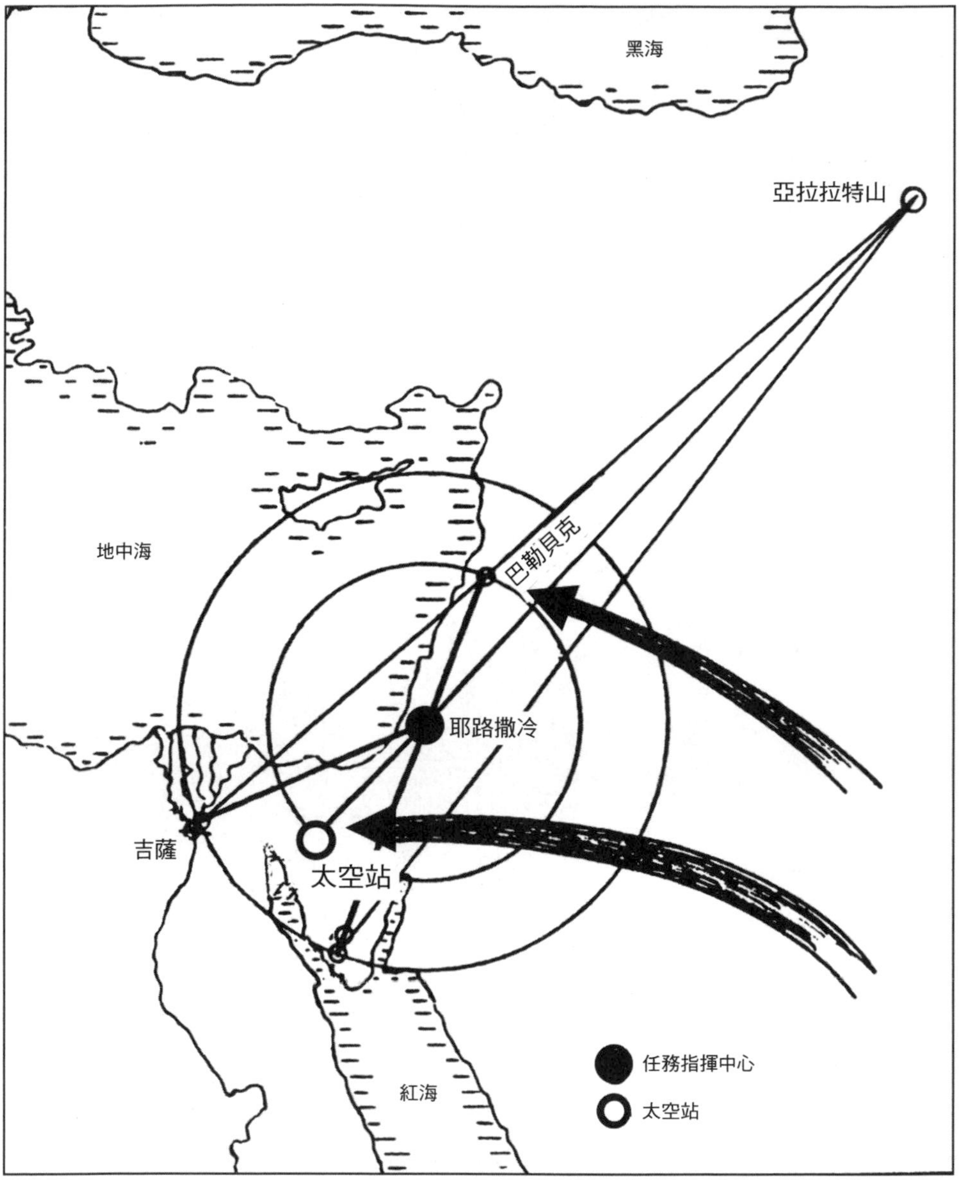

圖 13：吉爾伽美什的旅程

雪松森林時，新的挑戰出現了：**天國公牛**。

遺憾的是，史詩的第六塊碑刻損壞得太嚴重，無法清楚看到對那個生物的描述，以及他們之間的戰鬥過程。清楚易讀的部分寫道，這兩個夥伴為了逃命而奔跑，被天國公牛追趕到烏魯克。最後，恩奇都在那裡設法殺了牠。後續更清楚易讀的文獻提到，吉爾伽美什砍下了牛的大腿，得意地「召喚」烏魯克的「手工藝師、兵器製造師和工匠」來欣賞這隻牛的角。文獻指出，它們是手工製造的，「每個角都是用三十錠的青金石鑄造而成，表面的塗層有兩根手指的厚度。」

在其他碑刻被發現之前，我們無法確定出現在雪松森林的恩利爾之天體象徵，到底是一隻特別選擇的活牛，只是以黃金和寶石來裝飾及美化，還是一個機器創造物、手造怪物。我們確實知道的是，在它被殺之後，「伊師塔在她的住所裡發出哀號」，一直傳達到天國的阿努那裡。這件事情如此嚴重，以至於阿努、恩利爾、恩基和沙馬氏組成一個神的議會，來審判這兩個夥伴（最後只有恩奇都被懲罰），並且討論牛被殺死後的補救措施。

圖14：地下發射井中的火箭飛船

雄心勃勃的伊南娜（伊師塔）完全有理由哀號：無敵的恩利爾時代已經被打破，這個時代本身也因為牛的大腿被砍掉而象徵性地縮短了。我們從埃及的資料，包括天文學莎草紙上的圖畫（見圖15），可以知道，宰殺式的象徵在馬杜克那裡仍然留存著：它代表著，在天上，恩利爾的時代也被縮短了。

圖15：吉爾伽美什砍掉天國公牛的大腿

伊南娜與阿卡德王朝

馬杜克嘗試建立的替代性太空設施，並沒有被恩利爾家族輕忽。證據顯示，恩利爾和尼努爾塔都在地球的另一端，也就是美洲，大洪水之後的黃金源頭附近，全力建造自己的替代性太空設施。

恩利爾的缺席，以及天國公牛遭遇的意外事件，預示了美索不達米亞心臟地帶的不穩定及混亂時期的到來，使它遭受了鄰近地區的侵襲。首先是庫提人（Gutians），然後是東邊的埃蘭人（Elamite），以及來自西方的閃族語人。但是，當東方人跟蘇美人一樣禮拜恩利爾家族眾神時，阿姆魯（Amurru，意思是西方人）卻不這麼做。沿著「上海域」（地中海）的海岸，在迦南人的土地上，人們感激的是埃及的恩基家族眾神。由於不同民族有著不同的民族神，其中埋著「以上帝之名」進行聖戰的種子，也許延續到今日……

伊南娜提出了一個聰明的想法，這可以描述為「如果你不跟他們戰鬥，就請他們進來」。大約在西元前二三六〇年的某一天，她在空中飛行室（Sky Chamber）裡漫遊天際，後來降落在花園裡的熟睡男人旁邊。這個男人吸引了她。她喜歡性，喜歡這個男人。他是一個西方人，說的是閃族語。後來，他在回憶錄裡寫道，他不知道自己的父親是誰，但知道自己的母親是一位恩圖（Entu），也就是神的女祭司。母親把他放進蘆葦籃裡，讓他順著河流漂到灌溉者阿奇（Akki）所照料的花園。阿奇把他當作親生兒子一樣撫養長大。

這個強壯而英俊的男人可能是被神丟棄的孩子，這讓伊南娜有足夠的理由向其他眾神提議，這個地區的下一任國王應該是這位阿姆魯（西方人）。當他們同意後，女神將稱號「舍魯金」（Sharru-kin）賜給他，這是古老且受珍愛的蘇美國王頭銜。由於他並非源自先前公認的蘇美皇家血統，無法在任何一個古老的首都登基，於是一個嶄新的城市被建設起來，以當作他的首都。這座城市被稱為亞甲（Agade），意思是「和諧城」（Union City）。我們的教科書把這位國王稱為「阿卡德的薩貢」（Sargon of Akkad），把他的閃族語稱為阿卡德語。而他的王國則把北部和西北部的城市加入古蘇美的範圍內，因此被稱為「蘇美和阿卡德」。

薩貢很快就完成了他的任務：使「反叛之地」得到控制。在獻給伊南娜（之後以阿卡德名「伊師塔」為人所知）的讚美詩中，提到了伊南娜告訴薩貢，他會因為對「反叛之地的破壞，對其人民的殺戮，讓河流裡流淌著鮮血」而被銘記。薩貢在自己的皇家年鑑上，記錄並美化了這些軍事遠征行動。他的成就在《薩貢編年史》（*Sargon Chronicle*）被總結如下：

> 舍魯金，亞甲的國王，在伊師塔的時代升起的力量。
> 他既沒有留下對手，也沒有對手。
> 他在所有土地上散布著令人恐懼的威嚴。

他越過東方的大海，完全征服了西方國家。

這段話暗示了，神聖的太空站相關地點，即「西方國家」深處的登陸點，也被伊南娜（伊師塔）占領了，但是並非沒有人反抗。甚至是以讚美薩貢為題的文字都說，「在他年老時，所有省份都起義反對他。」反叛者記錄了從馬杜克這一邊所見的事件，揭露了馬杜克領導了一個懲罰性的反攻行動：

由於薩貢的褻瀆行為，偉大的神馬杜克變得憤怒……
從東方到西方，他讓人們疏遠薩貢，並且為了懲罰薩貢而讓他不得休息。

需要注意的是，薩貢領土所及之處，僅包括了四個大洪水之後的太空站相關地點的其中一個，也就是雪松森林的登陸點（參見20頁圖3）。薩貢的兩個兒子短暫地繼承了蘇美和阿卡德的王位，但是在精神和行動上的真正繼承者是他的孫子那拉姆－辛（Naram- Sin）。這個名字的意思是「辛的最愛」，但是在關於他的統治和軍事戰役的年鑑及描繪上，顯示他實際上是伊師塔的最愛。相關文獻和描繪都記載了，伊師塔鼓勵這位國王透過不斷征服及摧毀敵人，以尋求更宏偉且偉大的成就，同時積極在戰場上協助他。關於她的描繪，原本是把她呈現為迷人的愛之女神，如今則被呈現為手持武器的戰爭女神（見下頁圖16）。

這是經過謀畫的戰爭，以伊南娜（伊師塔）的名義占領所有太空站相關地點，以反擊馬杜克的野心。被那拉姆－辛占領或制服的城市名單顯示，他不僅到達地中海，確保了對登陸點的控制，還轉向南方入侵埃及。如此對於恩基家族領地的侵略是前所未有的，但它真的發生了。仔細閱讀相關紀錄，可以發現伊南娜（伊師塔）與馬杜克的兄弟奈格爾（他娶了伊南娜的姊妹），組成一個邪惡的聯盟。若要入侵埃及，就必須進入並穿過位在西奈半島的中立神聖區域，太空站就坐落在那兒，這個舉動違反了過去的和平協議。自傲的那拉姆－辛，將「四個區域之王」的頭銜授給自己……

我們能聽到恩基的抗議，能在文獻中讀到馬杜克的警告。這甚至超出了恩利爾家族領導階層所能容忍的範圍。在名為《阿卡德的詛咒》（*The Curse of Agade*）的長篇文獻中，訴說著阿卡德王朝的故事，清楚地提到「在恩利爾的前額皺了一下之後」，這個王朝走到了盡頭。因此，「伊庫爾的命令」（**word of Ekur**），也就是恩利爾在尼普爾的神廟中所做的決定是，讓它結束。「伊庫爾的命令降臨在亞甲（阿卡德）上」，它被摧毀並從地球表面除去。那拉姆－辛的末日大約在西元前二二六〇年到來。那個時代的文獻記載著，來自東方領地的庫姆軍隊，效忠於尼努爾塔，是神發怒的工具。亞甲從未重建，沒有人再來此地定居；那座皇家城市從未被發現。

圖16：伊師塔的愛之女神與戰爭女神形象

在西元前三千年初期關於吉爾伽美什的長篇故事，以及西元前三千年末期阿卡德王朝的軍事行動，為那一千年的事件提供了一個清楚的背景：目標都是太空站相關地點。對於吉爾伽美什來說，他想得到神的長壽；對屬於伊師塔的王朝來說，她想得到最高權力。

可以確定的是，馬杜克的「巴別塔」嘗試，把對於太空站相關地點的控制，放到眾神與人們的事務之中心位置；我們將看到，這種中心性主導了後來發生的許多事情（即使不是大多數）。地球上阿卡德時期的戰爭與和平，並非沒有關於天體或彌賽亞的面向。

在薩貢的編年史中，他的頭銜遵循著慣例中的敬語，如「伊師塔的監督者，基什的國王，恩利爾的偉大恩西（統治者）」，他還稱自己為「阿努選定的祭司」。這是神聖的受膏（anointed，「彌賽亞」的字面意思。編注：當一個人被塗抹聖油膏，代表神的靈降在他身上，有資格完成神的使命，在此所指的使命是救世），首次在古代銘文中出現。

馬杜克在他的聲明中，警告了動盪和宇宙現象將要到來：

> 天空將會變得黑暗，河水的流動將會變得混亂，土地將會被廢棄，人們將會滅亡。

回顧類似的聖經預言，很顯然，在西元前二十一世紀的前夕，眾神與人們預料到了世界末日（Apocalyptic Time）的到來。

3・埃及預言，人類的命運

在人類史上，西元前二十一世紀的古代近東，是人類文明最輝煌的篇章之一，史稱烏爾三世時代。但這個時代也是最困難且支離破碎的時代，因為它目睹了蘇美在死亡核爆雲下滅亡。在此之後，一切都變得不一樣了。

正如我們將要看到的，那些重大事件也是在二十一個世紀之後，也就是西元前轉變為西元的時候，彌賽亞表現（messianic manifestations）以耶路撒冷為中心的根源。

在那個難忘的世紀中所發生的歷史事件，和其他歷史事件一樣，都根植於過去曾發生的事情。因此，西元前二一六〇年是一個值得被銘記的時刻。從那時起，蘇美和阿卡德的年鑑便記錄了恩利爾家族眾神改革的主要政策。在埃及，這個年代標記了政治－宗教意義之轉變的開端，而且這兩個區域隨著馬杜克奪取霸權的行動而進入新階段。事實上，馬杜克如下棋般的策略，以及從一地到另一地的地理移動，控制了那個時代的「神棋遊戲」的進程。他的行動始於離開埃及，（在埃及人眼中）成為阿蒙（Amon，也寫為Amun或Amen），意思是「不可見的」（The Unseen）。

莎草紙文獻裡的預言

埃及學家認為，西元前二一六〇年代表著埃及第一中間期的開端，那是一段介於古王國結束與中王國開始之間的混亂時代。在古王國的幾千年裡，當宗教－政治中心在埃及中部的孟斐斯（Memphis）時，埃及人敬拜普塔（Ptah）神系，為普塔、他的兒子拉（Ra），以及神聖的繼承者，建造紀念性神廟。知名的孟斐斯法老銘文讚揚了眾神，也對國王們許諾了來世（After life）。這些法老身為神的代理統治者，帶著上埃及（南方）與下埃及（北方）的雙王冠，代表了這兩片土地的行政權及宗教信仰的統一。這樣的統一狀態，是在荷魯斯（Horus）為了爭奪普塔／拉的遺產而擊敗塞特之後實現的。但是，到了西元前二一六〇年，這樣的統一和宗教確定性崩潰了。

騷動導致聯盟的分裂，首都被廢棄，底比斯人（Theban）的貴族從南部發動襲擊以取得控制權，外族的入侵，對神殿的褻瀆，法律與秩序的崩壞，乾旱、饑荒，還有搶食暴動。這些情況都被記錄在名為《艾普－威爾的訓誡》（*Admonitions of Ipu-Wer*）的莎草紙文獻上。這是一部由象形文字寫成的長篇文獻，包含了許多章節，列出不計其數的災害與苦難，也責罵了邪惡的敵人，因為他們對宗教和社會做盡了壞事，還呼籲人民懺悔並重新開始宗教儀式。其中帶有預言性的一章描述了救世主的到來，又用另一章讚美理想時代將會來臨，做為總結。

文獻一開始，描述了法律與秩序的崩壞，使得功能齊全的社會陷入這樣的情形：「守門人去搶劫，洗衣工拒絕搬運重物……搶劫隨處發生……有人把自己的兒子當成了敵人。」雖然尼羅河的河水正漲起並灌溉著土地，但是「沒有人耕種……農作物死亡……倉庫裡空空如也……塵埃遍野……沙漠蔓延……女人不能懷孕……死屍被拋入河中……血流成河」。道路不再安全，貿易已經停止，上埃及的省份不再納稅；「有內戰……別處的野蠻人來到埃及……一切都在毀滅中。」

一些埃及學家相信，這些事件的核心在於對財富與權力的爭奪，即來自南方的底比斯貴族為了爭奪整個國家的統治權而做出的嘗試（最終成功了）。最近，關於古王國因「氣候變遷」而滅亡的研究，已經展開。那次的氣候變遷破壞了以農業為基礎的社會，導致了食物短缺、搶食暴動、社會劇變和權威的喪失。但是，很少人注意到一個主要的，甚至是最重要的變化：從那時起，在文獻、讚美詩，以及神廟裡的受尊敬之名，已經不再是「拉」，而是「拉－阿蒙」（Ra-Amon），或簡單地寫成「阿蒙」，他被人們敬拜著；拉變成了阿蒙神，即「不可見的拉」，因為他離開埃及了。

身分不明的艾普－威爾寫道，的確是宗教的改變導致了政治和社會的瓦解；我們相信，這個改變來自「拉」變成「阿蒙」。劇變始於宗教儀式的廢止，並透過神廟被污衊及遺棄而表現出來。在那裡，「秘密之地已經被暴露，威嚴圍場的著作被到處亂扔，一些普通人當街撕掉了它們……魔法被揭露，讓它在不熟知者的視線中。」國王皇冠上的眾神神聖象徵「烏拉伊」（Uraeus，意思是聖蛇），「被反對……宗教日期被打亂……祭司被不正當地帶走。」

這份莎草紙文獻在號召人們懺悔，「在神廟裡獻香……保留供品給眾神」之後，又號召懺悔者受洗——「記得施浸禮」。後來，文獻的話語轉向預言性：這份訓誡在一個連埃及學家都稱之為「真正的彌賽亞」的段落中，提到「一個時代將要來臨」，那時有一個無名的救世主（神王／god-king）將出現。起初他只有很少的追隨者，「人們將說：

他為心帶來涼爽，是所有人的牧者。

> 雖然他的牧群可能很小，但是他會整天呵護他們……
> 然後他會打擊邪惡，他會伸直手臂對抗它。」

「人們會問道：『他現在在哪裡？他在沉睡嗎？為什麼我們看不見他的力量？』」艾普－威爾寫道，回答：「瞧，其中的榮耀我們看不見，但是權威、洞見和正義屬於他。」

艾普－威爾開始預言道，那些理想時代的開端，將會伴隨彌賽亞出生的陣痛：「混亂將貫穿整片大地，在喧囂聲中，一個人可能會殺掉另一個，多數人可能會殺掉少數人。」人們不禁問到：「難道牧者希望殺戮？」不，他回答道：「是這片大地要求死亡。」但是，在經歷多年的衝突後，正義和正當的禮拜將會盛行。這份莎草紙文獻總結道，這就是「艾普－威爾在回答萬主（All-Lord）的威嚴時所說的話」。

在研讀這份古埃及莎草紙文獻時，如果在對於事件和彌賽亞預言的描述之外，還看到其中令人驚訝的措辭選擇，我們會發現更多東西。學者們知道，還有另一份從古埃及流傳到我們手上的預言／彌賽亞文獻存在，但是他們認為，它是事後撰寫的，只是把寫作日期改到較早的時代，以假裝成是預言。明確地說，這份文獻聲稱它所敘述的預言寫於斯尼夫魯（Sneferu，第四王朝的法老，大約西元前二六〇〇年）時期，但是埃及學家相信，它實際上寫於第十二王朝（大約西元前二〇〇〇年）的阿蒙涅姆赫特一世（Amenemhet I）時期，晚於它假裝預言的事件。即便如此，那些「預言」像是在確認先前發生的事，許多細節和預測的措辭令人不寒而慄。

這些預言是由名叫尼弗－洛胡（Nefer-Rohu）的「大預言祭司」（可以親手勝任抄寫員工作，有地位的人），告訴斯尼夫魯國王的。尼弗－洛胡被傳喚到國王面前，以預言未來，他「伸手拿了一個裝有書寫用具的盒子，甩開一卷莎草紙」，接著，他開始以一個占卜家的口吻，書寫他所展望到的畫面：

瞧，有些人正在談論的事情；可怕極了……
一些從未發生過的事將會發生，就在大地完全毀滅之前。
土地將被破壞，一切都不會剩下。
人們將看不見陽光，在覆蓋的陰雲下無人得以生存，南風與北風對抗。
埃及的河流將枯竭……
拉必須再次開始地球的基礎。

在拉恢復「地球的基礎」之前，將會出現入侵、戰爭與流血。接下來，將是一個和平、寧靜和正義的新時代。帶來這個時代的，是我們稱之為救世主（彌賽亞）的人：

然後，一位君主將會到來——
阿美尼（Ameni，意思是未知者〔Unknown〕），將會被稱為勝利者。
人子（Son-Man）將永遠是他的名字……
不道德的行為將被驅逐；正義將會取代它；與他同時代的人一片歡欣。

驚人的是，在四千兩百年前左右所寫的莎草紙文獻上，也有類似的世界末日之彌賽亞預言，以及在惡行的盡頭將會跟隨著和平與正義的到來（回歸）；在它們之中，看到《新約》裡的熟悉詞語，實在令人不寒而慄，例如，未知者（Unknown）、勝利救世主（Triumphant Savior），以

及「人子」（Son-Man）。

我們將會看到，這是跨越千年的相互關聯事件之間的連結。

尼努爾塔、古蒂亞與伊尼奴神廟

在蘇美，西元前二二六〇年，伊師塔的薩貢時代之後，一個混亂的時代來臨了。國土被外族占領，神廟被玷污，還為了首都該設在哪裡以及誰該成為國王而引發混亂。

有一段時間，那片土地上唯一安全的地方是尼努爾塔的「崇拜中心」拉格什。在那裡，庫提外族的部隊被拒於門外。尼努爾塔考慮到馬杜克不屈不撓的野心，決定要重申他的「五十」階級，方法是透過指示當時拉格什的國王古蒂亞（Gudea），為他在這座城市的吉爾蘇（Girsu，神聖區域）建造一座不同的新神廟。

尼努爾塔這裡被稱作寧吉爾蘇（NIN.GIRSU），意思是「吉爾蘇之主」。他在那裡已經有一座神廟，以及提供給他的「神聖黑鳥」（Divine Black Bird）或飛行機器的特別圍場了。然而，新神廟的建造需要得到恩利爾的特別特許，而他也及時得到了。我們從銘文中得知，這座新神廟必須擁有一些能夠連結到天國的特殊功能，才能進行某些天體觀測。最後，尼努爾塔邀請神寧吉什西達（在埃及是「圖特」），這位神聖建築師、吉薩金字塔的祕密守護者，來到蘇美。寧吉什西達（圖特）是在大約西元前三千一百年被馬杜克流放的兄弟，這一事實肯定不會被遺忘……

古蒂亞的銘文中，詳細記載了關於伊尼奴（E.NINNU，意思是五十之屋／神廟）的宣布、計畫、建造和奉獻的驚人環境。它已在拉加什（Lagash，現今稱為「泰洛」〔Tello，又譯鐵羅〕）的遺址出土，並在《地球編年史》系列前作做了詳細的介紹。從詳盡的紀錄（以蘇美楔形文字刻

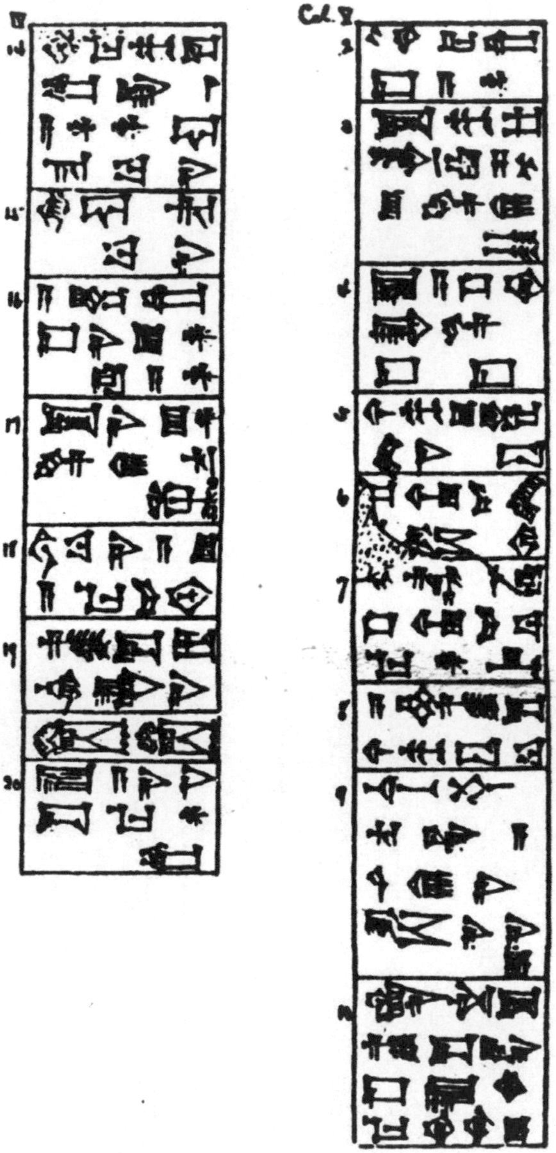

圖17：古蒂亞的泥柱銘文

在兩根泥柱上，見圖17）所得出的事實是，建造新神廟的每一步和每個細節，從宣布到奉獻，都是由天體面向來決定的。

那些特定的天體面向，必定與神廟建造的時程安排有關：就像銘文開頭的幾行字所聲稱的，當時「在天國，地球上的天命已經被決定」：

那時，在天國，地球上的天命已經被決定，
「根據偉大的天命碑刻，拉格什將抬起頭朝向天國。」

恩利爾贊同尼努爾塔的決定。

地球的天命在天國被決定的特殊時間，就是我們所稱的「天體時間」（Celestial Time），即黃道時鐘（Zodiacal Clock）。這樣的決定與平分日有關，我們可以從古蒂亞故事的其餘部分，以及圖特的埃及名字「特忽提」（Tehuti）所指的是為新神廟的朝向而「拉繩」的（日與夜的）平衡者，明顯地看出來。從開始到結束，這些天體因素一直主導著伊尼奴的建造計畫。

古蒂亞的故事從一場異象夢開始，很類似電視影集《陰陽魔界》（*The Twilight Zone*）的情節：有幾位神出現在夢裡，卻在他醒來時就消失了，不過，他們在夢中展示給他看的各種物品，就擺在他身邊！

在數場異象夢的第一場中，尼努爾塔出現在日出時分，而且太陽與木星對齊。這位神告訴古蒂亞，他被挑選為負責建造新神廟的人。接著，女神尼撒巴（Nisaba）出現了，她的頭上戴著神廟結構的圖像。她拿出一塊上面描繪了星空的碑刻，並且拿著一支尖筆，不停地指向「最適合的天體星座」。第三位神，寧吉什西達（也就是圖特），拿著一塊天青石版，上面畫了一份結構圖，他還拿著一塊黏土磚、一個造磚的模子，以及施工人員的運輸籃。當古蒂亞醒來時，這三位神已經離去，但是建築圖版被放在他的腿上（見圖18），磚和造磚模被放在他的腳邊！

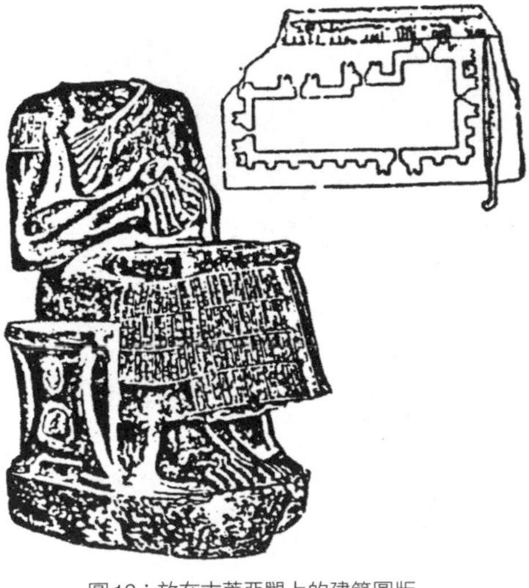

圖18：放在古蒂亞腿上的建築圖版

古蒂亞需要一位神諭女神和兩個以上的異象夢的幫助，才能理解這一切的意義。在第三個異象夢裡，他看到了神廟建築的全像式動畫示範，從最初對準指示的天體點開始、鋪設地基、磚塊成型……一步步地展示建造過程。包括開始動工建造，以及最後的奉獻儀式，都在特定的日子根據眾神發出的信號舉行；這兩次都是在新年的第一天，也就是春分。

這座神廟按照慣例透過七個樓層「抬起它的頭」，但是，不同於常見的平頂蘇美廟塔，它的頭部必須是尖的，「形狀像角」，古蒂亞必須在神廟的頂部蓋上一塊頂石！它的形狀沒有被描述出來，但是，最有可能（**以及由尼撒巴頭上的圖像來判斷**），它應該是金字塔形，就像埃及金字塔的頂部一樣（**見圖19**）。此外，不同於慣例中直接將磚砌結構暴露在外，古蒂亞必須使用淡紅石頭做為外層，包裹住結構體，以增加它與埃及金字塔的相似性。「神廟的外觀看起來就像是設置在那裡的一座山。」

圖19：金字塔尖尖的頂部

尼努爾塔自己清楚說出了以埃及金字塔的外觀來建造這個結構的目的。他告訴古蒂亞，新神廟「將從很遠的地方就被看見；它令人敬畏的閃光將直達天國；對我的神廟的崇拜，將擴展到整片大地上，它神聖的名字將傳遍地球盡頭的所有國家——

在馬根（Magan）和美路哈（Meluhha），它將會使人們說道：

寧吉爾蘇（吉爾蘇之主），來自恩利爾之地的偉大英雄，是無可匹敵的神；他是全大地的主。

馬根和美路哈是埃及和努比亞的蘇美名稱，屬於埃及眾神的兩片領地。伊尼奴的目的，是要建立尼努爾塔無與倫比的王權，甚至是在馬杜克的領地亦然：「無可匹敵的神，全大地的主。」

若要宣告尼努爾塔（而非馬杜克）的最高權威，需要伊尼奴神廟的特殊功能。廟塔的入口必須精確地朝向太陽升起的東方，而非習慣上的東北方。在神廟的最高層，古蒂亞必須豎立一個舒格拉姆（SHU. GA.LAM）——「那裡是宣布光輝之處，光孔之處，決策之處」，尼努爾塔（寧吉爾蘇）可以從那裡看到「大地的複製品」。那是有著十二個位置的圓形房間，每個位置都標記了一個黃道符號，還有孔洞可以觀察天空——這是一個對準黃道星宮的古代天文館！

神廟的前院連接了一條面對日出的大道，古蒂亞必須豎立兩個石圈來觀測天空，其中一圈有六根石柱，另一圈有七根石柱。由於只有一條大道被提及，有人猜測，石圈是一圈套在另一圈裡。在研究每一個措辭、術語和結構細節之後，可以發現這個在寧吉什西達（圖特）的幫助下建於拉格什的結構，是一座複雜但實用的石頭觀測站，其中有一部分專門用於黃道十二宮，這

圖20：丹德拉赫的十二星宮圖

讓我們想起了在埃及丹德拉赫（Denderah）所發現的相似結構（見上頁圖20），而另一部分適合觀測天體的升降，**實際上是幼發拉底河畔的巨石陣！**

就像英國的史前巨石陣（Stonehenge，見圖21），位在拉格什的這個結構，也為至日點及平分日點提供了石頭標記，但是，它最重要的外表特徵，是從中央石頭創造一條視線，穿過兩根石柱之間，然後沿著大道，直抵另一塊石頭。

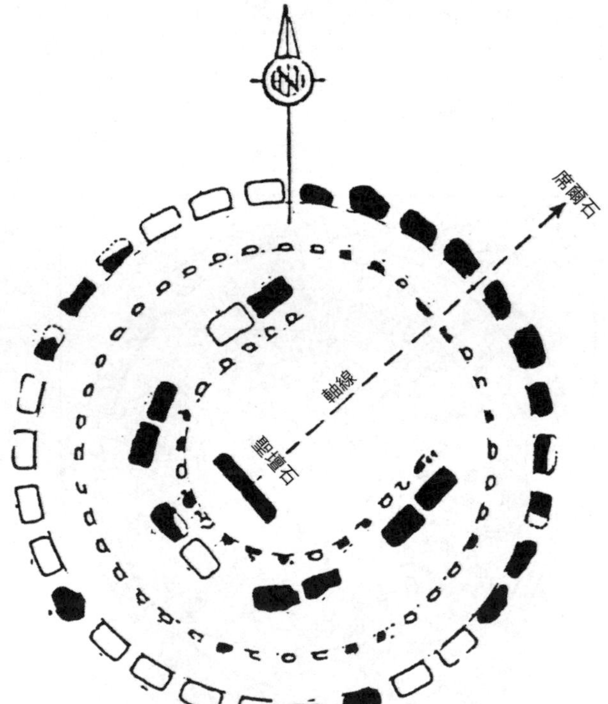

圖21：英國的史前巨石陣

若這樣的視線設計精確的話，可以確定太陽升起的時刻是出現在哪個黃道星宮。如此一來，就可以透過精確觀測來確定黃道宮時代，而這也是建造整個複雜設施的主要目的。

在英國的史前巨石陣中，視線從位在中央、被稱為聖壇石（Altar Stone）的石柱往外望，穿過被標記為數字「一」和「三十」的撒森石（Sarsen Stones）石柱之間，往前沿著大道，直到席爾石（參見28頁圖6）。人們普遍認為，帶有雙青石圈和席爾石的巨石陣，屬於巨石陣二期工程，其年代可以追溯到西元前兩千兩百年至兩千一百年之間。**這也是建造「幼發拉底河畔的巨石陣」的年代，更精確地說，是在西元前二一六〇年。**

此外，還有其他巧合存在。就像這兩個黃道星宮觀測站，其他的石頭觀測站也在同一段時期散布到地球上的其他地方，在歐洲和南美洲的許多地方，在以色列東北的戈蘭（Golan）高地，甚至在遙遠的中國（考古學家在山西省發現了一個石圈，它由十三根對準黃道帶的柱子組成，建造年代是西元前兩千一百年）。這些都是尼努爾塔和寧吉什西達對馬杜克的「神棋遊戲」的反抗：**向人類展示當時的黃道星宮時代仍然是金牛宮時代**。

黃道時鐘的刻度

來自那個時代的許多資料，包括馬杜克的自傳和一份被稱為《艾拉史詩》（*Erra Epos*）的更長篇的文獻，都提到馬杜克遠離埃及去流浪，使他成了隱藏者（Hidden One）。這些文獻也揭露了，由於馬杜克堅信自己擁有至高無上地位的時代已經來臨，他的要求和行動顯得緊迫而野蠻。他聲稱，天空證明了我做為主的榮耀。為什麼？他聲稱，因為金牛宮時代（恩利爾的時代）已經結束；白羊宮時代（馬杜克的黃道時代）已經來臨。就像尼努爾塔曾告訴古蒂亞的，那是地球的天命由天國決定的時代。

黃道星宮時代是由於歲差現象（地球繞日軌道的延遲）所造成的。這種延遲在七十二年裡積累到一度（一圈為三百六十度）；如果把這個大圓圈分成十二等份，每一份會有三十度，這代表著在黃道曆法中，從一個時代轉移到另一個時代，需要二千一百六十年。根據蘇美史料，大洪水事件發生在獅子宮時代，因此黃道時鐘大約開始於西元前一萬八百六十年。

在這個數學上確定為二千一百六十年的黃道曆週期中，若將起始點選擇為西元前一萬八百年，而不是西元前一萬八百六十年，那麼將會呈現出一份令人驚訝的時間表：

西元前一萬八百年至八六四〇年——獅子宮時代
西元前八六四〇年至六四八〇年——巨蟹宮時代
西元前六四八〇年至四三二〇年——雙子宮時代
西元前四三二〇年至二一六〇年——金牛宮時代
西元前二一六〇年至〇年——白羊宮時代

先不論黃道曆的結尾與西元紀年（基督紀年）正好同步這件事，有人肯定會好奇，伊師塔－尼努爾塔的時代大約在西元前二一六〇年終結，而根據這份黃道曆，金牛宮時代（恩利爾的時代）也恰好在此時結束，這只是巧合嗎？或許不是，但馬杜克絕對不會這麼想。根據可得的證據顯示，他透過天體時間，確定自己擁有至高無上地位的時代已經來臨。（關於美索不達米亞天文學的現代研究，確認了黃道帶被分成為十二宮，每一宮有三十度，這是以數學角度劃分，而非透過觀測角度來劃分。）

我們所提到的許多文獻都指出，當馬杜克移動時，他再次進入了恩利爾家族的心臟地帶，並且帶著一群追隨者回到巴比倫。恩利爾家族沒有訴諸武力衝突，而是請馬杜克的兄弟奈格爾（他的配偶是恩利爾的孫女）從非洲南部前往巴比倫，說服馬杜克離開。在奈格爾的回憶錄《艾拉史詩》中，他提到馬杜克的主要論點是他的時代（白羊座宮代）已經來臨。但是，奈格爾反駁道，事實並非如此：他對馬杜克說，日升的位置依然發生在金牛宮！

馬杜克被激怒了，並質疑觀測的精確度。「那些精確且可靠的裝置，從大洪水之前就被設置在你的低層世界領域，它發生了什麼事？」馬杜克要求奈格爾回答他。奈格爾解釋道，它們在大洪水時被破壞了。接著，他催促馬杜克：「過來，你自己看看，在指定的日子裡，日出時看到的是哪個星座？」我們不知道馬杜克是否曾前往拉格什進行觀測，不過，他確實意識到產生這個差異的原因：

在數學計算上，黃道星宮時代是每二千一百六十年改變一次，但實際上，在觀測時所看到的並不是如此。黃道星宮中的星星排列得很隨意，每個星宮的大小並不一樣。有的占據了天弧上較大的一段，有的比較小；其中，擠在較大的金牛宮和雙魚宮之間的白羊宮，就是比較小的（見圖22）。金牛宮占據了超過三十度的天弧，所以金牛宮時代的實際長度，比數學上計算出的時間，至少多了兩個世紀。

在西元前二十一世紀，天體時間與彌賽亞時間並不吻合。

奈格爾對馬杜克說，你靜靜地離開，等到上天宣布你的時代時再回來。馬杜克屈服於他的命運，離開了，但是他沒有走遠。

跟隨他的，行為舉止如同一名使者、發言人和傳令官的，就是他的兒子。他兒子的母親則是一位女性地球人。

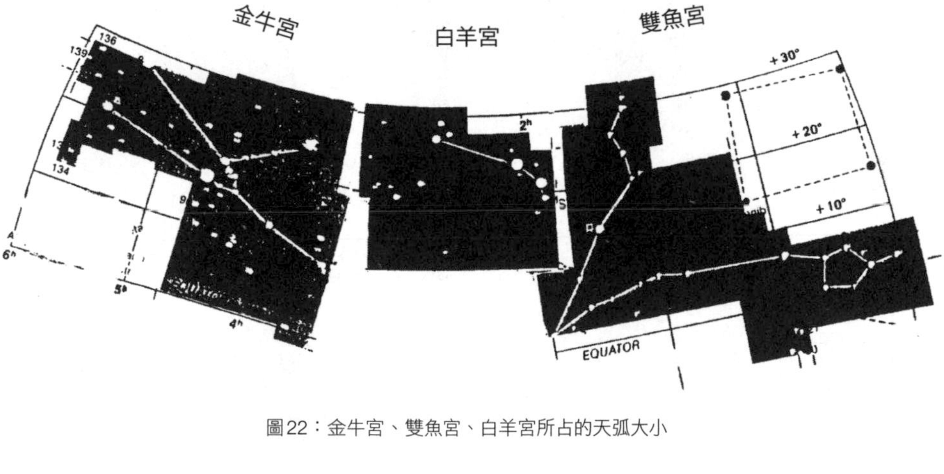

圖22：金牛宮、雙魚宮、白羊宮所占的天弧大小

4．神與半神

馬杜克決定留在爭奪之地或其附近，並讓他兒子參與爭取人類的效忠之對抗中，使得恩利爾家族回到蘇美的首都烏爾，這是娜娜（阿卡德語中的Su-en或Sin）的崇拜中心。這是烏爾第三次被選為首都，因此這個時期被稱為「烏爾第三王朝」。

這次的遷徙行動，將眾神之間的競爭，與《聖經》故事及亞伯拉罕所扮演的角色，連結在一起；而這些交織的關係改變了宗教，直到今天。

烏爾第三王朝

選擇娜娜（辛）當作恩利爾家族守護者的許多原因之一是，意識到他們與馬杜克的競爭已經超越了眾神的事務，變成了爭取人們（地球人）的思想和心靈的競賽。地球人是這些神所創造出來的，現在以他們的創造者之名義，組成了參戰的軍隊……

不同於恩利爾家族的其他成員，娜娜（辛）並沒有參與眾神的戰爭；他的選擇旨在向各地（甚至在「反叛之地」）的人們發出信號，表示在他的領導下，一個和平繁榮的時代即將開始。他和配偶寧加爾（Ningal，見圖23）深受蘇美人民的喜愛，而且烏爾本身的意思就代表了繁榮和幸福；它的名稱意味著「城邦，教化的地方」，它不僅是「城市」，而是大城市（The City）——古代大地的城市瑰寶。

當地的娜娜（辛）神廟是一座高大的廟塔，在被圍起的神聖區域內逐層上升。神聖區域裡有各種結構，用來當作神的住所，以及祭司、官員和僕人的住宅和功能性建築物。這些人負責照顧這對神聖配偶的需要，並安排國王和人民的宗教儀式。在圍牆之外，有一座宏偉的城市設有與幼發拉底河連接的兩個港口和運河（見下頁圖24）。這座大城市裡，有國王的宮殿和行政大樓（提供給抄寫員、紀錄保存及稅收等），許多私人住宅、工作坊、學校、商人的倉庫和貨攤，都位在寬闊的街道上。在許多路口，建造了開放給所有旅人的祈禱神廟。那座雄偉的廟塔及其巨大的階梯（重建後，見下頁圖25）儘管荒廢了很長的時間，但在經過四千多年後，它仍然主導著當地的景觀。

圖23：娜娜和配偶寧加爾

但是，還有另一個令人信服的理由。不同於競爭中的尼努爾塔和馬杜克都是從尼比魯來到地球的「移民」，娜娜（辛）則是在地球上出生的。他不僅僅是恩利爾在地球上的長子，也是在地球上出生的第一代神的第一人。他的孩子，雙胞胎烏圖（沙馬氏）、伊南娜（伊師塔）以及他們的姊妹厄里斯奇格，同屬於第三代神，全都是在地球上出生的。他們是神，但也是在地球上土生土長的。在為了人類的忠誠而進行的爭奪中，所有這一切都被列入考量。

選擇一位新國王以重新啟動蘇美的王權，這件事被謹慎地進行著。伊南娜（伊師塔）由於喜

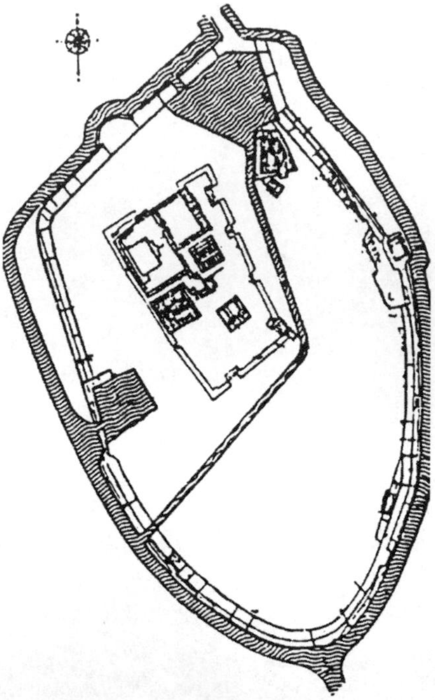

圖24：烏爾城的平面圖

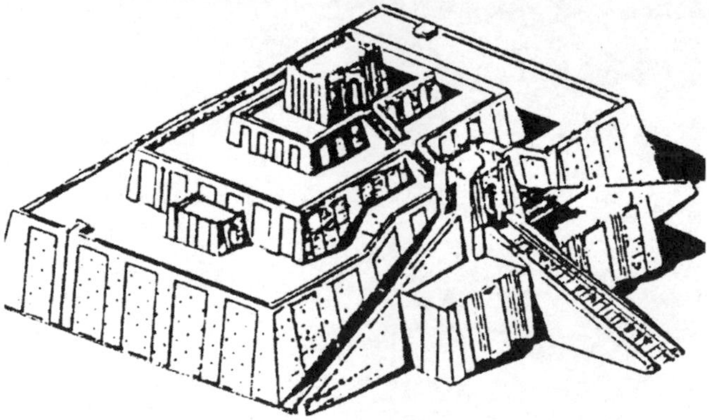

圖25：娜娜（辛）的神廟

歡阿卡德人薩貢的性愛，選擇由他來開創新的朝代，但這份給予她的自由權力已經一去不復返。新的國王名叫烏爾南姆（Ur-Nammu，意思是烏爾的喜悅），是由恩利爾精心挑選的，並且經過了阿努的批准，他不僅是地球人，更是女神寧松「心愛的兒子」；有些讀者應該記得，寧松也是吉爾伽美什的母親。

由於在烏爾南姆統治時期，這個神聖家譜在娜娜和其他眾神在場的情況下，重複出現在許多銘文中，因此必須假定這個說法是事實。因此，烏爾南姆不但是半神，而且跟吉爾伽美什的情況一樣，是「三分之二神」。實際上，宣稱國王的母親是女神寧松的說法，讓烏爾南姆擁有與吉爾伽美什相同的地位，吉爾伽美什的功績被人們牢記，而他的名字仍然受到尊敬。無論是對盟友或敵人而言，這項選擇都是一個信號，代表在恩利爾及其家族無可挑戰的統治下，光榮時代又回來了。

所有這些因素都是重要的，甚至可能是至關重要的，因為馬杜克自己具有對全人類的吸引力。這個特殊的吸引力源自這樣的事實：馬杜克的代理人和主要擁護者是他的兒子那布，那布不但是在地球上出生，而且他的生母是一位地球人。馬杜克打破了從大洪水之前以來的長久傳統和忌諱，娶了一位女性地球人做為正式的妻子。

與女性地球人結婚生子

年輕的阿努納奇娶女性地球人為妻，不是一件令人震驚的事，因為這被記錄在《聖經》裡讓所有人閱讀。有些資訊是在被忽略的文獻中找到的，必須從複雜的神列表中進行驗證，其中就連學者都不太知道的事實是，馬杜克開啟了「眾神的兒子」遵循的先例：

當人在世上多起來，又生女兒的時候，神的兒子們看見人的女子美貌，就隨意挑選，娶來為妻。（《創世記》6：1－2）

《創世記》第六章前八節經文中解釋了大洪水的起因，清楚地指出異族結婚和由此產生的後代是神憤怒的緣由：

在那些日子及之後的日子裡，納菲力姆在地球上，當他們的兒子遇到亞當的女兒，就與她們有了孩子。

（編注：《和合本》譯為：「那時候有偉人在地上，後來神的兒子們，和人的女子們交合生子，那就是上古英武有名的人。」）

（我的讀者應該會想起，這是我的問題之一。以前，我不明白為什麼「納菲力姆」〔Nefilim，字面意思是那些從天而降者〕，通常被翻譯成「巨人」〔偉人〕。後來，我才明白並認為希伯來文中指稱「巨人」的Anakim，事實上是對蘇美文的阿努納奇〔Anunnaki〕的一種翻譯。）

《聖經》清楚地提到了，年輕的「眾神之子」（伊羅興〔Elohim，眾神〕之子，納菲力姆）將女性地球人（亞當的女兒）「娶為妻子」的異族結婚情況，是神決定透過大洪水來滅絕人類的原因：「人既屬乎血氣，我的靈就不永遠住在他裡面……耶和華就後悔造人在地上，心中憂傷。耶和華說，我要將所造的人……都從地上除滅，因為我造他們後悔了。」（《創世記》6：3、6：6－7）

蘇美和阿卡德文獻中也提到了大洪水的故事，並解釋有兩位神參與其中：恩利爾想要透過大洪水來毀滅人類，而恩基教導「挪亞」建造救援方舟，幫助人類躲過大洪水。當我們深入研究細節時會發現，一方面恩利爾憤怒地說：「我要到這裡為止！」另一方面，恩基有了對抗的行動。這些不僅僅是原則的問題。因為是恩基自己開啟了娶女性地球人並生子的先例，而且，恩基的兒子馬杜克在這條路上打先鋒，樹立了與女性地球人有實際婚姻的例子……

當阿努納奇的地球任務開始全力運作時，一共有六百名在地球上，此外，還有三百位伊吉吉（IGI.GI，意思是那些觀察和看到者），操控著在火星上的行星轉運站，以及在兩顆行星之間穿梭的太空船。我們知道，阿努納奇的首席醫藥官寧瑪赫，是來到地球的首批女性護士的首領（見圖26）。不過，文獻中沒有提到是否有其他女性阿努納奇在其中，但很明顯的是，在任何活動中女性都是少數。這種情況需要嚴格的性法規和長者的監督，（根據一份文獻）最後發展到恩基和寧瑪赫必須扮演媒人的角色，來決定誰將娶誰。

恩利爾是嚴格的維持紀律者，但他自己卻成為女性短缺的犧牲品，他與一位年輕護士約會並強姦了她。因此，即便他是地球上的首席指揮官，仍然受到懲罰和流放；後來，他同意娶這位護士蘇德（Sud）為妻，使她成為他的正式配偶寧利爾（Ninlil），這份刑罰才得以減輕。直到最後，蘇德

圖26：寧瑪赫是首批女性護士的首領

（寧利爾）都是恩利爾唯一的配偶。

另一方面，在許多文獻中，恩基都被描述為喜歡與各年齡層的女神調情，並且設法逃離這段關係。此外，一旦「亞當的女兒」長大了，他也很樂意與她們發生性愛……蘇美文獻中，阿達帕（Adapa，又譯亞達帕）被讚美為「最有智慧的人」，他生長在恩基的家庭，由恩基教導書寫和數學，並且是第一個被帶上天國拜訪尼比魯星上的阿努的地球人；一些文獻也顯示，阿達帕是恩基的私生子，他的母親是一位女性地球人。

一些旁經文獻告訴我們，當《聖經》中的大洪水英雄挪亞出生時，關於這個嬰兒和分娩時的許多事情，使他的父親拉麥（Lamech）懷疑挪亞的生父是一位納菲力姆。《聖經》中宣稱，挪亞是「與伊羅興（眾神）同行」的族系「完美」的人；在蘇美文獻中，大洪水的英雄叫吉烏蘇他拉（Ziusudra），是恩基的半神兒子。

因此，有一天，馬杜克向母親抱怨，在他的同伴被指定娶妻時，他卻沒有，「我沒有妻子，我沒有孩子」。他接著對她說，他對一個「大祭司，有成就的音樂家」的女兒產生好感（我們有理由相信，這位大祭司就是蘇美文獻中被選中的人類：恩麥杜蘭基〔Enmeduranki〕，相當於《聖經》中的以諾〔Enoch〕）。在獲得年輕的女性地球人莎佩妮特（Sarpanit）的同意後，馬杜克的父母支持他繼續發展。

那段婚姻帶來了一個兒子。他叫恩薩格（EN.SAG，意思是崇高的主）。但是，不同於阿達帕是地球的半神，馬杜克的兒子被列入蘇美的眾神列表，被稱為「神聖的美什（MESH）」。「美什」是用來表示半神的詞語（例如吉爾加「美什」）。他是第一個成為神的半神。後來，當他為了父親的利益而領導人類大眾時，他被授予稱號「那布」（Nabu），意思是發言人、預言家。按字面意思來說，這個稱號相當於《聖經》中的一個希伯來單字Nabih，意思是「預言家」。

因此，那布是神子，也是古代文獻中「亞當的兒子」，他的名字所指的意思是「預言家」。就像先前引用的埃及預言，他的名字和角色與「彌賽亞的盼望」有關。

半神國王

因此，在大洪水之前，馬杜克為其他年輕的未婚神樹立了榜樣：找到並娶一名女性地球人為妻……這個禁忌的突破，也吸引著大部分時間不在火星上的伊吉吉神，他們在地球上的主要站點是雪松山脈的登陸點。他們找到一個機會（也許是受邀來慶祝馬杜克的婚禮）結識了女性地球人，並把她們當作妻子帶回去。

幾本《聖經》以外的書被稱為旁經、偽經，比如《禧年書》（*Book of Jubilees*）、《以諾書》（*Book of Enoch*）和《挪亞書》（*Book of Noah*），記錄了納菲力姆的異族通婚事件，並且填補了一些細節。大約有兩百名「觀看者」（那些觀察和看到者）組成二十個群組；每一個群組都任命了一位領導者。其中，名叫沙亞札（Shamyaza）的領導者，負責全盤掌控。另一位名叫耶昆（Yeqon）的則是犯罪的煽動者，他「將神的兒子引入歧途，帶他們來到地球，認識了人類的女兒們」。這些文獻證實了這件事發生在以諾的時代。

儘管希伯來《聖經》的編撰者努力把蘇美文獻（訴說了恩基和恩利爾之間的矛盾與競爭）放進一神論的框架中：只相信唯一的一位萬能之神，但是他們在《創世記》第六章中以真實的結局作結。在談到異族通婚的後代時，《聖經》列舉了兩種情況：第一種是發生在大洪水之前時期的異族通婚；第二種是來自「上古英武有名的人」的後代。蘇美文獻指出，大洪水之後的英雄國王，就是這樣的半神。

這些人不僅是恩基及其家族的後代，有時在恩利爾家族領地的國王，是恩利爾家族的子孫。例如，《蘇美國王列表》中，清楚地交代了王權始於烏魯克（恩利爾家族的領地），被選為國王的是一位美什（半神）：

梅斯克亞加什（Meskiaggasher），烏圖的兒子，變成大祭司暨國王。

烏圖就是指神烏圖（沙馬氏），是恩利爾的孫子。隨著王朝繼續發展，出現了著名的吉爾伽美什，「他有三分之二的神性」，是恩利爾家族的女神寧松的兒子，其父親是烏魯克的大祭司，一個地球人。（在烏魯克和烏爾，還有幾位王朝統治者也帶有「Mesh」或「Mes」的頭銜。）

在埃及，有些法老也主張自己具有神的血統。第十八和第十九王朝的許多法老，就採用了包含神名的名字，例如字首或字尾有MSS（或是Mes, Mose, Meses），意思是這位或那位神的「後代」，例如Ah-mes或Ra-mses（RA-MeSeS，是指拉神的後代）。著名的哈特謝普蘇特（Hatshepsut）女王，雖然是女人，卻得到了法老的頭銜和特權。她聲稱這些權利來自她的半神身分。她在代爾巴哈里（Deir el Bahri）的巨大神廟裡的銘文中提到，偉大的阿蒙神「採取了國王（她的母后的丈夫）的威嚴形式，與她性交」，導致哈特謝普蘇特誕生成為他的半神女兒。迦南文獻中也包含了克雷特（Keret）的故事，他是神伊爾（El，編注：本系列前作部分以ＥＩ指稱）的兒子，也是一位國王。

關於以半神為國王的做法中，一個有趣的特例是恩納圖姆（Eannatum）的情況。他是早期「英雄主義」時代在尼努爾塔的拉格什城的一位蘇美國王。這位國王在著名的「禿鷹之碑」（Stela of the Vultures）紀念銘文中，聲稱他的半神身分來自於由尼努爾塔（神聖區域吉爾蘇之主）人工受精，並且他得到伊南娜（伊師塔）和寧瑪赫（此處以她的稱號「寧呼爾薩格」〔Ninharsag〕來稱呼）的幫助：

> 主寧吉爾蘇，恩利爾的戰士，為恩納圖姆植入恩利爾的精液，在那子宮的……
>
> 伊南娜陪伴著他的出生，為他取名為「伊安納（Eanna）神廟的傑出人物」，將他放在寧呼爾薩格的神聖大腿上。
>
> 寧呼爾薩格為他提供神聖的乳房。
>
> 寧吉爾蘇為恩納圖姆而高興——精液由寧吉爾蘇注入了子宮。

當銘文提到「恩利爾的精液」時，說法是含混的。是否因為尼努爾塔（寧吉爾蘇）是恩利爾的長子，因此他的精液被認為是「恩利爾的精液」？或者事實上他是用恩利爾的精液來授精的（這是值得懷疑的）？銘文中清楚地說明，恩納圖姆的母親（紀念碑上，她的名字難以辨認）是人工受孕的，因此可以在沒有實際性交的情況下使半神誕生——**這是在西元前三千年的蘇美的純潔懷孕之案例！**

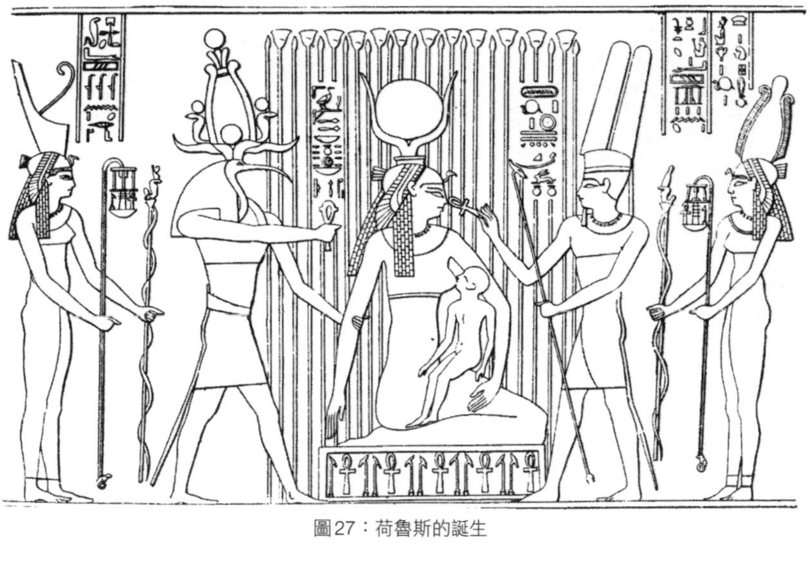

圖27：荷魯斯的誕生

埃及文獻證實了眾神對於人工授精並不陌生，在塞特殺死並肢解奧西里斯之後，神圖特從奧西里斯的陰莖中提取精液，再注入奧西里斯的妻子愛西絲體內，從而使神荷魯斯誕生（編注：本系列前作中，作者曾說明是提取基因「精髓」而非「陰莖的精液」，此處遵照作者原文呈現）。有一張圖呈現了圖特、拿著使用過的DNA鏈的生育女神，以及愛西絲正抱著新生的荷魯斯的畫面（見圖27）。

顯然，在大洪水之後，恩利爾家族接受了與女性地球人交配一事，並認為因此所生的後代是「英雄、有名望的人」，適合握有王權。

半神的皇家「血統」從此開始了。

烏爾南姆的統治

烏爾南姆的第一項任務，是實現道德和宗教上的復興。為此，他模仿了一位受尊敬且被銘記的前任國王。復興運動是透過一部新的《法律法典》（*Code of Laws*）來完成。這是關於道德行為、正義和忠誠的法律。這部法典提到，這是恩利爾、娜娜和沙馬氏希望國王執行，並使人們遵循度日的法律。

烏爾南姆聲稱，法律的本質是公平的，包含了一系列可以和不可以做的事，「孤兒沒有成為富人的獵物，寡婦沒有成為強權者的獵物，有一隻羊的人沒有被放到有一隻牛的人那裡……正義被建立在這片大地上。」在這一點上，他模仿先前的蘇美國王，拉格什的烏魯卡基納（Urukagina），有時甚至使用完全相同的字句。烏魯卡基納在三百年前頒布了一部法律法典，進行了社會、法律和宗教的改革（其中包括在尼努爾塔的配偶巴烏〔Bau〕女神的贊助下建立的婦女庇護所）。此處要特別指出的是，這正是聖經先知們在接下來的一千年裡，要求國王和人們遵循的正義和道德的準則。

在烏爾第三王朝開始時，顯然刻意地企圖恢復蘇美（蘇美和阿卡德）過去的榮耀、繁榮、道德及和平——那是與馬杜克最近一次對抗之前的時代。

許多銘文、紀念碑和考古學的證據顯示，始於西元前二一一三年的烏爾南姆政權，進行了大規模的公共工程，恢復河道的航行，重建及保護國家的公路。一段銘文寫道：「他修建了從低地到高地的公路」。隨後出現了更大量的貿易和商業活動。在社會和經濟生活方面，湧現了許多藝術、工藝品、學校及其他改進措施（包括採用了更精確的度量衡）。他們與東部和東北鄰國的統治者簽訂條約，傳播了繁榮和福祉。他們重建或擴建主要大神（尤其是恩利爾和寧利爾）的神廟，以向這些神致敬；在蘇美歷史上，這也是烏爾和尼普爾的祭司職位首次結合，導致了一次宗教上的復興。

所有學者都同意，由烏爾南姆展開的烏爾第三王朝時代，在蘇美文明的各個方面都達到了新的高度。但這個結論卻增加了考古學家的迷惑，因為他們發現了一個漂亮的工藝盒，它所鑲嵌的前後面板上，描繪了兩個矛盾的烏爾生活場面。其中一面（現在稱為「和平面板」）描繪了宴會、商業及其他民間活動，另一面（「戰爭面板」）描繪了由戴頭盔的武裝士兵和馬戰車所組成的一支軍隊，正要出發去戰鬥（見下頁圖28）。

仔細檢查當時的紀錄，上面揭露了，在烏爾南姆的領導下，蘇美本身的確相當繁榮，但同時，來自「反叛之地」的恩利爾家族之敵對勢力卻不減反增。根據烏爾南姆的銘文，這個情況顯然需要他採取行動，因此，恩利爾將一件「可以讓叛軍堆積成堆的神聖武器」給烏爾南姆，讓他用來攻擊「那些反叛之地，摧毀邪惡的城市，並清除他們的反對勢力」。那些「反叛之地」和

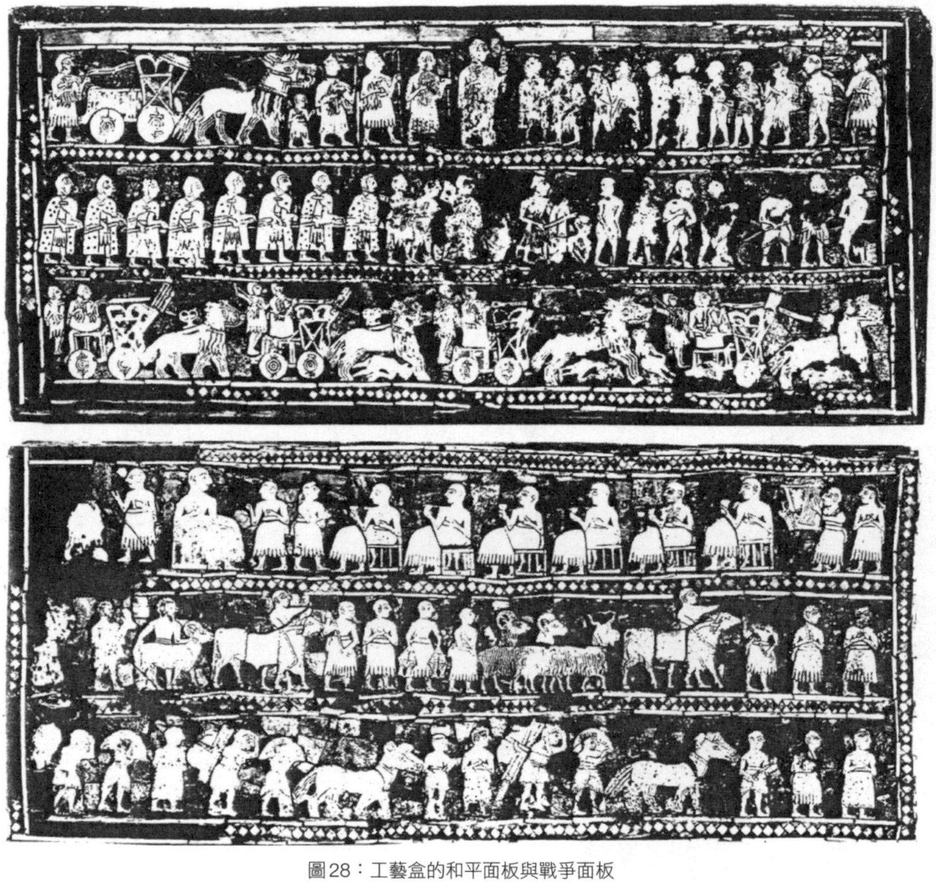

圖28：工藝盒的和平面板與戰爭面板

「罪惡諸城」位在蘇美的西方，是馬杜克的亞摩利人（Amorite）追隨者的土地；在那裡，「邪惡之人」（反對恩利爾的敵對勢力）是由那布帶領的，他從一個城市到另一個城市，號召人們改信馬杜克。恩利爾家族稱馬杜克為「壓迫者」，必須讓「罪惡諸城」擺脫他的影響。

我們有理由相信，和平與戰爭的畫面事實上在描繪烏爾南姆自己。一方面，他參加盛宴並慶祝城市的和平與繁榮；另一方面，他坐在皇家戰車裡，領導他的軍隊奔赴戰場。他的軍隊遠征，使他遠遠越過了蘇美邊境，進入西方大地。雖然烏爾南姆曾是偉大的改革者、建設者和經濟「牧人」，卻是失敗的軍隊領導者。在戰鬥的過程中，他的戰車陷進泥裡；烏爾南姆從戰車上摔落下來，但是「戰車像暴風一樣往前衝」，把國王留在後面，讓他「像一顆壓碎的堅果那樣被遺棄」。但悲劇還沒結束，當船隻要運載烏爾南姆的遺體返回蘇美時，「在一個不明的地方沉沒了；波浪淹沒了那艘船，而他卻在船上。」

當戰敗和烏爾南姆慘死的消息傳到烏爾時，人們在那裡舉行了一個盛大的哀悼儀式。人們不明白，為什麼這位虔誠的國王、正義的領導者，使用眾神交到他手中的武器並遵循他們的指示，卻如此不光彩地死去了。他們問著：「為什麼主娜娜沒有出手抱住他？」「為什麼伊南娜，天堂之女士，不用她高貴的雙手護住他的頭？為什麼英勇的烏圖不幫助他？」

蘇美人相信，所發生的一切都是命運注定的，不明白「為什麼當烏爾南姆痛苦的命運被決定時，這些神走開了？」這些神（娜娜和他的雙胞胎孩子）當然知道阿努和恩利爾決定了什麼，卻沒有說什麼來保護烏爾南姆。烏爾和蘇美的人民在喊叫及哀嘆時得出結論，認為只有一種合理的解釋：偉大的神會收回他們的話語——

> **英雄的命運已經被改變了！**

阿努更改了他的神聖言語。
恩利爾虛偽地改變了他的判決！

這些強烈的話語指責著恩利爾家族的欺騙和背叛！古老的話語表達了人們的失望程度。

阿卡德預言

如果在蘇美和阿卡德的情況是如此，那麼可以想像在反叛的西方大地上的反應。

在對於人類的思想和信仰的爭奪上，恩利爾家族搖擺不定。「代言人」那布以父親馬杜克的名義，增強了行動的力度。同時，他自己的地位也在提高和改變；他的神性現在被各種充滿敬意的稱號頌揚著。在那布（納比〔Nabih，預言家〕）對未來的預言之鼓舞下，即將發生的事情開始橫掃爭奪之地。

我們知道他們所說的事情，是因為許多上面刻有這種預言的泥版已經被發現了；它們是以古巴比倫的楔形文字所寫的，被學者分類為「阿卡德預言」（Akkadian Prophecies）或是「阿卡德啟示錄」（Akkadian Apocalypses）。這些文獻的共通點是，**把過去、現在和未來視為連續不斷之事件的一部分**；在預定的天命裡，有一些自由意志的空間，因此有了多變的命運；對於人類而言，兩者都是由天地之神判決或決定的；因此，在大地上的情況，反映了發生在天國裡的事。

為了提高預言的可信度，這些文獻有時會在所預言的未來事件中，插入過去的歷史事件或實體存在。目前有什麼錯了，為什麼需要改變，都被詳細敘述。發生的事件被歸因於一個或多個大神的決定。**神的使者將會出現**；預言文獻可能是由抄寫員將使者所說的話記錄下來，或是預期的宣告；偶爾，「兒子將代表他的父親講話」。預言的事件將與預兆連結在一起。這些預兆可能是一位國王的死亡，或是天上的徵象：一個天體將會出現並發出可怕的聲音；或是「一團燃燒的火」將從天而降；「一顆星星將像火炬一樣，從天空的高度飛到地平線」；並且，**最重要的是，「一顆行星將在其預定時間之前出現」**。

壞事、天啟，將會在最後的事件之前到來。到時將會出現災難性的降雨、巨大的毀滅性浪潮，或是乾旱、運河淤積、蝗災和饑荒。母親將會反抗女兒，鄰居互相矛盾。叛亂、混沌、災害將發生在大地上。城市將遭受攻擊且人口減少；國王將會死亡、被推翻或被俘虜；「一個君主將打倒另一個」。官員和祭司將會被殺死；神廟將遭到遺棄；儀式和供品將停止。然後，預言中的事件：一個偉大的改變、新的紀元、新的領導者、一名救世主，將會到來。良善將戰勝邪惡，繁榮將取代苦難。被遺棄的城市將重新有人居住，分散的人們之殘存者將回到家鄉。神廟將被重建，並且人們將舉行正確的宗教儀式。

毫不意外，這些巴比倫的或親馬杜克的預言，指控著蘇美和阿卡德（以及他們的盟友埃蘭、西臺之地〔Hattiland〕和海之地〔Sealands〕）的不當行為，並且將阿姆魯西方人稱為神聖報應的工具。恩利爾家族的「崇拜中心」，包括尼普爾、烏爾、烏魯克、拉爾薩（Larsa）、拉格什、西巴爾和阿達布（Adab），都被指出將遭受攻擊、掠奪，其神廟也會被遺棄。恩利爾家族眾神被描述成煩惱的樣子（「不能安睡」）。恩利爾呼喚阿努，卻忽視了阿努的忠告（有些翻譯者把忠告解釋為「命令」），也就是恩利爾要發布一條米沙路（misharu）的法令——一道「把事情擺正」的命令。

恩利爾、伊師塔和阿達德被迫要變更蘇美和阿卡德的王權。「神聖的儀式」將從尼普爾轉移出去。天空上，「偉大的行星」將會出現在白羊宮。馬杜克的話將會占優勢；「他將征服四個區域，一提到他的名字，整個地球就會顫抖……在他之後，他的兒子將像國王那樣統治，並且成為全地球的主人。」

在一些預言中，某些神是預測的主題。一段關於伊南娜（伊師塔）的預言說，「一個王國將興起」；「他將把烏魯克的保護女神從烏魯克遷走，安置在巴比倫……他將在烏魯克設立敬拜阿努的儀式。」伊吉吉也被明確地提到，一份預言聲稱：「給伊吉吉神的定期供品曾經被停止，將會重新建立。」

至於埃及預言的情況，大部分學者也把它們視為「阿卡德預言」之類的「偽預言」，或是事後發布的文獻——它們是在「被預言」的事件發生很久以後才寫下來的。但是，正如我們對埃及文獻所說的，關於「這些事件已經發生了，所以沒有被預言」的說法，只是重申了這些事件本身確實發生了（無論它們是否被預言），這對我們來說是最重要的。這代表預言確實成真了。

如果是這樣的話，最讓人心驚膽戰的事被預言了（在一份名為預言「B」的文獻中）：

艾拉的威力無窮的武器（Awesome Weapon）在大地上，而人們將會被判決。

實際上，在西元前二十一世紀結束以前，這個最讓人心驚膽戰的預言，「在大地上判決人們」的確發生了。當時，神艾拉（Erra，意思是殲滅者，是奈格爾的綽號）在大災難中釋放了核武器，使預言成真。

5．末日審判的倒數計時

隨著烏爾南姆於西元前二〇九六年悲劇性且過早的死亡之後，西元前二十一世紀的災難開始了。到了西元前二〇二四年，在眾神自己的手中，一切以空前的災難告終。這兩個時間點恰巧間隔七十二年，正好是歲差現象偏移一度的時間。如果這只是一個巧合，那它就是一連串「巧合」事件中，經過精心協調的事件之一……

舒爾吉的統治

在烏爾南姆悲劇性地死亡後，他的兒子舒爾吉（Shulgi）繼承了烏爾的王位。由於他不能主張自己的半神身分，便宣稱（在他的銘文中）自己是在神的主持下出生的：月神娜娜親自安排烏爾南姆與恩利爾的高級女祭司在尼普爾的恩利爾神廟中結合並受孕，所以「這個可以繼承王位的『小恩利爾』便誕生了」。

這是一個不可輕視的家族宣言。如前所述，烏爾南姆是三分之二神，因為他母親是一位女神。雖然這位成為舒爾吉的母親的高級女祭司，她的名字沒有被說出來，但是從其特殊身分可以得知，她同樣也有部分的神之血統，因為只有國王的女兒才會被選為擔任恩圖（EN.TU，女祭司）；而烏爾的國王從第一王朝開始，就可以追溯到半神血統。月神娜娜安排兩人在尼普爾的恩利爾神廟中結合，也具有意義；如同先前所述，在烏爾南姆的統治下，尼普爾的祭司首次與另一個城市（在這個例子中是烏爾）的祭司結合。

當時蘇美及其周邊所發生的事情，大部分都收集自「年代記冊」（Date Formulas），這是皇室紀錄，其中記載了各任國王統治下每年所發生的主要事件。以舒爾吉為例，他有許多事蹟為人所知，因為他留下了其他或長或短的銘文，包括一些詩歌和情歌。

這些紀錄指出，舒爾吉在登上王位後不久，便廢除了他父親的重武政策，也許是為了不重蹈父親在戰場上的命運。他也對「反叛之地」在內的偏遠省份展開了一次遠征，但他的「武器」是提供貿易、和平，以及他女兒的婚姻。他把自己視為吉爾伽美什的繼承者，遠征路線涵蓋了那位著名英雄的兩個目的地：位於南方的西奈半島（太空站所在地），以及位於北方的登陸點。

舒爾吉觀察到第四區域的聖潔，便繞過半島，在它的邊界——一個被描述為「眾神的大要塞之地」的地方，向眾神致敬。他從死海的西邊往北前進，在「嘹亮神喻之地」（Place of Bright Oracles，即耶路撒冷）停下來禮拜，還在那裡為「審判之神」（通常是烏圖／沙馬氏的稱號）修建了一座祭壇。在北部的「冰雪覆蓋之地」（Snow-covered Place），他也修建了一座祭壇並且供奉了祭品。他在可到達的太空站相關地點「接觸了基地」之後，又順著「肥沃的新月」（Fertile Crescent，因地形及水流而形成的東西向拱形貿易及遷徙路線）前進，在底格里斯河－幼發拉底河平原繼續向南，回到了蘇美南部。

當舒爾吉回到烏爾後，他有理由認為自己為眾神和人類帶來了「我們的和平時代」（用現代的類比法）。眾神將「阿努的大祭司，娜娜的祭司」的稱號授予他。他被烏圖（沙馬氏）視為朋友，也得到伊南娜（伊師塔）的個人關注（他在情歌裡自誇，她在神廟裡將外陰給他）。

但是，當舒爾吉從國家事務轉向個人愉悅時，那些「反叛之地」的動盪還在持續中。舒爾吉沒有為軍事行動做準備，便向盟國埃蘭尋求軍隊支援，回報是將他的一個女兒嫁給埃蘭國王，並以蘇美城市拉爾薩當作嫁妝。他們僱用了這些埃蘭軍隊，展開一次大規模的軍事遠征，出發去對付西方的「罪惡諸城」；軍隊到達了位在第四區域邊界的眾神的要塞之地。舒爾吉在銘文中自誇這場勝利，但事實上，他在不久後就便修建了一道防禦牆，以抵禦來自西方和西北方的外族對蘇美的侵擾。

《年代記冊》將這道牆稱為「大西牆」（Great West Wall），學者認為，它是從幼發拉底河一直到底格里斯河北部（**現今的巴格達所在地**），阻擋侵略者進入這兩條大河之間的肥沃平原。這項防禦工程比為了類似目的而建的中國長城，早了將近兩千年！

西元前二〇四八年，由恩利爾領導的眾神，受夠了舒爾吉在國家事務上的失敗，以及他個人的奢華放蕩生活。眾神在確定他「沒有執行神聖的規定」之後，判決他「罪人之死」。我們不知道那是什麼樣的死刑，但歷史事件告訴我們，在這一年裡，他在烏爾城的王位被兒子阿馬爾－辛（Amar-Sin）取代。從阿馬爾－辛的銘文中，我們知道他接連進行了兩次遠征，以鎮壓北方的叛亂，以及反抗西方五個國家的聯盟。

與其他許多方面一樣，正在發生的事情都可以回溯到根本原因，有時甚至可以追溯到更早的時代和事件。「反叛之地」位在亞洲，在挪亞的兒子閃（Shem）的恩利爾領地之內，卻住著各種「迦南人」。他們是《聖經》中迦南人的後代，是含（Ham）的子孫，領地在非州，卻占據了閃族的一部分土地（《**創世記**》**第十章**）。地中海沿岸的「西方之地」是有爭議的領土，這一點也在古埃及文獻被提及：荷魯斯與塞特的苦戰，最後是在西奈和這片爭議土地上進行空戰。

爭奪神聖的第四區域

值得注意的是，烏爾南姆和舒爾吉為了征服及懲罰西方「反叛之地」的軍事遠征行動，都曾經到達西奈半島，卻都沒有進入第四區域就折返了。那裡最著名的地方叫「提爾蒙」（TIL.MUN，意思是飛彈之地），是阿努納奇在大洪水之後的太空站所在地。在金字塔戰爭結束後，神聖的第四區域被交到中立的寧瑪赫（後來更名為寧呼爾薩格〔NIN.HAR.SAG〕，意思是頂峰之女士）手中，但是太空站的實際指揮權被放在烏圖（沙馬氏）的手裡。（圖29中，他穿著有翅膀的衣服；圖30中，他指揮著太空站的「鷹人」。）

但是，隨著對於至高無上地位的競爭加劇後，這種情況似乎改變了。許多蘇美文獻和「眾神列表」中，開始將提爾蒙和馬杜克的兒子恩薩格（那布）連結起來。很顯然，恩基也參與其中，因為在一份有關恩基和寧呼爾薩格之間的情事的文獻中，提到他們決定把這個地方分配給馬杜克的兒子：「讓恩薩格成為提爾蒙之主吧。」

古代來源資料指出，那布從神聖區域的安全地帶出發，冒險前往地中海沿岸的地區和城市，甚至到達一些地中海島嶼，到處散布馬杜克即將成為至尊的消息。他是埃及和阿卡德預言中的神祕「人子」，也就是聖子，他是神與女性地球人的兒子。

可以理解的是，恩利爾家族無法接受這

圖29：烏圖穿著有翅膀的衣服

種情況。所以，當阿馬爾－辛在舒爾吉之後登上烏爾的王位時，烏爾第三王朝的軍事遠征目標和戰略，被改變為重新讓恩利爾家族掌控提爾蒙，以切斷「反叛之地」與神聖區域之間的聯繫，然後再運用武力使這些地方脫離那布和馬杜克的影響。從西元前二〇四七年開始，神聖的第四區域變成恩利爾家族對抗馬杜克和那布的目標與賭注；《聖經》和美索不達米亞的文獻都顯示，這場衝突是古代最大的「世界大戰」。**希伯來人亞伯拉罕也參與其中，「諸王之戰」把他推到了這些國際事件的中心。**

西元前二〇四八年，亞伯拉罕這位一神教創始人的天命，以及阿努納奇神馬杜克的命運，在一個名叫哈蘭（Harran）的地方交織在一起。

亞伯拉罕家族的血統

哈蘭（意思是商隊旅館）自古以來就是哈提（Hatti，西臺人之地）重要的貿易中心，位於主要的國際貿易和軍事路徑的交叉口。它坐落於幼發拉底河上游，也是前往下游的烏爾城的河運樞紐。幼發拉底河的支流巴厘克河（Balikh）和迦巴魯河（Khebar，今日稱哈布爾河〔Khabur〕）

圖30：太空站的「鷹人」

所澆灌的肥沃草地包圍著哈蘭，使它成為一個牧羊中心。著名的「烏爾商人」為了哈蘭的羊毛來到這裡，並以烏爾著名的羊毛服裝來交易。隨之而來的是金屬、皮毛、皮革、木材、陶器產品及香料的交易。（先知以西結在巴比倫時代從耶路撒冷被流放到迦巴魯地區，他提到哈蘭的「商人選擇布料、藍色繡花斗篷，和許多顏色的地毯」。）

哈蘭（今天在土耳其仍然有一個城鎮叫這個名字，它接近敘利亞邊境，我曾於一九九七年造訪過）在古代被譽為「遠離烏爾的烏爾」；它的中心有一座供奉娜娜（辛）的大神廟。西元前二〇九五年，舒爾吉登上烏爾的王位那一年，他從烏爾派了一名祭司到哈蘭管理這座神廟。這位祭司帶著家人一同前往，包括兒子亞伯蘭（Abram，即亞伯拉罕）。我們從《聖經》裡，可以知道這位名叫他拉（Terah）的祭司及其家庭，還有他們從烏爾搬到哈蘭的事蹟：

> 他拉的後代，記在下面。
> 他拉生亞伯蘭、拿鶴、哈蘭。哈蘭生羅得。
> 哈蘭死在他的本地迦勒底的吾珥（即烏爾），在他父親他拉之先。
> 亞伯蘭、拿鶴，各娶了妻。亞伯蘭的妻子名叫撒萊。拿鶴的妻子名叫密迦……
> 他拉帶著他兒子亞伯蘭，和他孫子哈蘭的兒子羅得，並他兒婦亞伯蘭的妻子撒萊，出了迦勒底的吾珥，要往迦南地去，他們走到哈蘭就住在那裡。（《創世記》11：27－31）

希伯來《聖經》透過這些經文，展開了亞伯拉罕（最初的蘇美名字是亞伯蘭）的關鍵故事。我們之前提過，其父親的父系血統可以追溯到挪亞（大洪水中的英雄）的大兒子閃。所有的族長都很長壽，閃活到六百歲，他的兒子亞法撒（Arpakhshad）活到四百三十八歲；後來的男性後代也分別活到四百三十三、四百六十、二百三十九和二百三十歲。他拉的父親拿鶴（Nahor，編注：與他拉的其中一個兒子同名）活到一百四十八歲；七十歲時才生下亞伯蘭的他拉，則活到了二百零五歲。《創世記》第十一章說到，亞法撒及其後代生活在後來被稱為蘇美和埃蘭的地方，及其周邊區域。所以，亞伯拉罕（亞伯蘭）是一個真正的蘇美人。

光是這條家譜的資訊，就指出了亞伯蘭具有特殊的血統。他的蘇美名字亞伯蘭（AB.RAM），意思是「父親鍾愛的」，很適合這個在父親七十歲時才出生的兒子。其父親的名字「他拉」（Terah），源自一個蘇美稱號「提爾胡」（TIRHU），它所指的是一位神喻祭司，能夠觀察天象或是從神那裡得到神諭，並將其解釋或傳達給國王。亞伯蘭的妻子的名字「撒萊」（SARAI，後來稱為Sarah〔撒拉〕）意思是「公主」；其兄弟拿鶴，妻子的名字「密迦」（Milkhah），意思是「女王般的」；這都暗示著她們具有皇家血統。後來，揭露了亞伯拉罕的妻子其實是他的半個姊妹——「是我父親的女兒，但不是我母親的」，他解釋道。因此，撒萊（撒拉）的母親有皇家血統。這個家族屬於蘇美地區的最高階層，結合了皇家及祭司的血統。

辨認這個家庭之歷史的另一個重要線索，是亞伯拉罕自己重複提及的。當他會見迦南和埃及的統治者時，稱自己是伊比利人（Ibri），也就是希伯來人。Ibri這個詞源的字根ABoR，意思是「跨越」，因此，聖經學者認為，他的意思是，他從幼發拉底河的另一邊（也就是美索不達米亞）過來的。但我認為，這個詞更特殊。這個名字被用來指蘇美的「梵蒂岡城」：尼普爾（Nippur）。而Nippur是對原始的蘇美名字NI.IBRU（尼布魯）的阿卡德語翻譯，意思是「輝煌的十字路口」。在希伯來《聖經》中，亞伯蘭及其後代屬於一個自稱為「伊布魯」（Ibru，即尼普爾人）的家族。這代表著，他拉最初是尼普爾的祭司，後來搬到烏爾，最後又搬到哈蘭，而且一直把家人帶在身邊。

在比對《聖經》、蘇美和埃及的編年史後（詳見《眾神與人類的戰爭》），我們認為西元前二一二三年是亞伯拉罕的出生年。西元前二一一三年，眾神決定將娜娜（辛）的崇拜中心烏爾，當作蘇美的首都，並立烏爾南姆為王。其後不久，尼普爾和烏爾的祭司職位首次相結合；很可能正是在那之後，尼普爾的祭司他拉帶著家人，包括十歲大的亞伯蘭，來到了烏爾的娜娜神廟工作。

亞伯拉罕與馬杜克的交錯

在西元前二〇九五年，當時亞伯拉罕二十八歲並且已經結婚。他拉帶著家人，轉任到哈蘭。正是在同一年，舒爾吉繼承了烏爾南姆的王位，這絕不可能是一個巧合。**最新的發現是，這個家庭的移動在某種程度上與那個時代的地緣政治事件有關**。確實，當亞伯拉罕被選擇要肩負神聖的命令，離開哈蘭，並趕往迦南時，大神馬杜克進行了移向哈蘭的關鍵一步。**就在西元前二〇四八年，有兩個移動事件發生了：馬杜克來到哈蘭定居，亞伯拉罕離開哈蘭，前往遙遠的迦南**。

我們從《創世記》得知，亞伯蘭七十五歲時，即西元前二〇四八年，被神告知，「你要離開本地、本族、父家」，離開蘇美、尼普爾、哈蘭，並且「往我所要指示你的地去。」（《創世記》12：1）。至於馬杜克，有一份被稱為《馬杜克預言》（*Marduk Prophecy*）的文獻，是馬杜克向哈蘭的人民發表的內容（寫在泥版上，見圖31），為確認這個事實，以及他遷往哈蘭的時間（西元前二〇四八年）上，提供了線索。**這兩個舉動不可能沒有關聯**。

但也正是在西元前二〇四八年，恩利爾家族的眾神決定要擺脫舒爾吉，對他判決了「罪人之死」。這個行動代表了「讓我們嘗試和平手段」的終結，以及對於侵略性衝突的回歸；同樣的，這不僅僅是巧合。這三個移動：馬杜克來到哈蘭、亞伯拉罕離開哈蘭並前往迦南、頹廢的舒爾吉被免職，必須相互連結起來。**這是神棋遊戲中，三個同時且相互關聯的棋步。**

就像我們將會看到的，它們是末日審判倒數計時的其中幾步。

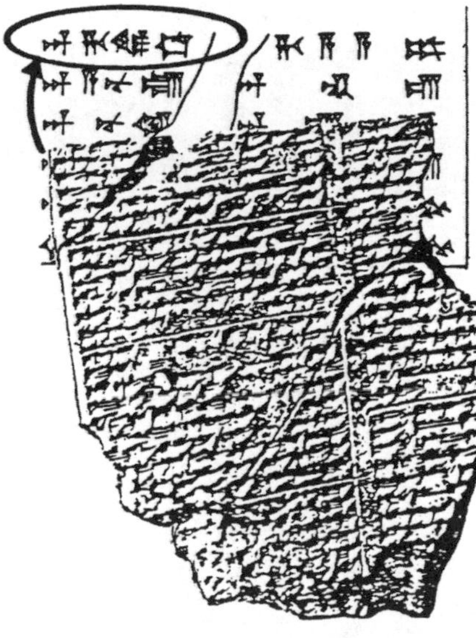

圖31：馬杜克預言之泥版

亞伯拉罕前往南地

接下來的二十四年（從西元前二〇四八年到西元前二〇二四年）是一個宗教狂熱與騷動、國際外交與陰謀、軍事同盟與軍隊衝突、爭取戰略優勢的對抗之時代。西奈半島的太空站，以及其他太空站相關地點，一直都處於這些事件的核心位置。

令人驚奇的是，各種古代書面紀錄都被保存下來，不僅為我們提供了事件的概要，還有大量關於戰爭、策略、商討、爭論、參與者及其行動，以及那些導致大洪水之後地球上最深刻的劇變的關鍵決定。

重建這些戲劇性事件的主要來源是《創世記》中的相關章節，同時透過《年代記冊》及其他參考資料來擴大範圍，包括被稱為《馬杜克預言》的馬杜克自傳；被稱為《基大老瑪文獻》

（*Khedorla'omer Texts*），現今存放於大英博物館的斯帕托系列（Spartoli Collection）泥版；有一份長篇的歷史／自傳式文獻，是由神奈格爾口述給值得信賴的抄寫員所寫下的書，被稱為《艾拉史詩》。就像在一部電影裡（通常是犯罪驚悚片），各種目擊者和負責人描述同一個事件的方式並不完全相同，但是真實的故事可以從中浮現，因此，在這種情況下，我們能夠得到相同的結果。

馬杜克在西元前二〇四八年主要的一步棋，是在哈蘭建立自己的指揮所。由此，他從娜娜（辛）手中得到了這個重要的北方交叉路口，並從西臺人的北部地區隔開了蘇美。這次的移動除了軍事上的意義外，還使蘇美失去了它在經濟上至關重要的商業連結，並使那布能夠「整頓他的城市，朝大海設定他的路線」。出現在那些文獻中的地名顯示，幼發拉底河西邊的主要城市，包括最重要的登陸點，完全或部分地處於這對父子的控制之下。

亞伯蘭（亞伯拉罕）正是被派到西方之地人口最稠密的地區：迦南。他帶著妻子和侄子羅得離開了哈蘭。他迅速往南走，只在特定的聖地停留，以向他的神致敬。他的目的地是與西奈半島接壤的乾旱地區：南地（Negev）。

亞伯蘭沒有在那裡停留多久。西元前二〇四七年，阿馬爾－辛繼承了舒爾吉在烏爾的王位後，亞伯蘭就被派到埃及。當亞伯蘭到達埃及後，立刻被帶去見當時的法老，被賜予了「羊、牛和驢子，還有男僕、女僕和駱駝。」《聖經》上沒有解釋為何亞伯蘭會受到這樣的皇家待遇，只是暗示，有人告訴法老，撒萊是亞伯蘭的妹妹。我們推斷，她是被當作條件，要與法老結婚的，而這代表他們之間曾討論過協議。亞伯蘭與埃及國王進行這樣的高層級國際談判，似乎是合理的，因為亞伯蘭在埃及待了七年之後，回到南地的這一年正是西元前二〇四〇年，是上埃及的底比斯貴族打敗先前的下埃及王朝，開啟了統一埃及的中王國時期。**這是另一個地緣政治**

上的巧合！

現在，亞伯蘭帶著強大的人力和駱駝隊，在關鍵時刻回到南地，他的任務很明確：保衛第四區域及其太空站。根據《聖經》的描述，他現在有一支精銳的武裝部隊名為Ne'arim，這個詞語通常被翻譯為「年輕人」（編注：《和合本》譯為「精練壯丁」），但是，美索不達米亞文獻用一個相似的詞語：LU.NAR（意思是那爾人〔NAR-men〕），來表示武裝的騎兵。我認為，亞伯拉罕在哈蘭時，從軍事上出色的西臺人身上學到了一些戰術，並且在埃及獲得了一支迅捷的駱駝騎兵的驚人武力。他在迦南的基地，是鄰近西奈半島的南地。

他會這麼做，是因為由恩利爾一族的國王聯盟所組成的強大軍隊，不僅要粉碎及懲罰那些轉而效忠「其他眾神」的「罪惡諸城」，還打算要占領太空站。

諸王之戰

從有關阿馬爾－辛（舒爾吉的兒子及繼承者）的蘇美文獻中，我們可以知道，西元前二〇四一年，他針對歸順於馬杜克－那布的西方之地，發動了最浩大（也是最後一次）的軍事遠征。這次的國際聯盟入侵了空前無比的範圍，不僅襲擊了人類的城市，還包括許多神及其後代的據點。

確實，這是一次重大且無與倫比的事件，以至於《聖經》用了長長的一章（《創世記》第十四章）來描述這個事件。聖經學者把這次的襲擊稱為「諸王之戰」，因為這場戰爭的高潮是四個「東方國王」的軍隊與五個「西方國王」的聯合部隊之間進行的大戰，並由亞伯拉罕的快速騎兵完成了一項非凡的軍事壯舉。

《聖經》開始講述這場國際大戰時，首先列出了這些「來到西方並發動戰爭」的東方國王及其王國：

> 當暗拉非作示拿王，亞略作以拉撒王，基大老瑪作以攔王，提達作戈印王的時候。（《創世記》14：1）

一八九七年，亞述學家西奧菲勒斯・平切斯（Theophilus Pinches）在倫敦的維多利亞研究所舉辦的演講中，首次讓學術界注意到名為《基大老瑪文獻》的系列碑刻。這些銘文清楚地記載了《創世記》第十四章所描述的那場國際大戰，而且內容更加詳細；所以，這些銘文很可能是《聖經》作者參考的原始資料來源。透過這些碑刻，我們可以確定「以攔的基大老瑪王」正是歷史紀錄中的埃蘭國王庫多爾－拉哈瑪（Kudur-Laghamar）。「亞略」（Ariokh）則可以被辨識為伊力阿庫（ERI.AKU，意思是月神的僕人），統治著拉爾薩地區（《聖經》中的「以拉撒」）；提達（Tidhal）被辨識為圖的古拉（Tud-Ghula，又譯泰德古拉），是埃蘭國王的附庸。

關於「示拿王暗拉非」的身分，多年來都存在爭議；有許多人甚至認為，他是幾個世紀之後的巴比倫國王漢摩拉比（Hammurabi）。「示拿」（Shine’ar）是《聖經》中對蘇美的稱呼，而不是指巴比倫，那麼，在亞伯拉罕的時代，它的國王是誰呢？我在《眾神與人類的戰爭》中解說過，Amraphel的希伯來語發音，並不是Amra-Phel，而是Amar-Phel，這個名字來自蘇美的AMAR.PAL，也就是AMAR.SIN（阿爾馬－辛）的變體，而在阿爾馬－辛的《年代記冊》中顯示，他確實在西元前二〇四一年發動了諸王之戰。

根據《聖經》，這個完全被辨認出來的聯盟，是由埃蘭人領導的。美索不達米亞文獻中，強調尼努爾塔在這次的戰爭中重新發揮主導作用，也證實了這個細節。《聖經》還提到這次基大老瑪的入侵，是發生在上次埃蘭人（以攔人）入侵迦南的十四年後，這是另一個與舒爾吉時代的資料相符的細節。

但是，這次入侵的路線卻不同：他們穿過一個沙漠延伸處的危險關口，縮短了從美索不達米亞地區過來的距離；入侵者沿著約旦河東岸行軍，避開了人口密集的地中海沿岸地區。《聖經》列出了這些戰役發生的地點，以及在那裡戰鬥的恩利爾一族勢力是誰。這些資訊顯示，他們試圖與老對手（異族通婚的伊吉吉之後代，甚至是篡位者祖的後代，他們都曾支持針對恩利爾一族的起義）清算舊仇。但是，他們沒有忘記終極目標：太空站。入侵隊伍順著《聖經》所敘述之時代的「國王公路」，在約旦東部地區從北向南前進。但是，當他們轉向西進，來到前往西奈半島的門戶時，他們遇到了阻礙：亞伯拉罕和他的騎兵（見下頁圖32）。

這個西奈半島的門戶城市「杜爾馬哈拉尼」（Dur-Mah-Ilani，意思是神的大要塞之地），在《聖經》裡被稱為加低斯—巴尼亞（Kadesh-Barnea）。在《基大老瑪文獻》中，清楚提到了道路在那裡被擋住：

> 祭司的兒子，眾神用他們最真誠的忠告對他施以油膏，
> 阻止了掠奪。

我認為，被眾神施以油膏的「祭司的兒子」，指的就是祭司他拉的兒子亞伯蘭。

一個屬於阿馬爾—辛的《年代記冊》雙面泥版（見91頁圖33），自誇他摧毀了NE IB.RU.UM，意思是「Ibru'um的護衛之地」。實際上，在通往太空站的門戶上，並沒有發生對戰；亞

圖32：諸王之戰周邊地圖

伯蘭的一小隊騎兵就便說服了這些入侵者返回，轉往更富有且更有利的目標。如果文獻中的Ibru'um指的是亞伯蘭，那麼，無論誰宣稱勝利，這份文獻都為這位族長的經歷提供了非凡的旁經資料佐證。

這支東方的部隊在進入西奈半島時受阻，便轉向北方。當時的死海比較短，南邊部分還沒有被水淹沒，而且它是一個肥沃的平原，有農場、果園和貿易中心。這裡的定居地包括五個城市，其中有著名的所多瑪（Sodom）和蛾摩拉（Gomorrah）。入侵者轉向北方前進，遇到了《聖經》所稱的「五個罪惡之城」的軍事聯盟。《聖經》提到，四個國王的聯盟就是在這裡對抗並擊敗了五個國王的聯盟。這些入侵者搶劫了這些城市並帶走俘虜，然後沿著約旦河的西岸返回。

要不是居住在所多瑪的亞伯蘭之侄子羅得是俘虜之一，《聖經》對這些戰爭的關注可能會以入侵者的返回作結。當來自所多瑪的難民把發生的事情告訴亞伯蘭之後，他「就率領他家裡生養的精練壯丁三百一十八人，直追到但。」（《創世記》14：14）他的騎兵一路北上，在大馬色（現今的大馬士革）附近（見圖32）趕上這些入侵者，營救了羅得，也拿回了被掠

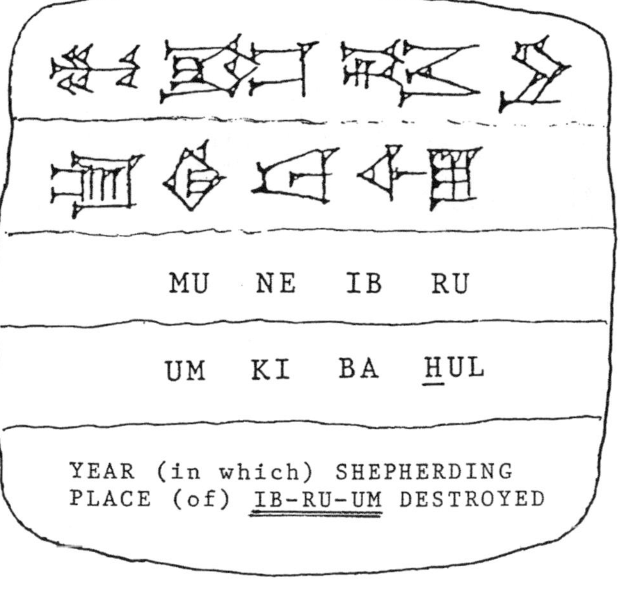

圖33：阿馬爾辛的《年代記冊》泥版

奪的一切財物。《聖經》中對這項功績的紀錄是，亞伯蘭「殺敗基大老瑪、和與他同盟的王」。（《創世記》14：17）

歷史紀錄顯示，儘管諸王之戰如此大膽且前進到遙遠的地方，卻未能壓制馬杜克－那布的崛起。我們知道，阿馬爾－辛在西元前二〇三九年過世，但是他不是死於敵人的長矛，而是被蠍子咬傷。他的王位在西元前二〇三八年由他的弟弟舒辛（Shu-Sin）取代。舒辛在位九年期間的文獻記載，他進行過兩次北伐，但不曾進行西征；這些記載幾乎都在講述他的防禦工程。他主要透過修建「西牆」的新區段，來抵禦亞摩利人的攻擊。然而，這項防禦工程設施一次比一次更靠近蘇美的心臟地帶，烏爾王朝所控制的領土持續縮小。

當時，烏爾第三王朝的下一代（也是最後一代）伊比－辛（Ibbi-Sin）登上王位，來自西方的入侵者衝破了這道防禦牆，在蘇美的領土上與烏爾的「外國軍團」埃蘭部隊發生衝突。指導並推動這些西方入侵者攻下這個覬覦已久的目標的，正是那布。他的神聖父親馬杜克，正在哈蘭等待要奪回巴比倫。

眾神進行了一次緊急會議，隨後通過了一項永遠改變未來的異常步驟。

6．隨風而逝

「大規模毀滅性武器」在中東釋放，是對世界末日預言成真的恐懼之基礎。而令人悲傷的事實是，眾神之間（而非人類）的衝突加遽，導致了四千年前在此地使用核武器。這是曾經發生過的最令人遺憾的舉動，卻帶來了最意想不到的後果。

核武器第一次在地球上被使用，並不是在西元一九四五年，而是在西元前二〇二四年，這是事實而非虛構。這個重大事件在各種古代文獻都有所描述，從發生了什麼、如何發生、為何發生、有誰參與，都可以被解釋、重構並放在背景中。這些古代文獻包括了希伯來《聖經》，首位希伯來族長亞伯拉罕親眼目睹了那場可怕的災難。

反抗馬杜克時代的到來

目的是征服「反叛之地」的諸王之戰失敗了，這打擊了恩利爾一族，並鼓舞了馬杜克一族。但是，那次戰爭所帶來的結果不止這些。尼努爾塔在恩利爾的命令下，忙著在地球的另一邊修建另一個替代的太空站設施，就在南美洲上現今稱為祕魯的地方。文獻中記載，恩利爾自己也離開蘇美相當長的時間。因為這些神的離開，導致蘇美的最後兩個國王（舒辛和伊比－辛）對他們的忠誠開始動搖，並且在恩基於蘇美的立足之地向他致敬。神的缺席也削弱了對於埃蘭「外國軍團」的控制，紀錄中提到了埃蘭部隊的「瀆神」行為。眾神和人類對這些情況逐漸感到厭惡。

這尤其激怒了馬杜克，從他所珍愛的巴比倫，不斷傳來關於掠奪、毀滅、瀆神的消息。讓我們回想一下，上一次馬杜克被同父異母的兄弟奈格爾說服，在「天體時間」到達白羊宮的時代之前，先平靜地離開。馬杜克會這樣做，是因為得到了奈格爾嚴肅的承諾：在巴比倫，一切都不會受到干擾或褻瀆，然而，相反的事情卻發生了。馬杜克接到了他的神廟被「卑劣的」埃蘭人所褻瀆的消息，因而被激怒：「他們為巴比倫的神廟裡的狗群造窩；群鴉亂飛、高聲尖叫，牠們的糞便掉在那裡。」

馬杜克在哈蘭向主神大聲喊道：「要到何時？」時間還未到來，他在自傳中追問著：

噢，偉大眾神，來看我的祕密。
當我束緊腰帶，我重拾了記憶。
我是聖馬杜克，一位大神。
因我的罪過而遭到流放，到我曾經去過的山地。
我在許多土地上都是一名流浪者。
我從日出之地走到日落之地。
我來到了哈提（Hatti）高地。
在哈提之地，我要求一個神諭；我在它中間詢問：「要到何時？」

「我在哈蘭的中間居住了二十四年，」馬杜克繼續說：「我的日子已經完整了！」他說時間已經到來，並前往自己的城市（巴比倫），「重建我的神廟，建造我的永恆住所。」他在逐漸擴大的想像中，說看見自己的神廟埃薩吉（E.SAG.ILA，意思是頭部高聳的神廟）如同一座高山在巴比倫的平臺上升起，並把它稱為「我的立約之屋」。他預見到，巴比倫將會永遠矗立，他所選的國王將安設在那裡，巴比倫將充滿喜樂，被阿努保佑。馬杜克預言，彌賽亞時間將會「趕走邪惡與不幸，把慈愛帶給人類」。

馬杜克在哈蘭停留了二十四年，直到西元前二〇二四年；而從馬杜克同意離開巴比倫，並等待神諭的天體時間的那一年，時間已經過七十二年。

馬杜克對主神們詢問「要到何時？」，並不是無用的。無論是在正式或非正式的會議上，阿努納奇的統治者一直在討論這個問題。恩利爾對惡化的情況感到擔憂，急忙趕回蘇美，並對於尼普爾本身也出了問題而感到震驚。尼努爾塔被召喚回來以解釋埃蘭人犯下的錯誤，但尼努爾塔把責任都推給了馬杜克和那布。

於是，那布被召喚過來，「在眾神面前，他父親的兒子來了。」他的主要原告是烏圖（沙馬氏）。烏圖描述了可怕的情形，並說「一切都是那布造成的」。那布為自己的父親發言，指責著尼努爾塔；他重提了對於奈格爾的指責，要求他應該對大洪水之前的監控設備的消失，以及未能在巴比倫阻止瀆神事件的發生，負起責任。他與奈格爾互相大喊大叫，並「表現不敬……他對恩利爾口出惡言：『這裡沒有正義，毀滅是被預謀好的，恩利爾對巴比倫造成了邪惡的計畫。』這是前所未聞的，針對指揮之主的指控。

恩基說話了，目的是捍衛兒子，而不是恩利爾。馬杜克和那布到底被指控了什麼？他問。他把憤怒直接發洩出來，尤其是在他兒子奈格爾身上，「為什麼你一直與我作對？」他問道。他們兩人激烈爭論，以至於最後恩基咆哮著要求奈格爾離開。於是，眾神會議在混亂中結束。

但是，所有這些爭論、指控及反控，都是在反對一個日益被瞭解的事實，也就是馬杜克所提到的「天體神喻」，時間流轉，隨著歲差時鐘轉移了關鍵的一度，金牛宮時代（恩利爾的黃道時代）已經走到盡頭，而白羊宮時代（馬杜克的時代）在天上隱約可見。尼努爾塔可以在位於拉格什的伊尼奴神廟（由古蒂亞所建）看到它的到來；寧吉什西達（圖特）可以從他豎立在地球各處的巨石陣，確認它的到來；人們也知道這件事。

後來，被馬杜克與那布辱罵，又被他父親恩基叱出去的奈格爾「自作主張」，打算使用「威力無窮的武器」（Awesome Weapons）。他不知道這些武器被藏在哪裡，但知道它們就在地球上，被鎖藏在地下的祕密之處（依照文獻目CT- xvi，44－46行，這個地點在非洲，在他兄弟吉比爾〔Gibil〕的領土上）：

這七個，它們在山上；在地球內部的洞穴中。

基於我們現有的技術，它們可以被描述為七種核裝置：「它們直衝向前，帶著恐怖和光芒。」它們在偶然間從尼比魯被帶到地球，並從很久以前就被藏在一個祕密的安全之地；恩基和恩利爾都知道這個地方。

眾神間的戰爭會議駁回了恩基的意見，投票同意要依照奈格爾的建議，要給馬杜克一個沉重的打擊。他們持續與阿努進行交流：「阿努向地球發話，地球向阿努發言。」他清楚地表示，對於這項空前的行動，他只贊成剝奪馬杜克在西奈的太空站，但無論是神或人類都不應該受到傷害：「阿努，眾神之主，憐憫著地球。」古代文獻這麼記載。眾神選擇由奈格爾和尼努爾塔去執行這項任務，並且清楚交代了任務的限制和範圍。

但事情並非如此：「意外後果之法則」在災難規模上證明了它自己的正確性。

核武器被啟動了

這場災難造成了無數人的死亡與蘇美的荒蕪，奈格爾指派了受信任的抄寫員，以他的觀點來描述這些事件，試圖為自己洗脫罪責。這份長篇文獻名為《艾拉史詩》，因為裡面將奈格爾稱為艾拉（意思是殲滅者），尼努爾塔被稱作以舜（Ishum，意思是極熱者）。我們可以把這份文獻，與其他蘇美、阿卡德文獻，以及《聖經》放在一起對照，就可以還原真實的故事。

因此，我們發現，在做出決定之前，奈格爾沒有等待尼努爾塔，而是先趕往吉比爾的非洲領地，尋找並獲取那些武器。讓尼努爾塔感到沮喪的是，奈格爾忽視了對於目標的限制，打算不加選擇地使用武器來結算個人的舊帳：「我將消滅那個兒子，讓那位父親埋葬他；然後我將殺死那位父親，而且不會有人來埋葬他。」奈格爾自誇道。

當他們在爭執時，傳來了消息說，那布已經行動了：「從他的神廟到所有追隨他的城市，都邁出腳步，朝大海前進。他進入大海，坐在不屬於他的寶座上。」那布不僅改變了西方城市，還占領了地中海的島嶼，讓自己成為它們的統治者！奈格爾（艾拉）於是爭辯道，毀滅太空站是不夠的：那布，以及服從他的城市，都必須受到懲罰，要被毀滅！

現在，因為有兩個目標，奈格爾－尼努爾塔發現了另一個問題：太空站的「劇變」會不會為那布及其有罪的追隨者敲響警鐘，使他們逃跑呢？在檢視這些目標後，他們找到了解決方案：尼努爾塔負責攻擊太空站，奈格爾負責攻擊附近的「罪惡諸城」。當他們都同意這麼做之後，尼努爾塔有另一個想法。他堅持，不僅操縱這些太空設備的阿努納奇需要得到事先的警告，而且需要預先警告特定的人類。他對奈格爾說：「你要將正義者與不義者一起消滅嗎？你要消滅那些沒有犯罪和反對犯罪的人嗎？」

古代文獻記載，奈格爾（艾拉）被說服了：「以舜的這番話像上等的油一樣吸引了艾拉。」於是，他們兩人在早上分配了這七種核爆炸物，開始執行終極任務：

> 於是，英雄艾拉向前衝，記住了以舜的話；
> 以舜也走向前，遵守重重壓在他心上的命令。

目前可得的文獻甚至告訴我們，誰負責什麼目標：「以舜登上了山的最高處，設定他的目標」（從《吉爾伽美什史詩》中，我們知道太空站就在這座山旁邊）。「以舜舉起手：這座山被砸碎了……朝阿努發射的東西消亡了，它的臉褪色了，它的所在地變得荒涼了。」在一陣核武器攻擊中，這座太空站及其設備就被尼努爾塔親手摧毀了。

這篇古代文獻描述了奈格爾做了什麼：「艾拉模仿以舜，沿著國王公路，毀滅這些城市，推翻他們，使其荒涼。」他的目標是「罪惡諸城」，它們的國王結成聯盟，對抗死海南方平原的東方諸王。

於是，在西元前二〇二四年，核武器被投放在西奈半島及死海附近的平原；太空站和五座城市一起灰飛煙滅。

核爆炸前後

令人驚訝的是，將《聖經》和美索不達米亞文獻對於這個世界末日事件的記載結合起來後，亞伯拉罕以及他在迦南的使命，就能以我們所解釋的方式來理解。

我們從美索不達米亞文獻中關於此事的記載得知，守衛太空站的阿努納奇事先得到了警告：「即將行惡的這兩位（奈格爾和尼努爾塔），讓它的守衛者站到旁邊。那個地方的眾神拋棄了它；它的保護者上升到天空的高處。」這份文獻也提到：「這兩位讓眾神逃離，讓他們逃離這炙人的灼熱。」但關於他們是否也預先通知了這些注定要陷入困境的城市中的人們，並沒有清楚的記載。不過，《聖經》提供了遺失的細節：我們在《創世記》中讀到，亞伯拉罕和他侄子羅得確實同時得到了事先的警告，但是「罪惡諸城」裡的其他人卻沒有。

《聖經》不僅闡明了這些事件帶來的「劇變」，所包含的細節也說明了眾神的情況，特別是他們與亞伯拉罕的關係。這個故事從《創世記》的第十八章開始：在一個炎熱的正午，九十九歲的亞伯拉罕坐在他帳篷的入口處「舉目觀看」，突然看見「有三個人在對面站著」。雖然他們被形容為Anashim（意思是人），卻有一些不同或不尋常之處：因為亞伯拉罕衝出帳篷，俯伏在地，以僕人自稱，為他們洗腳、給他們食物。這就表示，這三位其實是神。

在這三位神離開時，他們的領導者（現在被稱作上帝），決定把他們的任務告訴亞伯拉罕：決定所多瑪和蛾摩拉是否為罪惡之城，消滅它們是否正義。當其中兩人離開去所多瑪時，亞伯拉罕走向上帝，並用言語責問（！）他，內容與美索不達米亞文獻一致：「無論善惡，你都要剿滅麼？」（《創世記》18：23）

隨後發生的是人與神之間令人難以置信的討價還價會議。「假若那城裡有五十個義人，你還剿滅那地方麼。不為城裡這五十個義人饒恕其中的人麼。」（《創世記》18：24）亞伯拉罕問上帝。當上帝說，他會為這五十個義人饒恕這座城後，亞伯拉罕又繼續說，如果只有四十個呢？只有三十個呢？一直問到，如果只有十人呢……「耶和華與亞伯拉罕說完了話就走了．亞伯拉罕也回到自己的地方去了。」（《創世記》18：33）

另外兩位神（在第十九章中，他們被稱為Mal'achim，字面意思是「使者」，但通常翻譯為「天使」）在晚上抵達所多瑪。在那裡發生的事情，證明了當地人的邪惡。黎明時，這兩位天使叫亞伯拉罕的侄子羅得帶著他的全家逃離此地，因為「耶和華要毀滅這地方」。這個家庭要求更多的時間，其中一位「天使」同意將劇變延後，好讓他們有足夠的時間逃到更安全的高山。

「亞伯拉罕清早起來……向所多瑪和蛾摩拉，與平原的全地觀看。不料，那地方煙氣上騰，如同燒兜一般。」（《創世記》19：27－28）

亞伯拉罕那時九十九歲，而他生於西元前二一二三年，因此那一年是西元前二〇二四年。美索不達米亞文獻與《聖經》中關於所多瑪和蛾摩拉毀滅的描述一致，是對《聖經》的真實性，特別是亞伯拉罕的地位和作用，最重要的確認之一，卻是神學家和其他學者最避而不談的部分。

因為其中還記述了前一天發生的事情：三位神聖存在（長得像人的天使）造訪亞伯拉罕，這聽起來就像是「古代太空人」的故事。那些質疑《聖經》，或是把美索不達米亞文獻當作神話故事的人，試圖將所多瑪和蛾摩拉的毀滅歸因於自然災難，然而，《聖經》兩次確認了「劇變」是由「火與硫磺」造成的，不是自然災害，而是一個預謀的、可延期的，甚至是可取消的事件：亞伯拉罕曾經與上帝討價還價，請他饒恕這些城市，不要無論善惡一併剿滅；他侄子羅得也推遲了劇變的時間。

從太空拍攝的西奈半島照片（見圖34）中，仍然顯示出核爆炸發生地區的地表上有巨大的洞穴和裂縫。這個地區至今仍散布著破碎的、被燒黑的岩石（圖35），其中所含的鈾235高得不尋常，在專家眼中，這是暴露於**核能突然爆發的熱度**所造成的。

死海平原城市的劇變，引起了死海南岸堤壩的崩潰，在這片曾經肥沃的土地上造成氾濫。直

圖34：西奈半島的衛星照片

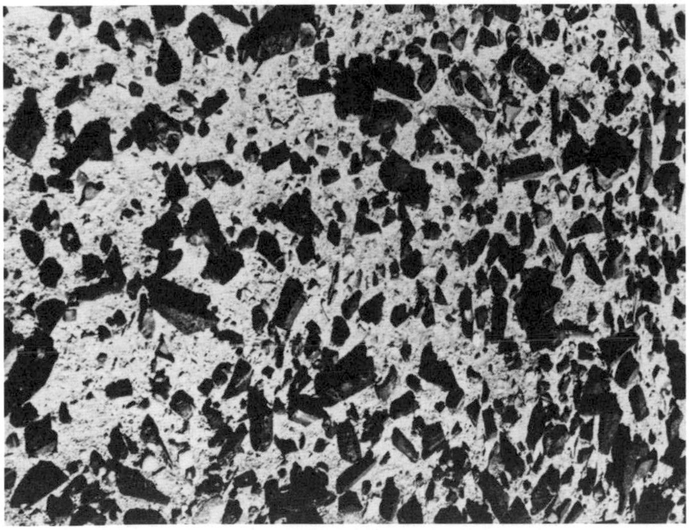

圖35：破碎焦黑的岩石

到今天，當地看起來像是被名為「利桑」（El-lisan，意思是舌頭）的屏障所分離的附屬物（見圖36）。

以色列考古學家嘗試探索那裡的海底，發現了神祕的水下廢墟的存在，但是約旦哈希姆（Hashemite）王國（廢墟所在的死海，有一半屬於約旦）阻止了進一步的勘探。

有趣的是，相關的美索不達米亞文獻證實了地形的變化，甚至暗示大海是因為核爆炸而變成死海。他們說，艾拉「挖過大海，使其整個分裂。那些生活在其中的，甚至是鱷魚，都被他弄得消亡了」。

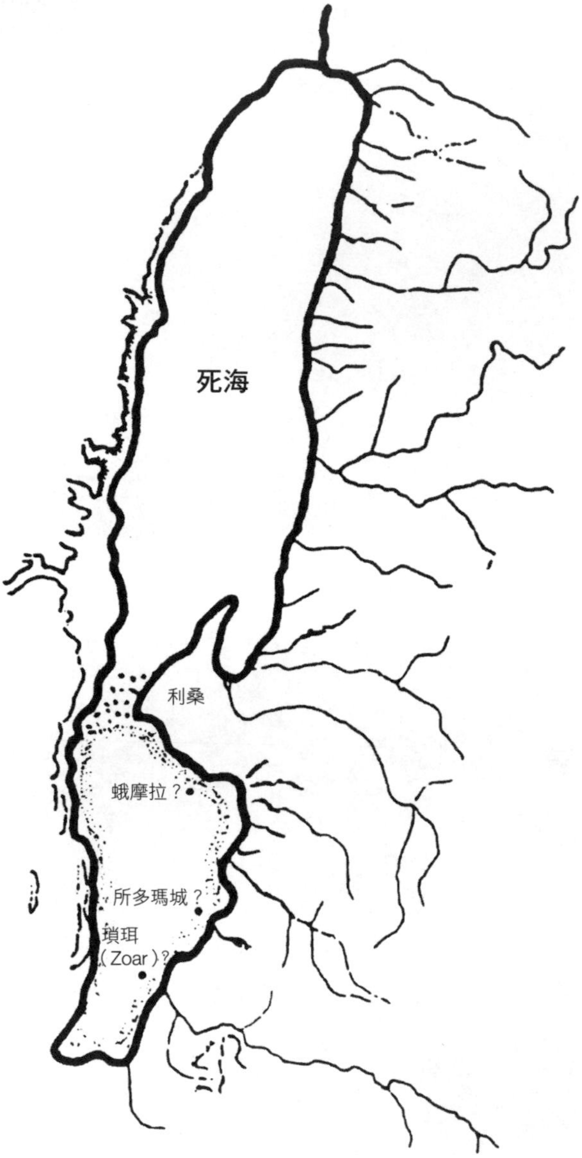

圖36：死海周邊地圖

結果，這兩位不只毀滅了太空站及罪惡諸城市，核爆炸的結果是：

暴風，那邪惡之風，在天空盤旋。

然後，意外後果的連鎖反應開始了。

獻給蘇美的哀歌

歷史記載，在西元前二〇二四年，伊比－辛在烏爾統治的第六年，蘇美文明崩解了。我們記得，這一年亞伯拉罕正好九十九歲……

學者起先猜測，蘇美的首都烏爾，是被「蠻族的侵略者」給摧毀的；但沒有找到這種毀滅性入侵的證據。之後，一份名為《烏爾被毀的哀歌》（*A Lamentation Over the Destruction of Ur*）的文獻被發現。它使學者感到迷惑，因為它不是針對烏爾的實體遭破壞而哀悼，而是為了它「被遺棄」：居住在此的神遺棄了它，居住在此的人類離開了它，它成為一座空城，那些神廟、房屋、羊圈仍維持原樣地矗立著，只是裡面空蕩蕩的。

其他的哀歌文獻（Lamentation Texts）也相繼被發現。它們不僅哀悼烏爾，還包括整個蘇美，而且再次提到了「遺棄」：不僅是烏爾的神（娜娜和寧加爾）遺棄了烏爾；恩利爾（野牛）也遺棄了受他喜愛的尼普爾神廟，他的配偶寧利爾也離開了；寧瑪赫遺棄了她的城市科什（Kesh）；伊南娜，「以力（Erech）的女王」，遺棄了以力；尼努爾塔拋棄了他的神廟伊尼奴，他的夫人巴烏也離開了拉格什。一個接一個列出的蘇美城市都被「遺棄」了，再也沒有眾神、人類和動物居住其中。學者至今仍苦苦思索著這個「可怕的災難」，這個神祕的災難改變了整個蘇美。到底是什麼災難呢？

在這些文獻中，答案正是：隨風而逝（Gone with the wind，編注：由瑪格麗特．米契爾〔Margaret Mitchell〕所著的經典小說《飄》的原文名稱，並被改編為電影《亂世佳人》）。不，這裡不是在用那本著名的書／電影的名字來玩弄辭藻。這是那些哀歌文獻裡不斷重複的詞語：恩利爾遺棄了他的神廟，他「因風離開」；寧利爾「隨風離開」她的神廟。娜娜遺棄了烏爾，他的羊圈「隨風離開」等等。學者假定這種重複的詞語是一種文學手法，在哀歌中不斷重複這個詞語，是為了突顯哀悼者的悲傷。**但這並不是文學手法，而是字面上的事實：因為一陣風，蘇美和它的城市變得空蕩蕩。**

耶利米哀歌及其他文獻提到，一陣「邪惡之風」吹過來，並導致「一場人類未知的災難，降臨在大地上」。這陣邪惡之風，「使城市變得荒蕪，房屋變得荒蕪，畜舍變得荒蕪，羊圈裡空空如也」。這裡變得荒蕪，但沒有被破壞；這裡變得空蕩，但沒有廢墟：城市還在，房屋還在，畜舍和羊圈還在，但沒有生物待在那裡；就連「蘇美河流裡的水是苦澀的，曾經耕種過的田地裡長滿雜草，草地上的植物已經枯萎」。所有的生命都已經離開。這是一場前所未有的災難：

> 在蘇美的土地上，一場人類未知的災難降臨。
> 一場從未有過、無法承受的災難。

邪惡之風所帶來的，是無處倖免的死亡：死亡「在街上漫遊，在路上亂竄……它像洪水一樣，衝破最高、最厚的牆壁；沒有一扇門可以把它關在外面，沒有門栓可以讓它返回」。那些躲在門後的人倒在屋內；那些跑上屋頂的人死在屋頂。這是看不見的死亡：「它就站在人的身邊，卻沒有人能看見它；當它進入屋子裡，它的外觀是未知的。」這是可怕的死亡：「咳嗽和痰使得胸腔虛弱，口中充滿了唾沫，人們變得又聾又啞……無法抵抗的啞病……頭痛。」當邪惡之風抓緊它的犧牲者時，「他們的嘴巴被鮮血浸透了。」死亡和死去的情況無處不在。

文獻清楚地描述了，邪惡之風「使一座又一座城市籠罩在陰霾的雲團之下」，這不是一場自然災害，而是眾神商議後的決定所導致的結果。它是由「阿努安排的暴風，恩利爾內心的決定」所導致的。它是單一事件的結果——「在閃電般的一次性爆發之後」——這個事件發生在遙遠的西方：「它從山脈的中部降臨到這片土地上，從不值得憐憫的平原過來……如同眾神苦澀的毒液，它從西方過來。」

邪惡之風是由西奈半島及其附近的核「劇變」引起的，這一點在文獻中已經清楚地闡明了。文獻宣稱，眾神知道它的來源和起因——一次爆炸：

一場邪惡的爆炸預示著風暴的到來。
邪惡爆炸是它的先行者。
強大的後代，英勇的兒子，是瘟疫的先鋒。

哀歌文獻的作者，就是眾神自己，為我們留下了當時事件的生動紀錄。當威力無窮的武器被尼努爾塔和奈格爾從天上投下來，「它們散發出令人敬畏的光芒，像火一般灼燒一切。」接下來，風暴「在閃電中生成」。一片「帶來厄運的濃雲」——核爆炸產生的「蕈狀雲」——上升到天空，緊接著是「急速的風……燒焦了天空的暴風雨」。這是令人難忘的一天：

在這一天，
天空被撞碎而地球被重擊，
地球的面貌被漩渦抹掉，
天空黑暗且被陰影覆蓋，
就在邪惡之風誕生的那一天。

許多文獻都把這個有毒的風暴漩渦，歸因於發生在「眾神升起和降落之處」的爆炸，它消滅了太空站，而非對「罪惡諸城」的破壞。「在山脈之中」，核爆蕈狀雲在一片光芒中升起，來自地中海的盛行風將有毒的核爆雲吹向東方，往蘇美前進。這片雲沒有在蘇美造成破壞，而是帶來了無聲的殲滅，透過充滿核毒的空氣，將死亡帶給所有人。

所有的相關文獻都證實，除了曾經對使用威力無窮的武器提出反對和警告的恩基之外，沒有一位參與其中的神預料到這個最終的結果。他們大多都是在地球上出生，對於尼比魯星上的核武戰爭故事，都認為是老一輩的傳說。阿努應該知道得更多，他是否以為這武器被埋藏了太久，應該很難運作或是完全無法運作？恩利爾和尼努爾塔（他們都來自尼比魯星）是否以為這陣風會將核爆雲吹向阿拉伯半島的荒涼沙漠呢？文獻中沒有令人滿意的答案，只是記載了：「暴風的巨大威力，使得眾神臉色蒼白。」不過，很清楚的是，當風的方向及核爆毒性的強度被認識到之後，在暴風路徑上的人發出了警報，眾神和人們都為了活命而逃走。

在警報發出後，驚慌、恐懼與混亂便征服了蘇美及其城市，這在一系列的哀歌文獻中都有生動的描述，這些文獻包括了《烏爾哀歌》（*Ur Lamentation*）、《烏爾和蘇美被毀的哀歌》（*Lamentation over the Desolation of Ur and Sumer*）、《尼普爾哀歌》（*Nippur Lamentation*）、《烏魯克哀歌》（*Uruk Lamentation*）等等。就眾神來說，他們似乎都是「自顧自地」利用各種飛行器，從空中或水面起飛，試圖逃離暴風路徑。至於人們，則在眾神逃跑之前就發出警報。《烏魯克哀歌》描述道：「快起來，逃命吧！躲到草原去！」人們在深夜裡被叫醒。「烏魯克忠誠的市民，被恐懼攫住」，爭相逃命，但他們還是被邪惡之風擊倒了。

當然，各地的情況有所不同。在首都烏爾，娜娜（辛）拒絕相信烏爾的命運已經被密封了。《烏爾哀歌》（由娜娜的配偶寧加爾創作）中記載了，娜娜（辛）持續且深情地向他父親恩利爾請求，希望他避免這場災難，然而，恩利爾坦率地承認結果的必然性：

> 烏爾是注定的王城，但沒有被賦予永恆的統治權。

由於娜娜和寧加爾不願接受這不可避免的命運，以及太過疼愛烏爾的人民而不願拋棄他們，決定堅守原地。邪惡之風在白天到達烏爾；「我至今仍為那天感到戰慄，」寧加爾寫道，「在那天，雖然有惡劣的氣味，但我們並未逃離」。如同末日來臨，「烏爾遍地是痛苦的哀嚎聲，但我們在惡劣的情況下並未逃離。」這對神聖配偶在「白蟻之屋」（在廟塔深處的地下室）度過了夜晚的惡夢。到了早上，邪惡之風「從這座城市飄走」時，寧加爾發現娜娜已經病倒了。她急忙穿上外衣，帶著娜娜，離開了他們深愛的烏爾。

至少還有另一位神被邪惡之風所傷，她是尼努爾塔的配偶巴烏，她獨自待在拉格什（**因為她丈夫忙著破壞太空站**）。人們愛戴她，稱她為「巴烏母親」，她接受過療癒醫生的培訓，無法強迫自己離開。哀歌中記載，「在那天，暴風雨趕上了巴烏女士；她像人類一樣，暴風雨趕上了她」。從這裡看不出她受的傷有多重，但蘇美的後續紀錄中暗示著，她之後沒有存活很久。

恩基的城市埃利都位在最南端，顯然是在邪惡之風路徑的邊緣。我們從《埃利都哀歌》（*The Eridu Lament*）中得知，恩基之妻寧基從埃利都逃走，逃往了恩基在非洲阿普蘇（Abzu）的避風港：「寧基，偉大之女士，像鳥一樣飛離了她的城市。」但是，恩基只躲在能夠避開邪惡之風的位置：「埃利都之主留在他的城市之外……為這座城市的命運，他流下痛苦的眼淚。」許多埃利都的市民都跟隨著他，在安全距離外的田野上露營，他們看著風暴「將魔爪伸向埃利都」，整整一天一夜。

令人驚訝的是，這片土地上受到最少傷害的大城市是巴比倫，它坐落在風暴北方的邊緣。當警報聲響起時，馬杜克聯繫父親以尋求建議：「巴比倫的人民應該怎麼做？」他問。恩基告訴他，能逃的人應該逃向北方；而且，就跟那兩位「天使」告訴羅得及其家人的「離開所多瑪時，不要回頭」的方式一樣，恩基指示馬杜克，告訴他的追隨者「不要轉身，也不要回頭」。至於逃不了的人，則應該在地下尋求庇護所，恩基的建議是：「讓他們躲進地下的房間，進入黑暗中。」馬杜克聽從了恩基的建議，而且由於風向的關係，巴比倫和那裡的人們安然無恙。

當邪惡之風吹過並離開後（**我們知道，它的殘餘物抵達了更東邊的札格羅斯〔Zagros〕山脈**），它讓蘇美變得一片荒涼與衰敗。「風暴使城市與房屋變得荒涼。」屍橫遍野，無人被掩埋。「死者，在日光下如同油脂般，自己融化了。」而在放牧的土地上，「大大小小的牛隻都變得稀少，一切生物都已經走向終點」。羊圈被「交給了那陣風」。耕地枯萎了；「在底格里斯河及幼發拉底河的岸邊，只有生病的雜草生長，蘆葦在沼澤中腐爛了。」「沒有人再踏上公路，沒有人在尋找道路。」

「噢，在烏爾的娜娜神廟，你的荒涼太令人痛苦了！」哀歌的詩文中哀悼著，「噢，寧加爾，你的土地已經滅亡，使你的心像水一樣！」

這城市已經變成一座陌生的城市，一個人如何在這裡生存？
屋子已經變成眼淚之屋，讓我的心像水一樣。
烏爾和它的神廟已經被傳送給那陣風了。

在兩千年之後，偉大的蘇美文明隨風而逝了。

已被證實的年份：西元前二〇二四年

近年來，考古學家與地質學家、氣候學家，以及其他地球科學專家，為了解開蘇美和阿卡德在西元前第三個千年末期突然瓦解的謎團，進行跨領域的研究。

有一份趨勢研究由七名不同領域的科學家組成的國際小組所發表，刊登在科學期刊《地質學》（*Geology*）的二〇〇〇年四月號上，標題是：〈氣候變化與阿卡德帝國的瓦解：來自死海的證據〉。他們在研究中對古代塵土層進行了放射線和化學上的分析，這些塵土層來自近東的許多地方，但主要是波斯灣和阿曼灣的海底。他們的結論是：在鄰近死海的地方，發生了一次不尋常的氣候變化，造成了塵暴，並且使大量的塵埃（不同尋常的「大氣礦物塵埃」）被美索不達米亞南部的盛行風一路吹到波斯灣以外（見下頁圖37），就如同蘇美的邪惡之風的模式！他們對這些不尋常的「輻射微塵」進行放射性碳定年法，結果發現，這一切是源自「發生在大約距今四千零二十五年之前不尋常的戲劇性事件」。**換句話說，也就是指西元前二〇二五年左右，跟我們所指**

出的西元前二〇二四年非常接近！

有趣的是，參與該研究的科學家在報告中也提到：「死海的海平面在那時突然往下降了一百公尺。」他們沒有對這一點做出解釋，但就如我們所描述的，顯然死海南部屏障的裂口與平原上的大洪水，解釋了當時發生了什麼事。

二〇〇一年四月二十七日發行的《科學》（*Science*）期刊，討論的主題是全球史前氣候。在關於美索不達米亞之事件的版面中，它提到了來自伊拉克、科威特和敘利亞的證據，把發生在兩河流域的「對沖積平原的大範圍放棄」，歸因於「距今四千零二十五年前的」一場塵暴。這份研究沒有對那次的「氣候變化」做出解釋，但也認為是在同一個年份：西元二〇〇一年的四千零二十五年前。

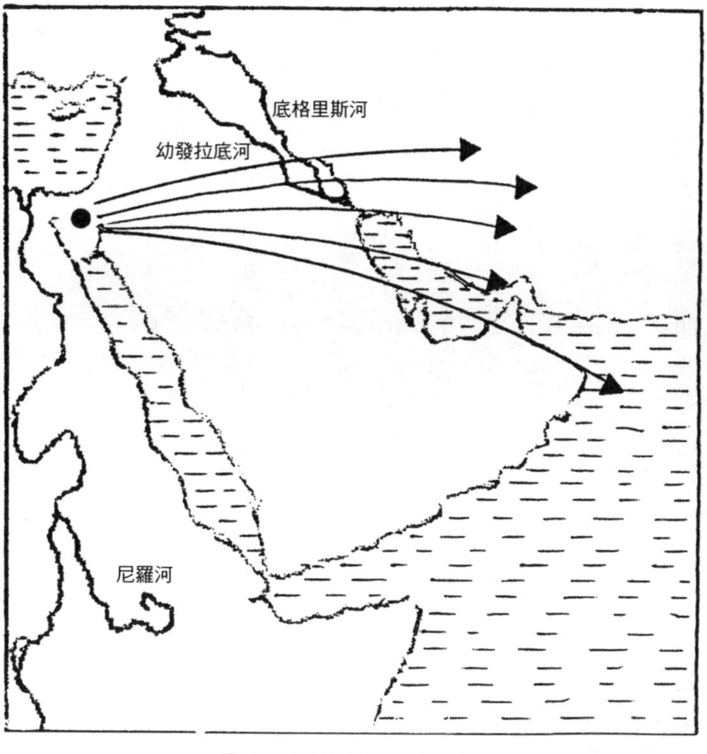

圖37：塵埃被盛行風吹向東方

這決定性的一年，已經被現代科學所證實，正是西元前二〇二四年。

7．天命有五十個名字

在西元前二十一世紀末期，訴諸核武器的行為——可以說，「隨著一聲巨響」——迎來了馬杜克的時代。幾乎在所有方面，這都是一個真正的新時代，甚至我們今天對「新時代」（New Age）這個詞語的理解也是如此。其最大的悖論是，雖然它讓人類仰望天空，卻將天國之神帶到地球上。這個新時代的改變為我們帶來的影響，直至今日。

對於馬杜克來說，新時代是糾正錯誤、野心得逞、預言實現的時刻。但那些付出的代價，包括蘇美的荒蕪、眾神的離去、人民被大量殺害，都不是他造成的。那些受苦的人因為阻礙天命而受到懲罰。那場出乎意料的核風暴（邪惡之風）以及它的過程，似乎是由一隻看不見的手有選擇地引導，證實了天空所宣告的：**馬杜克的時代，白羊宮的時代已經來臨了。**

占星術的誕生

在馬杜克的家鄉埃及，特別慶祝並標記了從金牛宮時代到白羊宮時代的轉變。關於天空的天文學描繪（例如在丹德拉赫神廟的，參見55頁圖20），呈現出白羊宮是黃道圈的焦點。在蘇美，黃道星宮的名單不是始於金牛宮，而是白羊宮（見下頁圖38）。讓人印象最深刻的表現是，一排公羊頭雕像立在通往卡納克（Karnak）神廟的大道兩側（見圖39）。這座神廟是在拉（馬杜克）登上至高無上地位後，由剛成立的中王國的法老所建。這些法老的名字裡，包含了向阿蒙／阿門（Amon/Amen）致敬的名字。包括神廟和國王，都獻給了變成阿蒙（不可見者）的馬杜克。因為馬杜克不在埃及，他選擇美索不達米亞的巴比倫當作他的永恆城市。

馬杜克和那布都毫髮無傷地躲過了核漩渦。雖然那布本人曾經是奈格爾（艾拉）的攻擊目

圖38：黃道十二宮的順序

標，但他顯然躲在地中海上的某個島嶼並逃過了傷害。後來的文獻指出，那布在美索不達米亞得到了自己的崇拜中心：博爾西帕（Borsippa），那是靠近他父親的巴比倫城的一座新城。然而，他繼續漫遊，在他最喜愛的西方之地上，得到了人們的禮拜。他在當地和美索不達米亞所獲得的崇敬，可以由那些為了向他致敬而以他的名字命名的聖地為證，例如，約旦河畔的尼波山（Nebo，**後來摩西死於那裡**），以及巴比倫的知名國王所擁有的含神名的皇家名稱，例如，那波帕拉薩爾（Nabo-pol-assar）、尼波甲尼撒（Nebo-chadnezzar）等。而且，正如我們已經指出的，他的名字在整個古代近東地區都成為「先知」（prophet）和預言的代名詞。

回想一下，當命運的事件發生時，馬杜克本人在哈蘭的指揮所詢問著：「要到何時？」在他的自傳體文獻《馬杜

圖39：卡納克神廟前的公羊頭雕像

克預言》中，他預想到一個**彌賽亞時間的到來**，在那時，眾神和人們將會承認他的至高無上，和平將取代戰爭，富足將驅走苦難，他指派的國王「將會使巴比倫成為最重要的，而埃薩吉神廟（正如它名字的意思）將朝向天國——

一位國王將在巴比倫出現；
在我的城市巴比倫的中央，他會讓我的神廟升向天國；
他將翻新如山般的埃薩吉，他將為這如山般的埃薩吉畫下天地的藍圖；
天國的大門將會被打開。
在我的城市巴比倫，一位國王將會出現；他將定居於這富足之地，
他會抓住我的手，他會帶領我遊行……
到我的城市和神廟埃薩吉，我將步入永恆。

可是，新的巴別塔不是有意（像第一個那樣）成為發射塔。馬杜克意識到，他的至高無上不僅源自於擁有物質空間，還源自於天象，也就是黃道帶的天體時間，以及天體（天空中的卡卡布〔Kakkabu，星星／行星〕）的位置和移動。

因此，他預想未來的埃薩吉將會是具有統治地位的天文臺，並且使尼努爾塔的伊尼奴和圖特豎立的各種石柱變成多餘的設施。埃薩吉神廟被依照詳細而精確的計畫，建造成廟塔（見圖40）：大約在西元前一九六〇年時，它的高度、七層之間的間隔，以及朝向，使得它的頭部直接指向依庫星（Iku）——白羊星宮的主星。

核爆末日及其造成的意外結果，導致了關於當時是誰的黃道時代之爭論突然結束了。「天體

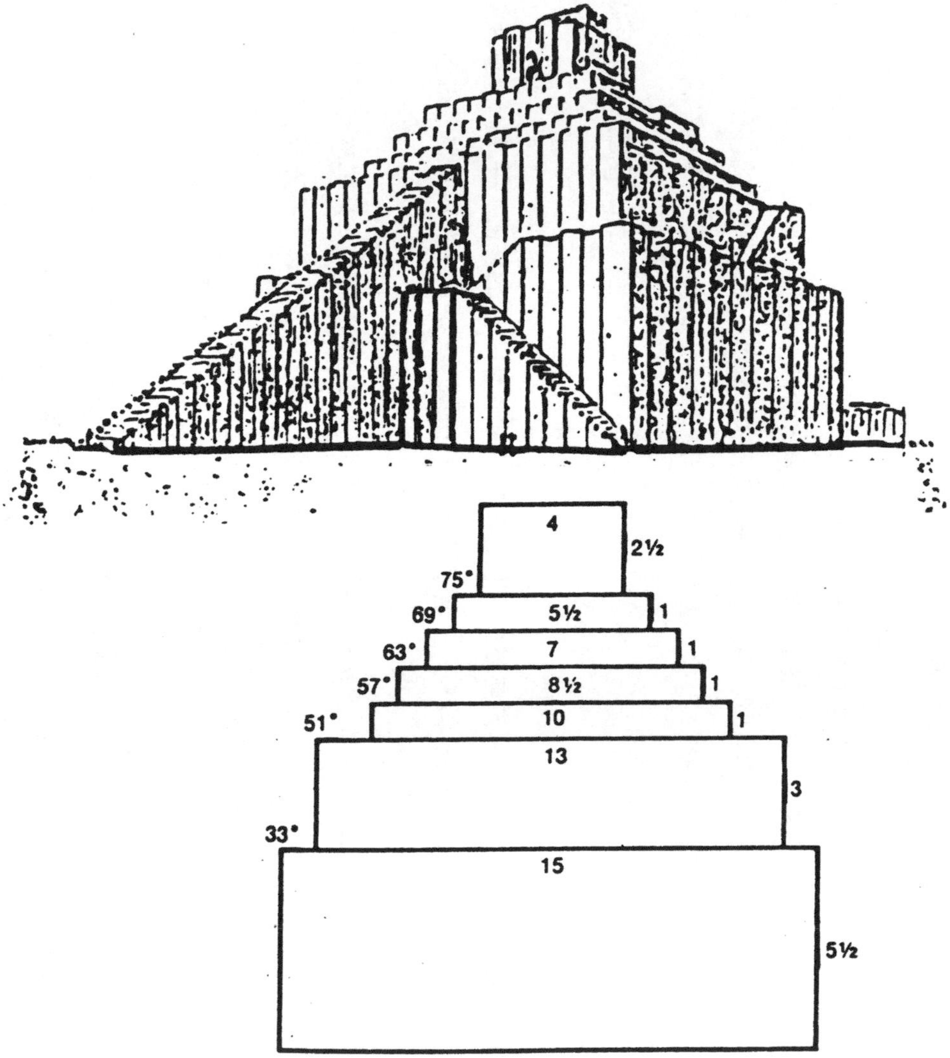

圖40：埃薩吉神廟

時間」（Celestial Time）現在是馬杜克的時間。但是，眾神的行星尼比魯，仍然以「神聖時間」（Divine Time）來運行和計時，而馬杜克也將注意力轉向這一點。正如他的預言書所說明的，他預想天文學家從廟塔的臺階上掃視天空，搜尋「**埃薩吉的對應行星**」：

認識預兆的人，開始服務。
把它的中間升高。
在左和右的相對兩側，他們將分別站著。
然後國王會到達；（他將觀察到）埃薩吉對應的卡卡布（行星）越過大地。

一個星宗教（Star-Religion）誕生了。他們的神——馬杜克——成為一顆星；一顆星（我們稱之為行星）——尼比魯——變成了「馬杜克」。宗教變成了天文學，天文學變成了占星術。

巴比倫版創世史詩

為了與新的星宗教一致，《創世史詩》（*Epic of Creation*，又稱《伊奴瑪．伊立什》〔*Enuma Elish*〕）的巴比倫版本做了一些修改，授予馬杜克一個天體：他不是來自尼比魯，而是他**就是**尼比魯。這個版本以阿卡德語（閃族的母語）的方言「巴比倫語」撰寫而成，將馬杜克等同於阿努納奇的母星尼比魯，並且把一顆來自太空深處的大星（行星）命名為馬杜克，目的是為了替天體艾（Ea）和地球上的艾報仇（見圖41）。這使得「馬杜克」成為天國的「主」，就跟在地球上一樣。他的天命（在天國的軌道）是所有天神（其他行星）中最偉大的一個（參見14頁圖1）；

相應地，他也是地球上的阿努納奇眾神中最偉大的。

在新年節慶的第四個夜晚，這個修改過的《創世史詩》會被公開朗讀。它所提到的馬杜克的功績，包括了在天幕之戰（天體碰撞）中打敗了「怪獸」提亞瑪特（Tiamat），創造了地球（見118頁圖42）和重塑太陽系（見119頁圖43）等，在原本的蘇美版本中，都被歸因於尼比魯星，是複雜的科學宇宙論的一部分。新版本還把其他功績歸給馬杜克，包括對「人類」的「巧手創造」、發明曆法，選擇巴比倫為「地球之臍」（Navel of the Earth）。

新年節慶是一年裡最重要的宗教事件，開始於尼散月（Nissan）的第一天，即春分日。在巴比倫，新年節慶又被稱為阿奇提節（Akiti festival），是從蘇美的十日阿奇提

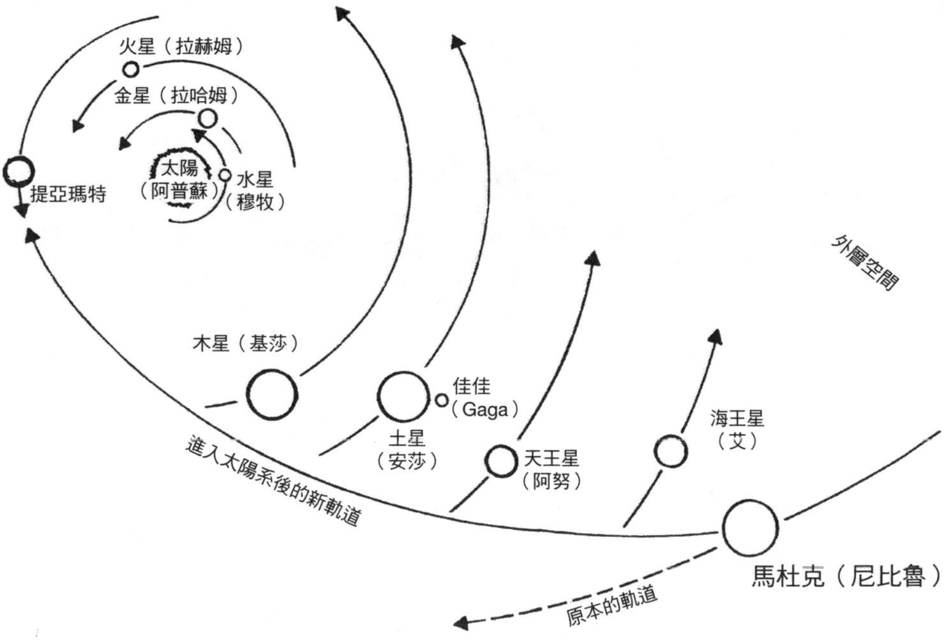

圖41：來自外太空的行星

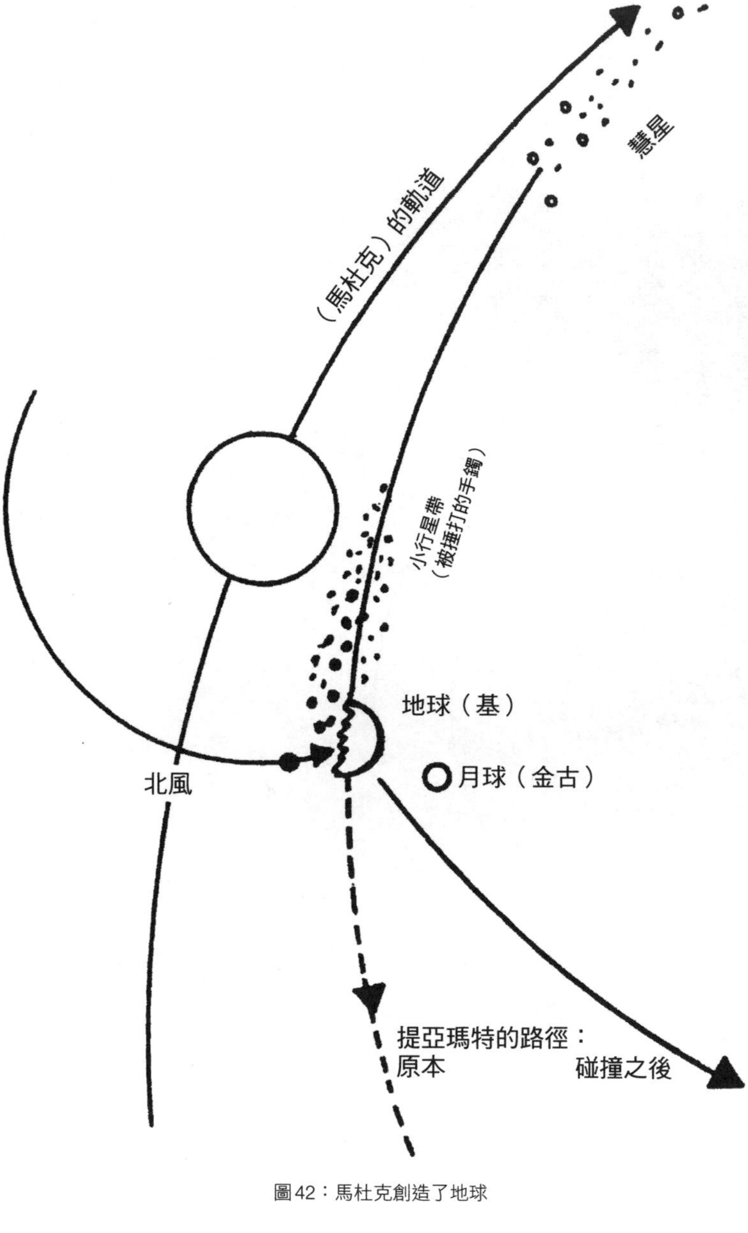

圖42：馬杜克創造了地球

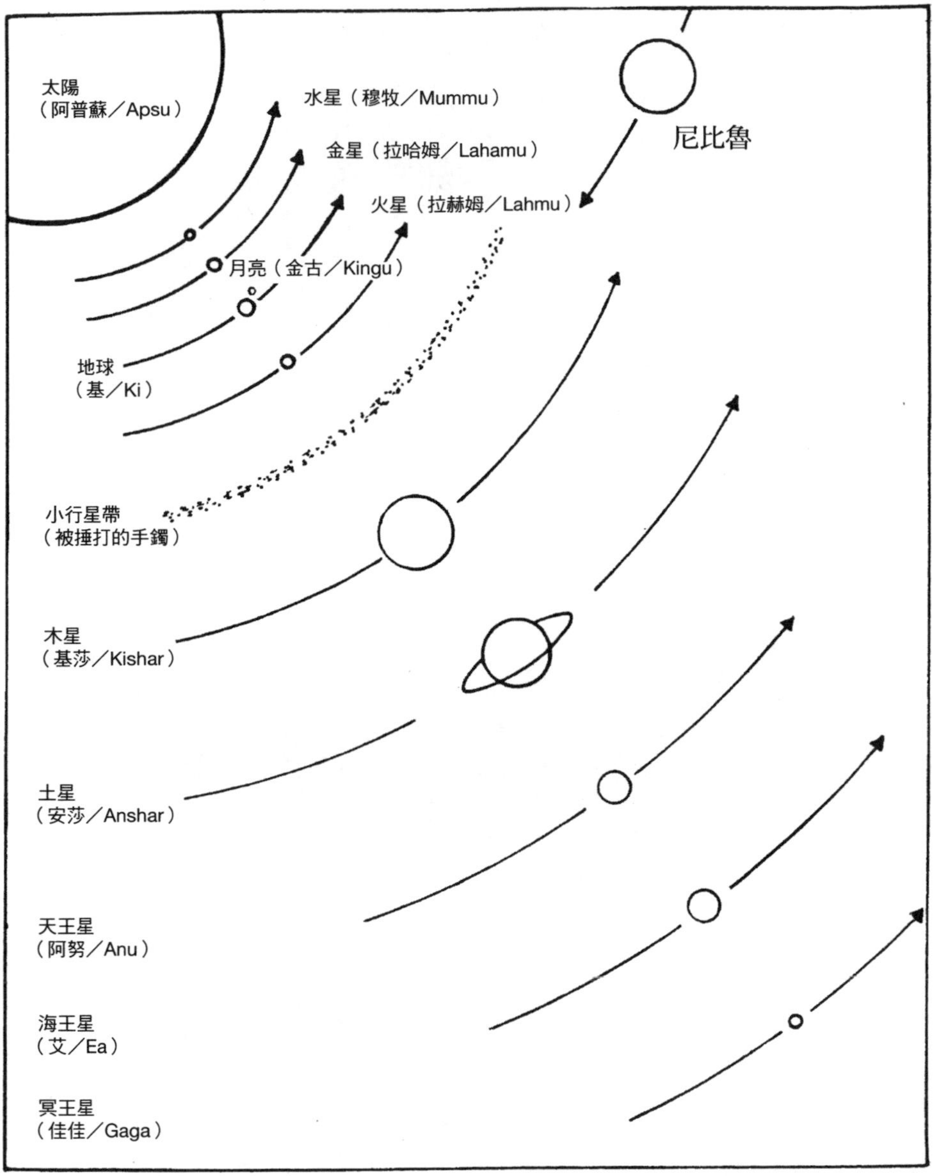
太陽
（阿普蘇／Apsu）
水星（穆牧／Mummu）
金星（拉哈姆／Lahamu）
火星（拉赫姆／Lahmu）
尼比魯
月亮（金古／Kingu）
地球
（基／Ki）
小行星帶
（被捶打的手鐲）
木星
（基莎／Kishar）
土星
（安莎／Anshar）
天王星
（阿努／Anu）
海王星
（艾／Ea）
冥王星
（佳佳／Gaga）

圖43：重塑後的太陽系

（A.KI.TI，意思是為地球帶來生命）節，發展為長達十二天的慶祝。這是根據精心定義的典禮和明定的儀式而進行的，重演了（在蘇美）尼比魯的故事、阿努納奇來到地球，以及（在巴比倫）馬杜克的生活故事。

故事中包含了金字塔戰爭的一段情節：當時，馬杜克被判處在密封的墳墓中等死，以及他活著從墳墓中出來的「復活」過程；他被流放，成為不可見者；最後，他凱旋回歸。隊伍來了又走，出現又消失，甚至有演員生動且真實地演出受難復活劇，將馬杜克當作受苦難的神介紹給人們，雖然他在地球上遭受苦難，但最後透過天上的對應者獲得至高無上而取得勝利。（《新約》中耶穌的故事與此極為相似，所以在一個世紀以前，歐洲的學者和神學家曾討論過馬杜克是否為「耶穌的原型」。）

典禮由兩個部分組成。第一個部分是馬杜克駕著一艘孤舟過河，到達一個名叫比特阿奇提（Bit Akiti，意思是阿奇提之屋）的建築；另一個部分的故事就發生在這座城市裡。顯然，馬杜克單獨的第一個部分象徵著他從外太空的母星來到太陽系內部的天體旅行——乘船在水上的旅行，符合了星際空間是原始的「深淵」（Watery Deep），要使用「天船」（太空船）來穿越的概念。這也是在埃及藝術的描繪所呈現的概念，在其中，天神都是乘著「天船」在天空中往返（見圖44）。

大眾慶典在馬杜克從遙遠而孤獨的比特阿奇提成功返回之後立刻開始。那些公開而歡樂的典禮始於其他眾神在碼頭上迎接馬杜克，在神聖遊行中，他由國王和祭司們陪同，而且有越來越多人群參加。關於這些過程和路線的詳盡描述，指引著考古學家如何去發掘古巴比倫。

從刻在泥版上的文獻，以及出土的城市地形來看，神聖的遊行隊伍會在七個站點停下來，進行指定的儀式。這些站點都擁有蘇美和阿卡德的名字，並且象徵著（在蘇美）阿努納奇在太陽系內部的旅行（從冥王星到第七行星地球），以及（在巴比倫）馬杜克生活故事中的「站點」：他在「純淨之地」誕生；那與生俱來的至高無上權利如何被否決；如何被判死刑；如何被掩埋（活著，待在大金字塔中）；如何獲救和復活；如何被放逐並流亡；以及最後阿努和恩利爾這樣的大神為何會向天命低頭，並宣稱馬杜克具有至高無上的權力。

原本的蘇美《創世史詩》包含了六塊泥版（相當於《聖經》中創世的六天）。在《聖經》中，上帝在第七天休息，用來回顧他的功業。巴比倫修訂版的史詩，增加了第七塊泥版，內容全部是透過授予五十個名字給馬杜克，來頌揚他。這象徵著他得到了「五十」這個階級，這個階級原本是恩利爾的（而尼努爾塔也曾經擁有）。

從他傳統的名字馬杜克（MAR.

圖44：天神乘著天船

DUK，純淨地之子）開始，這些名字在蘇美語與阿卡德語之間交替，給予他的稱號從「萬物的創造者」到「塑造天地之主」；還有其他頭銜是關於與提亞瑪特的天幕之戰、地球與月亮的創造：「眾神之首」、「伊吉吉和阿努納奇的任務分配者」，以及他們的指揮者，「維持生命之神……復活死者之神」，「一切大地之主」；他也是一位用決定與仁慈支持人類的神，人們是由他塑造的；他是為人類普降甘霖、潤澤農作物、分配田野，並「堆積豐糧」的「農耕賜予者」。

最後，他被賜名為尼比魯，「他將控制天地的穿越」：

卡卡布在天上閃耀著……

他從深淵持續奔馳——

讓「十字」（穿越，Crossing）成為他的名字！

希望他支持星辰在天空的運轉，

希望他像牧羊一樣管理著天神。

這份長篇文獻在結論中表述：「大神以『五十』的稱號稱呼他；他的名字是『五十』，眾神使他至高無上。」

對第七塊泥版的通宵朗讀結束時，差不多就是黎明了，主持儀式的祭司將會發表以下指定的聲明：

讓五十個名字銘刻於心……

讓智慧者與知道者探討它們。

讓父親把它們背誦給兒子聽，讓牧羊人和牧民的耳朵打開。

讓他們為馬杜克，眾神的「恩利爾」而歡欣，

他的命令是堅定的，他的指令是不可更改的；

他的嘴巴說出的話語，沒有神可以改變。

當馬杜克出現在人們的視線中，他身著華麗的外衣，使蘇美和阿卡德老神的簡單羊毛服裝顯得極不入眼（見圖45）。

圖45：馬杜克的華麗長袍

埃及的不可見之神

雖然馬杜克在埃及是不可見的神，但對他的崇敬和接受度卻在那裡迅速蔓延開來。一首對拉－阿蒙的讚美詩也模仿阿卡德的五十個名字，將許多名字授予這位神，稱他是「在地平線中央被看見的眾神之主」，「創造整個地球」的天神，以及在地球上「創造人類、製造野獸，創造果樹，製造草並給予牛隻生命」的神，「用第六天為他慶祝」的神。它與美索不達米亞和《聖經》的創造故事，相似片段非常明顯。

根據這些信仰的表達，在地球上、在埃及，馬杜克是一位不可見的神，因為他的主要住所在別處。有一首很長的讚美詩提到了巴比倫是眾神為他的勝利而歡欣鼓舞的地方（也有學者認為，讚美詩提到的並非美索不達米亞的巴比倫，而是一個名為巴比倫的埃及城鎮）。在天國裡，他也是不可見的，因為「他遠離天國」，跑到了「地平線的背面……到了天國的最高處」。埃及的統治象徵：兩側通常有蛇的有翼圓盤，普遍被解釋為太陽圓盤，「因為拉就是太陽」；但事實上，這是古代世界到處可見的尼比魯的符號（見圖46），而且現在尼比魯已經成了一顆遙遠的不可見的「星星」了。

因為拉（馬杜克）實際上不在埃及，所以他的星宗教在埃及以最清晰的形式表達出來。在那裡，阿托恩（Aten），那顆「百萬年之星」代替了拉（馬杜克）的星體面向，因為他「遠離了天國」，到達「地平線的背面」，從而成為不可見者。

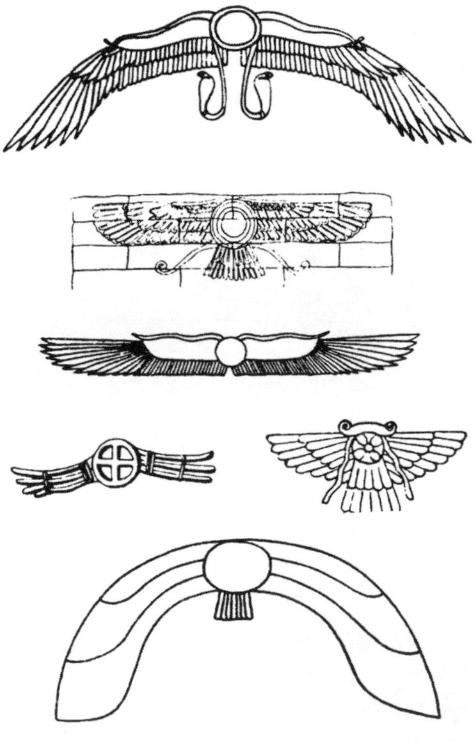

圖46：有翼的圓盤

巴比倫的復甦

在恩利爾家族的領地上，轉向馬杜克的新時代和新宗教的過程並不順利。首先，放射性毒風所經過的美索不達米亞南部和西方之地，必須先從它的影響中復原。

回想一下，降臨在蘇美的那次災難，不是核爆炸，而是隨後的放射性風。這些城市裡的居民和牲畜被清空了，但沒有受到實體的傷害。水被染上毒性，但兩條大河很快就將之清除乾淨。土壤也吸收了放射性毒物，必須用更長的時間來恢復和改善。如此，人們才有可能緩慢地重新居住在這片荒涼的土地上。

在毀壞的南部，最早被記錄的行政官是一位來自馬里（Mari）的統治者，馬里是一座在幼發拉底河西北岸的城市。我們知道，「他不是蘇美人的後代」；他的名字，伊希比－艾拉（Ishbi-Erra），事實上是一個閃族名字。他在伊辛（Isin）建立總部，從那裡監督著復興其他主要城市的努力，不過復興的進程很緩慢、很艱難，有時很混亂。後來，他在復興上的功業由幾位繼承者接續下去，他們也擁有閃族名字，因此被稱為「伊辛王朝」。他們總共用了將近一個世紀的時間，來復甦蘇美的經濟中心烏爾，最後才是那片大地的傳統宗教中心尼普爾。但後來，城市復甦的進程卻遇到了其他地方城市統治者的挑戰，而往昔的蘇美仍然是一片片支離破碎的土地。

甚至是不在邪惡之風直接路徑上的巴比倫，如果要提高帝國的規模和地位，也需要先成為一個復興且人口稠密的國家，而且它在相當長的一段時間內都沒有達到馬杜克預言中的宏偉狀態。經過了超過一個世紀的時間，（大約在西元前一九〇〇年）被學者稱為「巴比倫第一王朝」的正式王朝之王位才被建立起來。又過了另一個世紀，一位實現了偉大預言的國王才坐上巴比倫的王位，他的名字是漢摩拉比。他以所頒布的法典而聞名，考古學家已經發現了這部被刻在石碑上的法典（現在收藏於巴黎的羅浮宮）。

馬杜克對巴比倫的預言，經過了兩個世紀的時間才得以實現。有學者把烏爾滅亡後的「災難後時代」，視為美索不達米亞歷史的黑暗時代。從這段期間留下來的微薄證據顯示，馬杜克要求其他神（甚至是他的對手）一起來照顧各自的舊崇拜中心的修復及人口的增加；但是，當其他神接到馬杜克的邀請時，都顯得猶豫不絕。

修復和重建工作由伊希比－艾拉在烏爾展開，但是沒有提及娜娜（辛）和寧加爾回到烏爾的事。有記載指稱，尼努爾塔偶爾會出現在蘇美，特別是在埃蘭和庫提的部隊駐守時，但是，沒有記載提到他或是配偶巴烏曾經回到他們心愛的拉格什。伊希比－艾拉及其繼任者為了修復尼普爾的崇拜中心和神廟所付出的努力，在經過七十二年後達到登峰造極的地步，卻沒有記載提到恩利爾和寧利爾又回到那裡居住。

他們去了哪裡呢？探索這個有趣主題的一條途徑，就是去確定馬杜克（現在是至高無上者，以及向所有阿努納奇發號施令的人）為他們制定的計畫。

那個時代的文獻和其他證據都顯示，馬杜克升為至高無上者之後，並沒有結束多神教（崇敬多位神的宗教信仰）。相反的，他的至高無上需要維持多神教，因為要擁有高於其他神的地位，就需要有其他神的存在。只要他們的特權在他的控制之下，馬杜克非常樂意讓其他神存在下去；一塊巴比倫碑刻（在未損壞的部分）記錄了以下馬杜克後來被賦予的神聖屬性列表：

尼努爾塔是鋤頭的馬杜克
奈格爾是進攻的馬杜克

札巴巴（Zababa）是近身格鬥的馬杜克
恩利爾是統治權和顧問的馬杜克
辛是夜之照明者的馬杜克
沙馬氏是審判的馬杜克
阿達德是雨的馬杜克

其他眾神依然存在，其屬性依然存在，但是他們所擁有的屬性都是由馬杜克所賜予的。他讓人們對其他神的崇拜延續了下來；南部臨時統治者（行政官）的名字：伊希比－艾拉（意思是艾拉（奈格爾）的祭司）鞏固了這項寬容的政策。但是，馬杜克所期望的是這些神都來到並留在他設想中的巴比倫——或許有人會說，那些神將成為被關在金色籠子裡的囚犯。

馬杜克在他的自傳體預言中，明確提出了他對其他神，包括其對手的意圖：他們應該來到他身邊，待在巴比倫的神聖區域裡。設置給辛和寧加爾居住的聖所或樓閣，曾經被特別提到：「將與他們的寶物和財產在一起」！文獻中描述的巴比倫，以及考古學家在那裡所發掘的，都與馬杜克的願望相符：巴比倫的神聖區域裡包括了獻給寧瑪赫、阿達德、沙馬氏，甚至尼努爾塔的住所－聖殿。

當巴比倫在漢摩拉比的領導下最終升格為皇權中心時，他的廟塔－神廟也的確朝向天空；預言中的偉大國王及時坐上了王位；但是，在祭司雲集的神聖區域裡，其他神卻沒有集結起來，新宗教的表現並沒有發生。

看看記錄了漢摩拉比法典的石柱（見下頁圖47），我們可以發現，漢摩拉比只從烏圖（沙馬氏）那裡接受法律，根據前面提到的列表，他身為審判之神的特權，現在屬於馬杜克；而且石柱上的序言提到了阿努和恩利爾（他們的「統治和決策」身分大概被馬杜克接收了）是給予馬杜克所享有之地位的神祇：

崇高的阿努，從天國來到大地的眾神之主，

恩利爾，決定大地命運的天地之主，

決定了恩基的長子馬杜克擁有恩利爾主掌全人類的職務。

圖47：漢摩拉比從烏圖（沙馬氏）那裡接受法律

四散的蘇美人

在馬杜克的時代展開後的兩個世紀，這些對恩利爾一族眾神持續授權的認可，反映了一個真實的情況：他們並沒有在馬杜克的神聖區域裡過著退休的生活。一些神從蘇美分散開來，與他們的追隨者一起到達地球四個角落的遙遠土地上；其他神留在附近，與他們的新舊追隨者一起對馬杜克重新提出挑戰。

在核爆劇變的前夕給予尼普爾的亞伯蘭的神聖指示中，清楚表達了「蘇美不再是家園」的感覺，他的名字被閃族化，成為「亞伯拉罕」（他的妻子也從撒萊變成了撒拉），並使他永久定居於迦南。亞伯拉罕和妻子並不是唯一需要新避難所的蘇美人。核災難引發的移民運動，其規模之大是前所未有的。第一波移民浪潮，是人們從受影響的土地上離開；它最重要且影響最深遠的面向，是蘇美的倖存者從蘇美擴散開來。第二波移民浪潮，則是人們從四面八方湧入已經被遺棄的土地。

無論這些移民浪潮往哪個方向發展，蘇美文明的兩千年成果，都被這些人們所採用，並進入下一個兩千年。事實上，雖然蘇美的物質實體已經被粉碎了，但是它的文明成就仍然伴隨著我們直到今天，看看一年十二個月的曆法以及你的手錶，它們都還保留著蘇美的六十進位（基數六十），還有我們用輪子運東西，也是源自蘇美。

蘇美人散居的廣泛證據，包括其語言、文字、符號、習俗、天文知識、信仰和神祇等，有許多種形式。在基於神系的宗教、來自天堂的神、神的等級制度、各種不同語言的神之稱謂與含義相同、包括眾神母星在內的天文學知識、黃道十二宮、幾乎相同的創世故事，以及被學者視為「神話」的眾神和半神的記憶等等的普遍性之外，各地文化還有許多驚人的相似之處，這些都只能以蘇美人的實際存在來解釋。尼努爾塔的雙鷹符號（見圖48）在歐洲流傳；三種歐洲語言（匈牙利語、芬蘭語和巴斯克語〔Basque〕）事實上都只與蘇美語相似；吉爾伽美什徒手擊敗兩隻凶惡獅子的故事，在全世界廣為流

圖48：尼努爾塔的雙鷹符號

圖49：有關吉爾伽美什徒手擊敗兩隻獅子的描繪

傳，甚至流傳到南美（見圖49）。

在遠東，蘇美楔形文字，與中國、朝鮮、日本的文字之間，也有明顯的相似性。這種相似性不僅體現在書寫上，因為許多相似字形的發音和含義皆相同。在日本，文明起源於一個神祕的祖先部落，名為阿伊努（AINU）。皇室被認為是太陽神的後代，在新國王的登基儀式中，包含了國王要每晚與太陽女神祕密住在一起——這個儀式模仿了古代蘇美的聖婚典禮，新國王將與伊南娜（伊師塔）共度一夜。

在往昔的四個區域裡，由核災難和馬杜克的新時代所觸發的移民浪潮，像暴風雨之後氾濫的洪水一樣，以民族、國家、城邦的興衰，填滿了接下來的幾個世紀。後來，從遠近各地而來的新移民，又進入了蘇美的荒野中；他們的中心舞臺，仍然可以被稱為聖經之地。事實上，在現代考古學出現之前，除了希伯來《聖經》提到的那些人以外，其他大多數都是鮮為人知或甚至不為人知。希伯來《聖經》不僅記載了那些各式各樣的人，還記載了各族的「民族神」（國神），還有以這些神的名義而進行的戰爭。

那時的西臺等民族、米坦尼（Mitanni）等國家，或是馬里、迦基米施（Carchemish）和蘇薩等皇家首都，都曾是疑雲重重的謎團，現在都被考古團隊發掘出來。在那些遺址上，人們不僅發現了描述故事的文物，還發現了數以千計的刻字泥版，它們證明了這些古文明的存在，還有它們繼承了多少蘇美的文化遺產。

幾乎在所有地方，蘇美人於科學、技術、文學和藝術、王權和祭司職等方面的「首創」，都是後來文化發展的基礎。在天文學方面，蘇美的術語、軌道公式、行星表和黃道概念，都被保留下來。蘇美的楔形文字還被繼續使用了超過一千年以上。蘇美語被研究及學習，其詞典被編輯出來，關於神和英雄的史詩也被複製，並翻譯成其他文字。一旦這些國家的多種語言被解譯，人們將會發現：他們的眾神，還是原本的舊阿努納奇神系的成員。

當蘇美的知識和信仰被移植到遙遠的大地時，恩利爾一族的眾神還跟追隨者在一起嗎？對此，資料沒有明確的記載。但是，歷史上確定的是，在新時代一開始的兩到三個世紀裡，一些本來應該是馬杜克的退休客人的神，在巴比倫周邊的地區開始了新的宗教信仰：民族國家宗教。

馬杜克也許擁有五十個聖名；但從那時起，他也不能阻止「以神（他們的神）之名義」所進行的民族之間的戰爭和人類之間的殺戮了。

8・以神之名義

如果預言和彌賽亞的盼望伴隨著西元前二十一世紀的新時代的這種情況，對於今天的我們來說很熟悉的話，那麼，隨後幾個世紀的戰鬥呼聲聽起來也不令人覺得陌生。如果西元前第三個千年是神與神之間使用人類的軍隊作戰，那麼西元前第二個千年就是人與人之間「以神之名義」作戰。

自從馬杜克的新時代展開後，僅僅幾個世紀就證明，他的宏偉預言是不容易實現的。值得一提的是，抵抗並不是來自於分散的恩利爾一族眾神，而是來自於人們，這一群忠誠的信徒！

漢摩拉比與馬里城邦

從核考驗之後，直到巴比倫（Babylon，城市）在巴比倫（Babylonia，國家）第一王朝之下出現在歷史舞臺上，已經過了一個多世紀。在這段期間，美索不達米亞南部（古蘇美）先後在總部設於伊辛及拉爾薩的臨時統治者手中復興。他們所擁有的含神名的名字，分別是黎皮特－伊師塔（Lipit-Ishtar）、烏爾－尼努爾塔（Ur-Ninurta）、琳姆－辛（Rim-Sin）、恩利爾－巴尼（Enlil-Bani），展現了他們對恩利爾一族的忠誠。他們最大的成就，就是在核浩劫整整七十二年之後，重

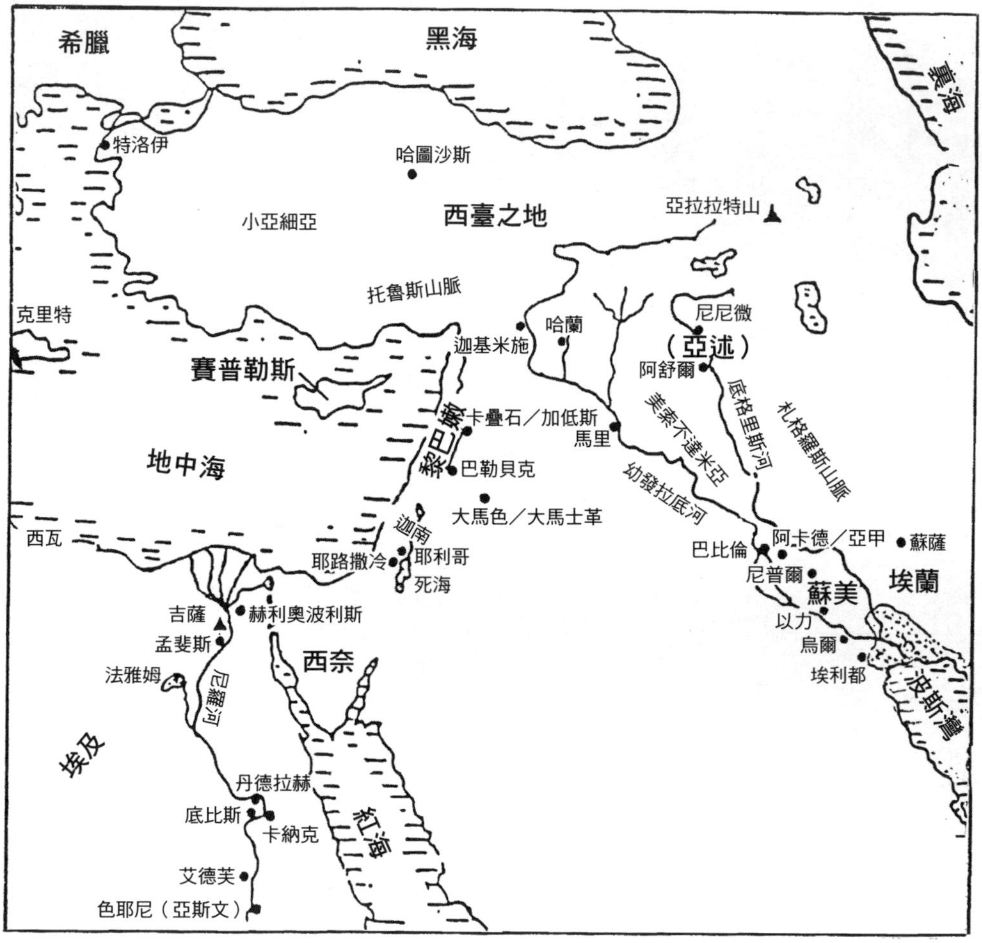

圖50:西元前第二個千年的國家地圖

建了尼普爾的神廟，這也證明了他們的忠誠之所在，以及對於黃道時間計算的遵循。

那些非巴比倫的統治者，來自一個叫做馬里的城邦，是講閃族語的王室成員。從一張顯示西元前第二個千年上半葉的國家之地圖（見圖50），可以清楚地看到非馬杜克國家在大巴比倫周圍形成一股強大的力量，從東南方的埃蘭、東方的庫提，到北方的亞述和西臺，再到這條鎖鏈的西部錨點：幼發拉底河中部的馬里。

在他們之中，馬里是最「蘇美人」的城市，甚至曾被當作蘇美的首都，在蘇美主要城市中排名第十。馬里是幼發拉底河畔的古代港口城市，也是東邊的美索不達米亞、西邊的地中海地區和西北部的安納托利亞（Anatolia，即小亞細亞）之間的人民、貨物和文化的交叉點。它的紀念建築是蘇美人作品的最好典範，其巨大的中央宮殿裝飾了藝術性令人震驚的崇敬伊師塔的壁畫（見圖51）。（關於馬里的介紹，以及我遊覽其遺蹟

圖51：崇敬伊師塔的壁畫

一事，可以在《地球編年史探險》〔*The Earth Chronicles Expeditions*〕中讀到。）

馬里皇家檔案館的數千個泥版中，揭露了馬里的財富以及它與其他許多城邦的國際聯繫，還有在巴比倫興起之後，馬里如何先被利用又遭到背叛。在馬里王室第一次實現美索不達米亞南部的復興之後，巴比倫的國王們假裝和平，然後無緣無故地把馬里當成敵人。在西元前一七六〇年，巴比倫國王漢摩拉比進攻、洗劫並摧毀了馬里，以及它的神廟和宮殿。之後，漢摩拉比在年鑑中自誇，他是借用了「馬杜克的神祕力量」。

在馬里垮臺之後，來自「海之地」（即圍繞著下海域〔波斯灣〕的蘇美沼澤地區）的首領向北方進行突襲，並且不時控制了神聖的尼普爾。但那只是暫時的勝利，而且漢摩拉比確信，他征服馬里一事，完成了巴比倫對於舊蘇美和阿卡德的政治及宗教統治。他所在的王朝被學者命名為「巴比倫第一王朝」，在他之前已經展開一個世紀，然後由他的繼承者又延續了兩個世紀。在那個動亂的時代，這是一項了不起的成就。

歷史學家和神學家一致贊同，自稱「四個區域之王」的漢摩拉比，在西元前一七六〇年「把巴比倫放在世界地圖上」，而且**開啟了馬杜克獨特的星宗教**。

巴比倫的祭司職責

當巴比倫的政治和軍事霸權由此建立之後，就是該主張並加強其宗教統治的時候了。

這座城市的輝煌被《聖經》頌揚，它的花園被認為是古代世界的奇觀之一；其神聖區城的中央是埃薩吉廟塔，由圍牆和大門保護著；神聖區城裡，規畫了用於宗教典禮的遊行大道，還有為其他眾神（馬杜克所期望，但這些客人卻不願意）建造的神殿。當考古學家挖掘巴比倫時，不僅發現了城市的遺蹟，還發現了描述和規畫這座城市的「建築泥版」；儘管很多建築是後代的遺跡，但這個對神聖區域中心的藝術構想（見圖52），讓人能夠好好地了解馬杜克的宏偉總部。

就像「梵蒂岡」一樣，這個神聖區域也有令人印象深刻的祭司，他們的宗教、禮儀、行政、政治和日常任務，可以從不同的分組、分類和名稱中收集。

在底層的是服務人員，也就是阿巴魯（Abalu，意思是搬運工人），負責清掃神廟和鄰近的建築，為其他祭司提供需要的工具和器具，擔任羊毛線以外的一般品供應和倉儲人員；羊毛線專門委託給蘇烏如（Shu'uru）祭司處理。像穆斯須普（Mushshipu）和穆里魯（Mulillu）這樣的特殊祭司，負責進行儀式淨化服務，穆斯拉胡（Mushlahhu）則要處理蛇的出沒。烏曼努（Umannu）是工藝大師，在為藝術宗教品塑形的工廠裡工作；札布（Zabbu）是一群準備餐食的女祭司和廚師。其他女祭司在葬禮上擔任專業的哭泣者；巴卡特（Bakate）知道如何流下傷心的眼淚。然後，宣古（Shangu，單純指祭司）看管整個神廟的運行、典禮的流暢執行、接收和處理祭品，或者負責眾神的衣物等等。

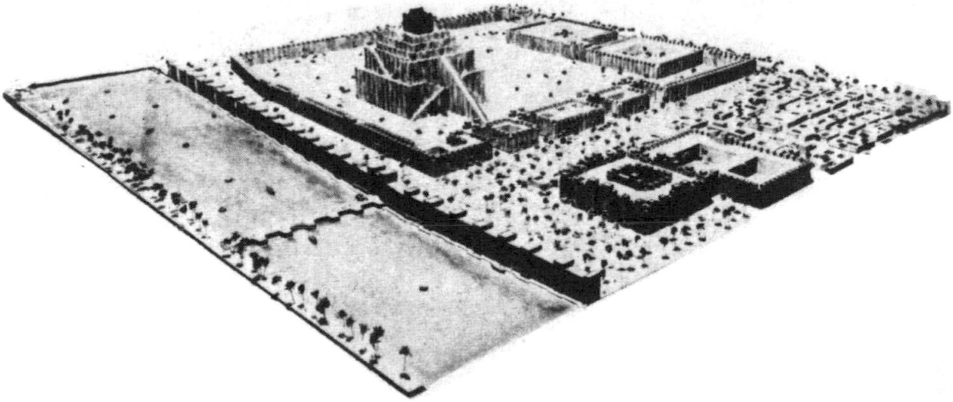

圖52：巴比倫的神聖區域構想圖

對於常住眾神提供個人「管家服務」的供應，是由一個規模較小的、特別挑選出來的精英祭司團管控的。拉馬曲（Ramaqu）負責聖水洗禮儀式（以沐浴神為榮），尼沙庫（Nisaku）負責倒掉用過的水。為神塗上「聖油」（特殊芳香油的微妙混合物）也交由專門的人員，從混合油膏的阿巴若庫（Abaraku）開始，還有執行塗油儀式的帕須蘇（Pashishu，在女神的情況下，祭司全都是太監）。其他的祭司和女祭司，包括神聖合唱團的唱詩班：納如（Naru）是歌手，拉拉如（Lallaru）是歌手和音樂家，還有負責哀嘆的穆納布（Munabu）。每組都有一個若布（Rabu，負責管理的團主）。

在馬杜克的設想中，一旦他的埃薩吉廟塔朝天空升起，它的主要功能將是持續觀測天空；事實上，神廟祭司最重要的部分，就是負責觀測天空、追蹤恆星和行星的運動，記錄特別的現象（例如行星合相或日食），思考天空是否顯示了什麼預兆，如果有，則要解釋它們預示了什麼。

天文祭司一般被稱為馬斯馬蘇（Mashmashu），包括不同的類別；例如，卡魯（Kalu）祭司專門負責觀測金牛宮。拉加如（Lagaru）的職責是記錄每天的天體觀測結果，然後把資訊轉達給解譯祭司的主管。這些祭司組成了最高級的祭司，包括了預兆專家阿須普（Ashippu），「能讀懂徵象」的馬胡（Mahhu），以及能「理解神祕及神聖的徵象」的「說真話者」巴如（Baru）。札奇曲（Zaqiqu）這位特別的祭司，負責轉達這些神聖話語給國王。這些天文－占星祭司的領袖是烏里加魯（Urigallu），是最大的祭司，也是聖潔之人、魔法師和醫師，他的白色制服在下擺裝飾了許多顏色。

人們發現了大約由七十塊泥版組成的一系列觀測結果及其意涵，並以它們的開頭字「伊奴瑪．阿努．恩利爾」（Enuma Anu Enlil）來命名。這一系列泥版揭露了蘇美天文學的轉變，以及那些指出了徵象所代表的涵義之神諭規則的存在。當時，一群占卜者、夢解析者、算命者等都加入了這個階層，但他們是為國王服務而不是為神服務的。那時的天體觀測已經被降級為替國王和國家占卜預兆，預測戰爭、安寧、顛覆、長壽或死亡、富饒或瘟疫、神聖的祝福或神的憤怒。但最初，對天體的觀測是純粹的天文學，或者是出於對神馬杜克的最初興趣，而且只會衍生到國王和人民。

卡魯祭司專門負責觀察恩利爾的金牛宮是否有何不良的徵象，這並非偶然的，因為埃薩吉天文臺的主要的目的，就是追蹤天上的黃道帶，密切關注天體時間。核爆炸之前發生的重大事件，每隔七十二年發生一次，而且之後一直如此（詳見前面的章節），這個事實代表了黃道時鐘（每七十二年一度的歲差轉移）一直存在，因此要持續觀測下去。

從巴比倫的天文和占星文獻來看，很明顯的是，它的天文祭司保留著蘇美人用三條路徑來劃分天域的習慣，每條路徑都占天弧的六十度：北部天空是恩利爾之路，南部天空是艾之路，中間地帶是阿努之路（見圖53）。黃道星宮被定位在中間地帶，也是「地球連上了天國」的地方——地平線。

或許因為馬杜克達到至高無上地位的時間，與天體時間（黃道時鐘）相符，所以他的天文祭司才不斷仔細掃視地平線附近的天空，即蘇美的AN.UR，意思是「天堂之底部」。不過，仰望蘇美的AN.PA，意思是「天堂之頂部」是沒有意義的，因為在這個頂點上，被當作馬杜克的「星星」尼比魯，那時已經消失，看不見了。

它是一顆運行中的行星，儘管現在看不到，但它

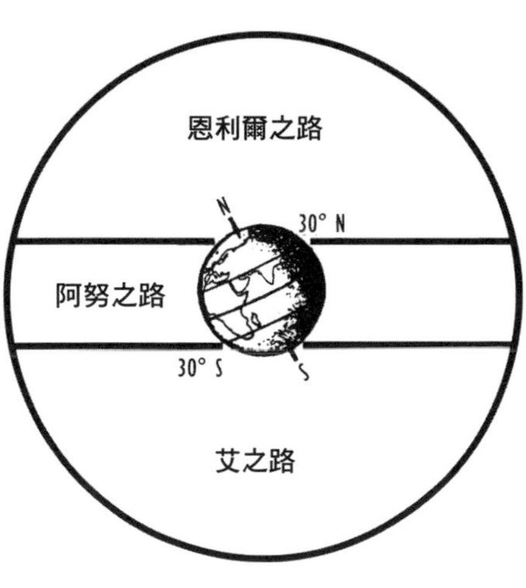

圖53：天域的劃分

正要回來。由於尼比魯等於馬杜克的觀念，馬杜克星宗教的埃及版公開承諾，當這個神星或星神像阿托恩（ATEN）一樣歸來時，一個新時代將會到來。

正是馬杜克星宗教的這個面向：最終的回歸，直接挑戰了巴比倫的恩利爾一族對手，並把衝突的焦點轉移到新的彌賽亞的盼望上。

各國之間的宗教戰爭

在舊大陸的舞臺上，蘇美之後的角色中，有四個最終發展為帝國勢力，在歷史上留下了最深刻的烙印：埃及、巴比倫、亞述和哈提（Hatti，西臺之地）；它們都有各自的「民族神」（國神）。埃及和巴比倫屬於恩基—馬杜克—那布陣營，亞述和哈提屬於恩利爾—尼努爾塔—阿達德陣營。他們的民族神分別叫做拉—阿蒙、貝爾／馬杜克（Bel/Marduk）、阿舒爾（Ashur）和特舒蔔（Teshub），並以這些神的名義進行了持續不斷的殘酷戰爭。歷史學家也許會解釋說，這些戰爭是由於一些常見的原因所導致的，比如資源、領土、需求或貪婪；但是，描述這些戰爭和軍事遠征的皇家年鑑，卻把它們描述為宗教戰爭，在其中，己方的神被美化，而對方的神被醜化。然而，這種對於「回歸」的海市蜃樓般的期盼，把這些戰爭變為以特定地點為目標的領土戰役。

根據所有地區的皇室年鑑所述，這些戰爭是由國王的「在我的神的命令下」等理由下發動的；這些戰役都是「根據」這位或那位神的「神諭」而進行的；通常，勝利是在由神所提供的不可抗拒的武器或其他直接幫助下而獲得的。一位埃及國王在戰爭紀錄中寫道，正是「愛我的拉，喜愛我的阿蒙」，指引著他「針對拉所憎恨的敵人」行軍。一位亞述國王在記錄敵人國王的失敗時，也自誇道，他在那座城市的神廟裡，把城市之神的肖像換成了「我的眾神的肖像，並且宣布他們是該國的眾神」。

關於這些戰爭及目標的刻意選擇上的宗教面向，最清楚的例子可以在希伯來《聖經》的《列王記下》第十八章到十九章中找到，其中描述了耶路撒冷被亞述國王西拿基立（Sennacherib）圍攻的事件。在包圍了那座城市並且切斷了它與外界的聯繫之後，亞述指揮官實施了心理戰，目的就是為了讓城裡的抵抗者投降。他用希伯來語說話，好讓城上的所有人都聽得懂，並且對著他們把亞述國王的話喊出來：不要被你們的領導者所謂的「你們的神耶和華會保護你們」的話語欺騙了；「列國的神，有那一個救他本國脫離亞述王的手呢？哈馬亞珥拔的神在哪裡呢？西法瓦音希拿以瓦的神在哪裡呢？他們曾救撒瑪利亞脫離我的手麼？這些國的神有誰曾救自己的國脫離我的手呢？難道耶和華能救耶路撒冷脫離我的手麼？」（18：33－35）（耶和華神在歷史上確實有相關記載。）

核災難後的太空站相關地點

這些宗教戰爭是關於什麼的？如果你沒有意識到衝突的核心是蘇美人所稱的杜爾安基（DUR.AN.KI，意思是天地紐帶），那麼這些戰爭，以及人們以其名義而戰的民族之神，就沒有任何意義了。

古代文獻中反覆提到了「當地球與天國分離時」（也就是連接天地的太空站被摧毀時）的災難。這些核災難造成的後果中，有一個無法迴避的問題便是：**誰（哪位神和他的國家）可以聲稱現在擁有地球與天國之間的連結？**

對眾神來說，西奈半島太空站的損壞，只是一個需要更新的設備上損失了一塊材料。但是，誰可以想像得出這件事對於人類的精神和宗教方面的影響是什麼呢？突然間，被崇敬的天地眾神，被與天國隔絕了……

在西奈的太空站被摧毀之後，舊大陸上還剩下三個太空站相關地點：雪松山的登陸點、取代尼普爾的大洪水之後的任務指揮中心、錨定登陸走廊的埃及大金字塔。隨著太空站遭到破壞，其他地點是否仍擁有可用的天體功能，因此具有一種宗教意義呢？

在某種程度上，我們也許是知道答案的，因為這三個地點仍然矗立在地球上，以它們的神祕性挑戰著人類，以及朝上面對著天國的眾神。

這三者之中，我們最熟悉的便是金字塔及其在吉薩（見圖54）的同伴；它的尺寸、幾何精確度、內部複雜性、天體對準線，以及其他令人驚奇的面向，長期以來讓人對於它的建造者被認定為法老基奧普斯（Cheops）一事，感到懷疑。人們由於在這座金字塔中發現了基奧普斯之名的象形文字，而有了這樣的認定。但我在《通往天國的階梯》（*The Stairway to Heaven*）一書中，提供了證據來證明那些標記是現代的偽造物，並且在那本書以及其他著作中，以大量的文字和圖像證據來解釋阿努納奇如何及為什麼要設計並建造這些金字塔。大金字塔及其同伴在眾神戰爭期間被除去輻射導引設備後，繼續擔任登陸走廊的實體信標。隨著太空站的消失，它們只是對消失的過去保持沉默的目擊者；沒有跡象顯示它們曾經被當成神聖的宗教物體。

雪松森林的登陸點有一個不同的紀錄。吉爾伽美什在核災難之前一千年左右去過那裡，目睹了一艘火箭飛船從那裡起飛；地中海沿岸比布魯斯（Byblos）城市附近的腓尼基人，在硬幣上（見144頁圖55）描繪了一艘火箭飛船被安設在同一個地點的圍場內的特殊基座上，而這差不多是核事件之後一千年的事了。所以，不管有沒有太空站，**登陸點都持續在運作**。

黎巴嫩的巴勒貝克（Ba'albek，意思是巴爾〔Ba'al〕的裂谷），由古代的廣闊（約五百萬平

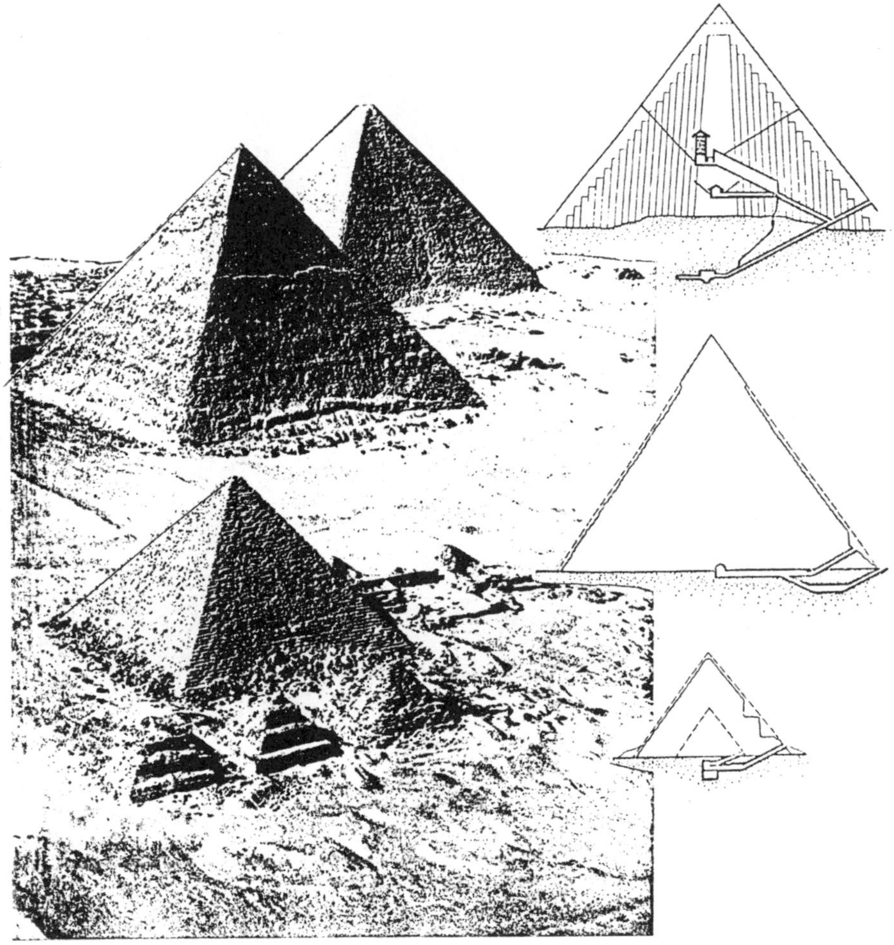

圖54：吉薩金字塔

方英尺）鋪石平臺組成，其中的西北角有著朝向天空的巨大石頭結構外形。它們是由每塊重達六百到九百噸且經過完美造形的巨大石塊所建造而成，其西牆特別使用地球上最重的石塊來強化，包括了三塊各重達一千一百噸的石塊（見圖56）。有關那些巨大石塊的一個驚人事實，就是它們是從大約兩英里以外的山谷中被開採出來的。在那裡，還有一塊尚未完成開採的石塊露出地面（見圖57）。

希臘人自從亞歷山大時代之後，就把這個地方當作赫利奧波利斯（Heliopolis，太陽神之城）來崇拜；羅馬人也在那裡為宙斯建造了大神廟。拜占庭帝國則把它變成了一座大教堂；他們之後的穆斯林又在那裡建造了一座清真寺；現在馬龍派（Maronite）基督徒把這個地方當作巨人時代的遺物來敬仰。（關於我造訪此處及其遺蹟的經歷，以及它如何被當作發射塔來使用，均在《地球編年史探險》中有所描述）。

至今為止最莊嚴神聖的，是一個用來當作任務指揮中心的地方：烏爾薩利姆（Ur-Shalem，意思是綜合神之城），也就是耶路撒冷。那裡也像巴勒貝克一樣，只是規模縮小了，一個大石頭平臺躺在由岩石和切石組成的地基上，包括了一座有三塊各重達約六百噸的大石塊所組成的巨大西牆（見146頁圖58）。先前存在於這塊平臺上的，是由所羅門王為耶和華建造的聖殿，其中的至聖約櫃就放在地下房間的一塊聖石上。曾經在巴勒貝克為朱比特（Jupiter）建造了有史以來最大的神廟的羅馬人，也打算在耶路撒冷建造一座獻給朱比特的神廟，以取代給耶和華的聖殿。如

圖55：腓尼基人硬幣上的圖案

今，聖殿山被穆斯林建造的岩石圓頂（Dome of the Rock，見下頁圖59）所占據；它的鍍金圓屋頂最初位於巴勒貝克的穆斯林聖地，這證明了這兩個太空站相關地點之間的關聯，很少被錯過。

在核災難之後的艱難年代裡，馬杜克的巴伊利（Bab-Ili），他的「眾神的門戶」，能否取代舊的天地紐帶地點呢？馬杜克的新星宗教能否為困惑的群眾提供答案呢？

對於這個答案的古老搜尋，似乎已經延續到我們的時代。

圖56：巴勒貝克西牆的巨大石塊

圖57：尚未完成開採的石塊

圖58：耶路撒冷的巨大西牆

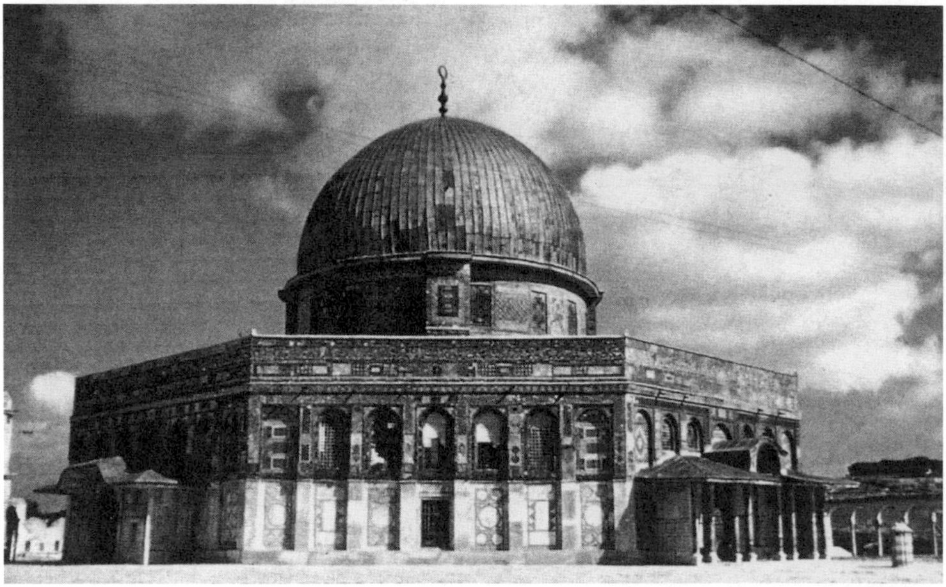
圖59：岩石圓頂

亞述王朝與巴比倫的衝突

巴比倫最難纏的對手是亞述人。他們的範圍在底格里斯河上游，在蘇美時代被叫做沙巴圖（Subartu），就在蘇美和阿卡德最北端的延伸處。在語言和種族的起源上，他們似乎與阿卡德的薩貢（Sargon of Akkad）有血緣關係，因此當亞述變成王國並擁有帝國權勢時，它的一些最著名的國王也會把薩魯－金（Sharru-kin，即薩貢）當作他們的皇家名字。

在過去兩個世紀的考古學發現中收集到的資料，確認了《創世記》第十章的一些陳述，其中列出了蘇美後代中的那些亞述人、亞述的首都尼尼微（Nineveh），以及從示拿（Shine'ar，也就是蘇美）「冒出來」的（也可以說是成長和壯大起來的）其他主要城市。亞述的神系就是蘇美神系，他們的神是蘇美和阿卡德的阿努納奇；亞述國王和高官中含神名的名字，代表了他們對阿舒爾、恩利爾、尼努爾塔、辛、阿達德和沙馬氏等眾神的敬仰。那裡也有獻給這些神以及女神伊南娜（伊師塔）的神廟。伊南娜在那裡受到廣泛的崇拜，關於她的最知名描繪之一，是在阿舒爾城的神廟中被發現的，她看起來就像一個帶著頭盔的飛行員（見圖60）。

圖60：伊南娜像一個帶著頭盔的飛行員

那個時期的歷史檔案指出，從北方而來的亞述人是首先前來挑戰馬杜克的巴比倫軍隊的民族。第一個被記載下來的亞述國王伊魯舒馬（Ilushuma），大約在西元前一九〇〇年，帶領了一次成功的軍事遠征，沿著底格里斯河南下，一路到埃蘭的邊境。後來，他的銘文上寫著：他的目標是「讓烏爾和尼普爾獲得自由」；也確實將這些城市從馬杜克手中奪走了一段時間。

那次遠征只是亞述和巴比倫之間的首次衝突，而這樣的衝突持續了一千多年，直到雙方都滅亡為止。在這些衝突中，亞述王經常是侵略者。由於亞述和巴比倫相互毗鄰，講相同的阿卡德語，也都繼承了蘇美人的基礎，因此雙方只能透過一個最關鍵的不同點來區分彼此，也就是：他們的民族神。

亞述自稱為「阿舒爾神之地」或是簡稱為「阿舒爾」（ASHUR），以自己的民族神來命名，因為它的國王及人民都認為這個宗教面向非常重要。它的第一個首都叫做「阿舒爾之城」，或是簡稱為「阿舒爾」（Ashur）。這個名字的意思是「看見者」或「被看見者」。雖然有數不清的讚美詩、祈禱文和其他文章提到阿舒爾神，但在蘇美－阿卡德的神系中，他到底是哪一位神，我們仍然不清楚。在眾神列表中，他和恩利爾具有同等的地位；在其他提及之處，有時候認為他是尼努爾塔（恩利爾的兒子及繼承人）；但是，每當他的配偶被列出或提及時，總是被稱作寧利爾，因此，結論往往是亞述人的「阿舒爾」就是恩利爾。

亞述的歷史紀錄中，提到了對許多其他國家及其眾神的征服和侵略。他們無數的軍事行動範圍廣泛，而且當然是「以神（他們的神，阿舒爾）之名義」展開的，「在偉大的主，我的神阿舒爾的命令下」是亞述國王的軍事戰役紀錄中常見的開場白。但是，當亞述與巴比倫作戰時，他們的攻擊中令人驚訝的部分是其中心目標：**不只是要降低巴比倫的影響力，還要將馬杜克本人實際從巴比倫的神廟中移走！**

但是，奪取巴比倫並讓馬杜克淪為俘虜的壯舉，不是由亞述人實現的，而是由他們的北方鄰居西臺人。

西臺帝國攻入巴比倫

大約在西元前一九〇〇年，西臺人開始從位於安納托利亞（現今的土耳其）北中部的要塞向外擴張，變成一個強大的軍事力量，然後加入了恩利爾一族的民族國家之列，反對著馬杜克的巴比倫。在一段相當短的時間內，他們獲得了帝國的地位，領土向南延伸，包括了《聖經》中迦南的大部分領土。

關於西臺人及其城市、紀錄、語言和歷史的考古學發現，是一個令人震驚且興奮的故事，它生動地呈現並證實了迄今為止只能從希伯來《聖經》得知的人和地方的存在。《聖經》多次提到西臺人（**編注：《和合本》譯為「赫人」**），卻沒有對這些異教神的崇拜者持有輕蔑和鄙夷的態度。它在希伯來族長的故事和歷史所展開的土地上，都提到了西臺人的存在。他們在哈蘭是亞伯拉罕的鄰居，此外，在耶路撒冷南部的希伯崙（Hebron），亞伯拉罕也從西臺地主的手裡買到了麥比拉洞來做為墳地。大衛王在耶路撒冷夢寐以求的拔示巴（Bathsheba），是其軍隊中的西臺軍官的妻子；大衛王也為了建造聖殿，從西臺農民手裡買下摩利亞山（Mount Moriah）的平臺；這裡以前是西臺農民用來曬小麥的地方。所羅門王也從西臺王子手裡買來了戰馬車，並娶了他們的一個女兒為妻。

《聖經》認為，西臺族在族譜和歷史上屬於西亞人種；現代學者則相信他們是從別處來到小亞細亞的移民，大概是從高加索山脈的另一邊來的。因為他們的語言在解譯後，被發現是屬於印歐語系的（既像希臘語，又像梵語），而被認為是非閃族的「印歐人」。然而，在他們定居下來後，就把蘇美人的楔形文字添加到他們獨有的文字中，在詞語上也吸納了蘇美人的「外來語」，同時也研究並複製了蘇美人的「神話」和史詩傳說，接受了蘇美的神系，包括十二位「奧林匹亞神」。

事實上，關於在尼比魯星上以及來自尼比魯的眾神的最早期故事，都只能在西臺譯本中發現。西臺眾神無疑就是蘇美眾神，而且他們的紀念碑和皇家印章上總是伴隨著無所不在的有翼圓盤符號（參見124頁圖46），這正是尼比魯的符號。在西臺文獻中，這些神有時是用他們的蘇美或阿卡德名字來稱呼，例如，阿努、恩利爾、恩基、尼努爾塔、伊南娜（伊師塔）和烏圖（沙馬氏）就多次被提到。在其他例子中，這些神又用西臺名字來稱呼；領導他們的是西臺的民族神特舒蔔，意思是「鼓風者」或「暴風雨之神」。他正是恩利爾最年輕的兒子伊希庫爾／阿達德（ISHKUR/Adad）。他通常被描繪為手持閃電當作武器，站在一頭公牛上，而公牛正是他父親的天體星宮的象徵（見圖61）。

《聖經》所提到的，關於西臺人的勢力範圍和軍事威力，已經被西臺遺址的考古學發現，以及其他民族的記載所證實了。具有意義的是，西臺人的南方領土囊括了登陸點（現今的巴勒貝克）和大洪水之後的任務指揮中心（耶路撒冷）這兩個太空站相關地點。這讓恩利爾族西臺人進入埃及的攻擊範圍內，而埃及是拉（馬杜克）之地。因此，這兩個地點都被捲入了武裝衝突之中。事實上，這兩個國家之間的戰爭，包括了古代世界一些最有名的「以神之名義」而進行的戰爭。

然而，西臺人並沒有攻擊埃及，反而進行了突如其來的舉動。西臺軍隊也許是第一個在軍事戰役中引進馬車的，他們在西元前一五九五年出乎意料地襲擊幼發拉底河地區，占領了巴比倫，

並且囚禁了馬杜克。

儘管人們希望能有更多來自那個時代和事件的詳盡記錄被發現，不過目前已知的紀錄指出，西臺進攻者並不打算接管及統治巴比倫：他們突破了這座城市的防禦並進入其神聖區域後不久就撤退了。他們把馬杜克帶走，並沒有傷害他，但顯然讓他留在名叫哈納（Hana）的城裡，並監視著他。哈納位於幼發拉底河沿岸的特卡（Terka）地區，目前尚未發掘。

馬杜克以如此羞辱的方式從巴比倫消失，持續了二十四年，就與五個世紀之前馬杜克被流放到哈蘭的時間完全相同。在經過數年的混亂之後，加喜特（Kassite）王朝的國王們掌控了巴比倫，修復了馬杜克的神殿，「牽著馬杜克的手」，把他接回巴比倫。儘管如此，歷史學家還是認為，西臺人攻入巴比倫的事件，代表了輝煌的巴比倫第一王朝及舊巴比倫時代的終結。

圖61：手持閃電，站在公牛上的特舒蔔

西臺人突然襲擊巴比倫，並且暫時帶走了馬杜克，仍然是一個尚未解決的歷史、政治和宗教謎題。這次襲擊的目的，只是為了讓馬杜克感到尷尬，並削弱他的權勢，貶低他的自我，使他的追隨者迷惑嗎？還是背後有著更深遠的目標或原因呢？

馬杜克成為受害者，是否可能映證了俗話：「拿石頭砸自己的腳，害人反害己」？

9．應許之地

在巴比倫捕捉馬杜克並將之帶走，是具有地緣政治迴響的，這使得接下來好幾個世紀的發展重心從美索不達米亞往西轉移到地中海沿岸。用宗教術語來說，這相當於一場構造地震：在這個重擊下，馬杜克心中讓所有神聚集在其庇護下的宏大期望，以及其追隨者的所有彌賽亞的盼望，都像一陣煙消失了。

但從地緣政治及宗教上來說，最大的影響可以總結為三座山的故事：把「應許之地」放在三個太空站相關地點：西奈山、摩利亞山、黎巴嫩山。

在巴比倫這場史無前例的事件之後，所有事件中最重要且持續最久的一件事，就是以色列人從埃及出走，這些原本只屬於神的地點，被委託給人們。

當捕捉馬杜克的西臺人從巴比倫撤退時，他們留下了混亂的政治和一個宗教謎團：這件事是怎樣發生的？為什麼會發生？當不幸降臨人們時，他們會說那是神在發怒；那麼，當不幸降臨到神——馬杜克身上時，又該怎麼說呢？難道這裡存在著一個比至尊神更至高無上的神嗎？

巴比倫與埃及的黑暗時代

對巴比倫自身來說，馬杜克的最終釋放和回歸並沒有提供一個答案；事實上，這增加了謎團，因為歡迎這位被捕捉的神回到巴比倫的「加喜特人」，是非巴比倫人的陌生者。他們稱呼巴比倫為「卡杜尼什」（Karduniash），而且自己擁有「巴那布利什」（Barnaburiash）和「卡拉因達什」（Karaindash）之類的名字，但關於他們本身或原始語言是什麼，所知甚少。時至今日，我們仍不清楚他們來自何處，以及為什麼他們的國王在西元前一六六〇年左右被允許去取代漢摩拉比王朝，並且在西元前一五六〇年到西元前一一六〇年之間統治著巴比倫。

現代學者將馬杜克蒙羞後的時代視為巴比倫歷史上的「黑暗年代」，不僅僅是因為由此造成的混亂，主要原因是那段時期有關巴比倫的書面紀錄相當匱乏。加喜特人很快就將他們自身融入了蘇美－阿卡德文化，包括語言和楔形文字，但他們既不是像蘇美人這樣一絲不苟的記錄保存者，也不是以前的巴比倫皇家史書作家之類的人。事實上，加喜特國王的少量皇家紀錄，絕大部分並不是在巴比倫，而是在埃及被發現的，就在阿瑪納（El-Amarna）皇家書信檔案的泥版上。值得注意的是，加喜特國王在這些泥版上稱埃及法老為「我的兄弟」。

埃及與巴比倫一起分享著對拉－馬杜克的崇敬，而且也像巴比倫一樣，經歷了一個「黑暗年代」（**學者稱之為第二中間期**），這種表達具有比喻性，卻也有其道理。埃及的第二中間期大約開始於西元前一七八〇年中王國的滅亡，持續到西元前一五六〇年。就像在巴比倫一樣，它的特徵是由被稱為「哈克思」（Hyksos）的外國國王統治。同樣的，我們也不能確定他們是誰、從哪裡來，以及他們的王朝如何能夠統治埃及超過兩個世紀。

第二中間期的存在時間（以及它的許多難解面向），相當於巴比倫從漢摩拉比勝利的頂峰（西元前一七六〇年），到馬杜克被捕捉以及恢復對他的崇拜（大約西元前一五六〇年），這可能並非偶然或巧合：在馬杜克主宰的土地上，會在同一段時期發生類似的事情，是因為馬杜克搬起石頭砸自己的腳，真正的原因是他對至高無上的熱衷造成了他的毀滅。

埃及神廟朝向的變化

這塊「石頭」就是馬杜克自己起初所持有的觀點：他在地球上的至高無上時代已經來臨，因為在天空中，白羊宮時代（他的時代）已經來臨。但是，隨著黃道時鐘滴答地持續運轉，白羊宮時代開始緩慢而悄然地流逝。來自那些令人困惑的時期的物質證據仍然存在，並且能在底比斯（上埃及的古埃及首都）看到。

除了吉薩的大金字塔外，古埃及最令人印象深刻且宏偉的古蹟，就是在南埃及（上埃及）的卡納克及盧克索（Luxor）的巨大神廟。希臘人將此地稱為Thebai（忒拜），它的英文名字Thebes（底比斯）就是源於這個詞；古埃及人稱它為「阿蒙之城」，因為那些神廟是獻給這位不可見的神的。在神廟的牆壁、方尖碑、塔門及圓柱上（見下頁圖62）的象形文字和圖畫描繪，頌揚著這位神，並且讚美了那些建造、擴大及延伸這座神廟且使神廟持續改變的法老們。兩排互相對望的公羊頭雕像（參見113頁圖39）宣告了白羊宮時代的到來，而這些神廟特殊的格局揭示了拉－阿蒙（馬杜克）的埃及追隨者祕密的困境。

有一次，我跟隨一群愛好者參觀這些地方，我站在神廟的中央，像個交通警察一樣揮手，讓旁觀者驚訝地問：「這個瘋子是誰？」我試著向同行者指出，事實上，底比斯的神廟是由許多代法老建造而成，並且一直改變它們的朝向（見圖63）。一八九〇年代，諾曼．洛克耶（Norman Lockyer）爵士第一次掌握了這個建築面向的重要意義，由此產生了「考古天文學」（archaeoastronomy）這門學科。

那些朝平分日點的神廟，例如耶路撒冷的所羅門聖殿（見圖64，以及羅馬梵蒂岡的老聖彼得大教堂），永遠面向東方，年復一年地，不必改變朝向就能在平分日那天迎接日出。但是，朝向至日點的神廟，例如底比斯的埃及神廟，或北京的中國天壇，就需要週期性地重新定位，因為歲差現象的關係，至日點的日出位置會在幾個世紀的時間跨度內，有非常輕微的偏移——正如史前巨石陣所展現的那樣，洛克耶就是在這裡應用了他的發現（參見28頁圖6）。拉（馬杜克）的追隨者豎立來榮耀他的神廟，

圖62：底比斯神廟的圓柱

顯現出天國並不確定這位神及其年代的持久性。

在上一個千年裡，當馬杜克宣稱自己的時代已經到來時，非常清楚地知道黃道時間，因此他試圖透過宣揚「馬杜克即是尼比魯」的星宗教，來轉移宗教的焦點。但是，這位不可見的天神被捕捉並蒙羞，令人產生了疑問。關於「馬杜克的時代會持續到什麼時候？」的問題，被轉變為「如果天神馬杜克是不可見的尼比魯，那麼它什麼時候會揭露自身，重現並『回歸』」？

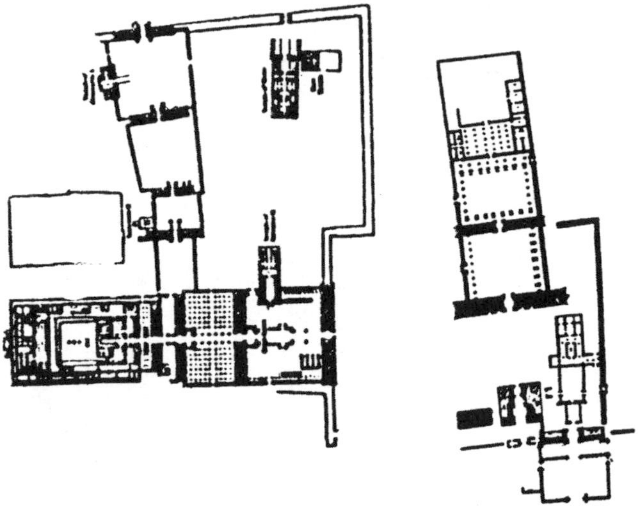

圖63：底比斯神廟的朝向

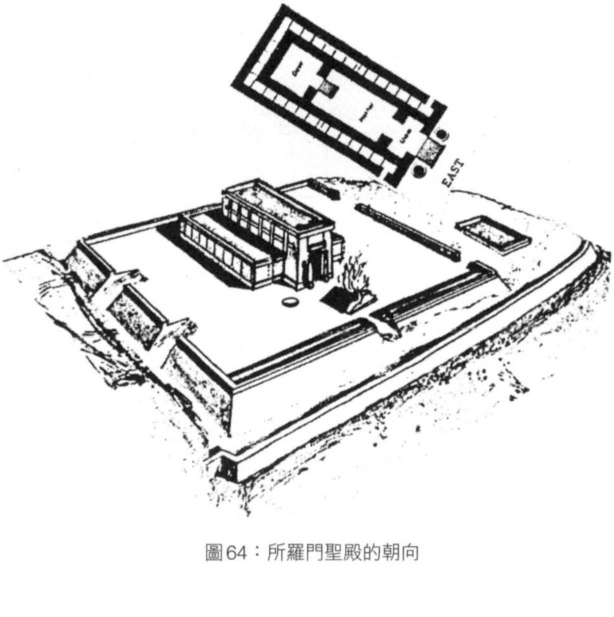

圖64：所羅門聖殿的朝向

正如發生的事件所顯示的，在西元前的第二個千年中期，宗教及地緣政治的焦點轉移到《聖經》所稱的「迦南」之地。「尼比魯的回歸」開始浮現為宗教焦點，「太空站相關地點」也受到強烈的關注，在地理上，「迦南」既是登陸點，也是以前的任務指揮中心所在地。

歷史學家用民族國家的興衰以及帝國之間的衝突，來講述後續的事件。大約在西元前一四六〇年，被遺忘的埃蘭王國及安善王國（Anshan，即後來眾所周知的波斯，位於巴比倫王國的東方及東南方），聯合形成一個新興的強國，以蘇薩（Susa，《聖經》裡稱之為書珊〔Shushan〕）為國家首都，並以民族神尼努爾塔為沙伊南尼（Shar Ilani，意思是眾神之主）。這個強勢的新民族國家，在結束巴比倫及馬杜克霸權的過程中，扮演了決定性的角色。

或許並非巧合的是，同一段時期，馬里曾經統治過的幼發拉底河一帶，有一個新興強國崛起。《聖經》裡所稱的何利人（Horites，學者稱之為胡里人〔Hurrians〕），形成了一個強國名叫米塔尼（Mitanni），意思是「阿努的武器」，該國占據了現今敘利亞及黎巴嫩的土地，並在地緣政治及宗教上都對埃及造成了挑戰。米塔尼的挑戰受到了非常野蠻的反擊，那是由歷史學家口中的「埃及的拿破崙」——法老托米斯三世（Tothmosis III，又譯圖特摩斯三世、湯瑪斯三世）所發起的。

那個時期的開創性事件：**以色列人從埃及出走**，與一切息息相關，因為它在人類的宗教、社會及道德法則，以及耶路撒冷的中心性上，影響力持續至今。這件事的發生並非偶然，因為所有事件的發展皆關係到「**當尼比魯回歸時，誰將控制這些太空站相關地點**」。

以色列子民被留在埃及的原因

如前幾章所述，亞伯拉罕不僅碰巧成為希伯來的族長，而且還是重大國際事務的重要參與者，他的故事曾觸及的地點，包括烏爾、哈蘭、埃及、迦南、耶路撒冷、西奈、索多瑪和蛾摩拉，都是早期眾神與人們的世界故事所在的主要地點。在逾越節中被以色列人回憶並慶祝的出埃及時間，同樣是發生在整個古代大地上的事件之組成部分。《聖經》中並非只把出埃及當作「以色列人」的故事，而是明顯地將其置於埃及歷史和當時的國際事件中。

希伯來《聖經》在第二本書《出埃及記》中，提醒讀者，在西元前一八三三年，雅各（被一位神的使者改名為「以色列」）及其十一個兒子，投靠他在埃及的兒子約瑟（Joseph），以色列人就開始出現在埃及了。至於約瑟如何與他的家庭分開、如何從一名奴隸躋身為總督，以及他如何將埃及從毀滅性的饑荒中拯救出來等的完整故事，在《創世記》的最後一章有記載。我對於約瑟如何拯救埃及的見解，以及現今還存在的證據，在《地球編年史探險》中也有講述。

《聖經》在說明以色列人如何及何時開始出現在埃及之後，清楚地說明，出埃及時期之前的所有一切，已經過去並且被遺忘了：「約瑟和他的弟兄，並那一代的人都死了。」（《出埃及記》1：6）。不僅僅是他們，甚至與那些時代相關的埃及國王的王朝也同樣消失了。一個新王朝掌握了權力：「有不認識約瑟的新王起來、治理埃及。」（1：8）

準確地說，《聖經》描述了埃及政權的更替。位於孟斐斯的中王國消失了，在經歷了第二中間期的混亂時期後，底比斯的貴族建立了新王朝。事實上，埃及出現了全新的國王——在新首都的新王朝，「並且他們不認識約瑟」。

一位新法老忘記了以色列人對於埃及的倖存所做出的貢獻，現在他看到的是以色列人存在的危險。他下令對他們採取一系列的壓迫措施，包括殺害所有的男嬰。以下是他的理由：

> 對他的百姓說，看哪，這以色列民比我們還多，又比我們強盛。來罷，我們不如用巧計待他們，恐怕他們多起來，日後若遇甚麼爭戰的事，就連合我們的仇敵攻擊我們，離開這地去了。（1：9—10）

聖經學者一直認定，「以色列子民」令人恐懼的原因，是以色列人旅居在埃及一事。但這既不符合《聖經》提供的數字，也不符合其中的字面意思。《出埃及記》以雅各及其兒女的名字列表開始，他們去埃及投靠約瑟，並表明「凡從雅各而生的，共有七十人。約瑟已經在埃及。」（1：5）如果加上雅各和約瑟夫，總數為七十二，這是一個有趣且值得深思的細節。這個「旅居」持續四個世紀之久，而且根據《聖經》所言，離開埃及的以色列人，總數為六十萬；沒有法老會認為，如此一群人「比我們強盛」。（這位法老與把摩西當兒子撫養大的「法老的女兒」的身分，詳見《神聖相遇》〔*Divine Encounters*〕。）

這個敘述性的措辭，記錄了法老所恐懼的是，以色列人在戰爭時期將「加入我們的敵人，與我們作戰，並離開這片土地」。這份恐懼不是針對埃及內部的「內奸」，而是「以色列子民」離開，並增援他們的敵國。在埃及人眼裡，所有的恐懼來自「以色列子民」。但是埃及國王談論的是哪個「以色列子民」的民族及戰爭呢？

多虧了關於雙方對這些古代衝突的皇家紀錄之考古發現，以及其內容的同步性，我們現在知道，新王國的法老忙於對抗米坦尼的持續戰事。大約從西元前一五六〇年由法老阿赫莫西斯

（Ahmosis）展開，接著由阿蒙諾菲斯一世（Amenophis I）、托米斯一世、托米斯二世持續，然後在西元前一四六〇年，在托米斯三世的強化下，埃及軍隊衝進迦南，並向北挺進去對抗米坦尼。關於這些戰役的埃及編年史中，頻繁地提到了納哈林（Naharin）是終極目標。納哈林位在哈布爾河（即迦巴魯河）地區，《聖經》裡稱此地為「納哈林－納哈拉伊姆」（Aram-Naharayim，意思是兩河流域的西方之地），主要的城市中心是哈蘭！

《聖經》的讀者應該記得，哈蘭就是亞伯拉罕前往迦南時，其兄弟拿鶴所停留的地方。亞伯拉罕的兒子以撒（Isaac）的新娘利百加（Rebecca）就來自哈蘭，而她事實上是拿鶴的孫女。以撒的兒子雅各（又叫以色列）也到哈蘭找新娘，最終娶了他的表妹：他母親利百加的兄弟拉班（Laban）的兩個女兒（利亞〔Le'ah〕和拉結〔Rachel〕）。

待在埃及，以及停留在納哈林－納哈拉伊姆的「以色列子民」（即雅各的後代）之間的直接家庭連結，在《出埃及記》的第一篇中寫得很明顯。與雅各一起來到埃及的兒子名單中，包括最小的兒子便雅憫（Ben-Yamin／Benjamin），他是約瑟唯一的同父同母兄弟，兩人都是由拉結所生的（雅各的其他兒子是由利亞與兩名妾所生）。我們從米坦尼的碑刻中知道，哈布爾河流域中最重要的部落叫做「便雅憫」！約瑟的同父同母兄弟的名字，成了一個米坦尼部落的名稱。難怪，埃及人會將在埃及與在米坦尼的「以色列子民」，視為「比我們強盛」的聯合民族。

那就是埃及人所關注的戰爭，以及埃及軍隊擔心的原因。這不是小部分在埃及的以色列人是否停留，而是如果他們「離開這地」並且占領了埃及北部區域之後可能帶來的威脅。事實上，防止以色列人離開，已經成為《出埃及記》發展的戲劇中心主題，反覆出現了摩西對在位法老的懇求：「容我的百姓去。」而法老再三拒絕同意那個請求，儘管他連續十次受到神的懲罰。為什麼呢？**若要得到一個合理的答案，我們需要將「太空連接點」放入正在播放的戲劇中。**

埃及人在向北猛攻的過程中，經由海路穿過西奈半島前進。這條海路（後來被羅馬人稱為「經由馬里斯」〔Via Maris〕）是沿著地中海海岸穿過神的第四區域的通道，實際上並未真正進入西奈半島。然後，埃及人經過迦南往北前進，多次抵達黎巴嫩的雪松山，並在卡疊石（Kadesh，意思是「聖地」。編注：《和合本》譯為加低斯）發生戰鬥。我們認為，那些戰役是為了控制這兩個神聖的太空站相關地點：在迦南的往昔任務指揮中心（耶路撒冷），以及在黎巴嫩的登陸點。

例如，法老托米斯三世在戰爭年鑑中曾提到耶路撒冷（la-ur-sa），將其視為「到達地球外部盡頭的地方」，即「地球之臍」，而派兵守備。在描述他往更北方前進的情況時，他記錄了在卡疊石和納哈林的戰役，並且談到他攻下了雪松山，那裡是「支撐天國的柱子」的「神之地的山脈」。這些詞語明確地透過太空站相關屬性來標識這兩個地點，而他聲稱獲取它們是「為了大神，我的父親拉（阿蒙）」。

出埃及接管太空站相關地點

出埃及的目的是什麼？用《聖經》裡上帝自己的話說，是為了恪守他向亞伯拉罕、以撒和雅各許下的誓言，要授予他們的後代「永恆的遺產」（《出埃及記》6：4－8）：「從埃及河直到伯拉大河之地」（《創世記》15：18）；「迦南全地」（《創世記》17：8）；「西山……迦南人的地，並利巴嫩山」（《申命記》1：7，利巴嫩即黎巴嫩）；「從曠野和利巴嫩，並伯拉大河，直到西海」（《申命記》11：24）。甚至「高得頂天的城邑」，其中「那民是亞衲族（Anakim，阿努納奇）的人」仍居住下來（《申命記》9：1－2）。

上帝對亞伯拉罕的應許，在以色列人的第一站：哈哈．伊羅興（Har Ha-Elohim，意思是伊羅興／眾神之山）上，得到了重申。其任務是占領並擁有《聖經》中反覆將之連結在一起的另外兩個太空站相關地點（如《詩篇》48：3），一個是在耶路撒冷的錫安山（Mount Zion），《聖經》稱之為Har Kodshi，意思是「我的神聖之山」，另一個是在黎巴嫩的山頂上，《聖經》稱之為Har Zaphon，意思是「祕密的北山」。

應許之地顯然包含了那兩個太空站相關地點；在十二個支派的劃分中，將耶路撒冷地區劃給了便雅憫和猶大支派，而現今屬於黎巴嫩的領土，被劃分給亞設（Asher）支派。摩西死前，在對這些支派的遺言中，提醒亞設支派，北方的太空站相關地點就在他們的土地上。他說，不像其他的支派將看到**「乘在天空……駕行穹蒼」**（《申命記》33：26）。除了分配領土外，**摩西的話還暗示了這個地點的功能是在將來用於朝天空飛升。**

特別清楚強調的是，以色列子民將是阿努納奇兩個剩下的太空站相關地點的管理者。在有紀錄以來最大的神現身事件中，神與承擔這項任務的人們之間的盟約，在西奈山上被重申了。

當然，上帝會在那裡現身，並非偶然。出埃及故事的一開始，當上帝召喚摩西並給予他出埃及的任務時，位於西奈半島的那個地方就占據了中心舞臺。我們從《出埃及記》（3：1）中瞭解到這件事發生在「伊羅興之山」（神的山），也就是與阿努納奇有關的山。出埃及的路線（見下頁圖65）是由上帝決定的，以色列人的群眾被「白天的雲柱和夜晚的火柱」指示出這條路線。《聖經》清楚地宣稱，以色列子民「根據耶和華的指示在西乃（即西奈）的曠野旅行」；在旅行的第三個月，他們「來到西乃的曠野，就在那裡的山下安營」（19：2）。三天後，耶和華要透過他的卡博多（Kabod）「在眾百姓眼前降臨在西乃山上」（19：2）。

這座山就是吉爾伽美什曾經抵達並看見火箭飛船發射及降落的地方，他稱這裡為「馬舒山」

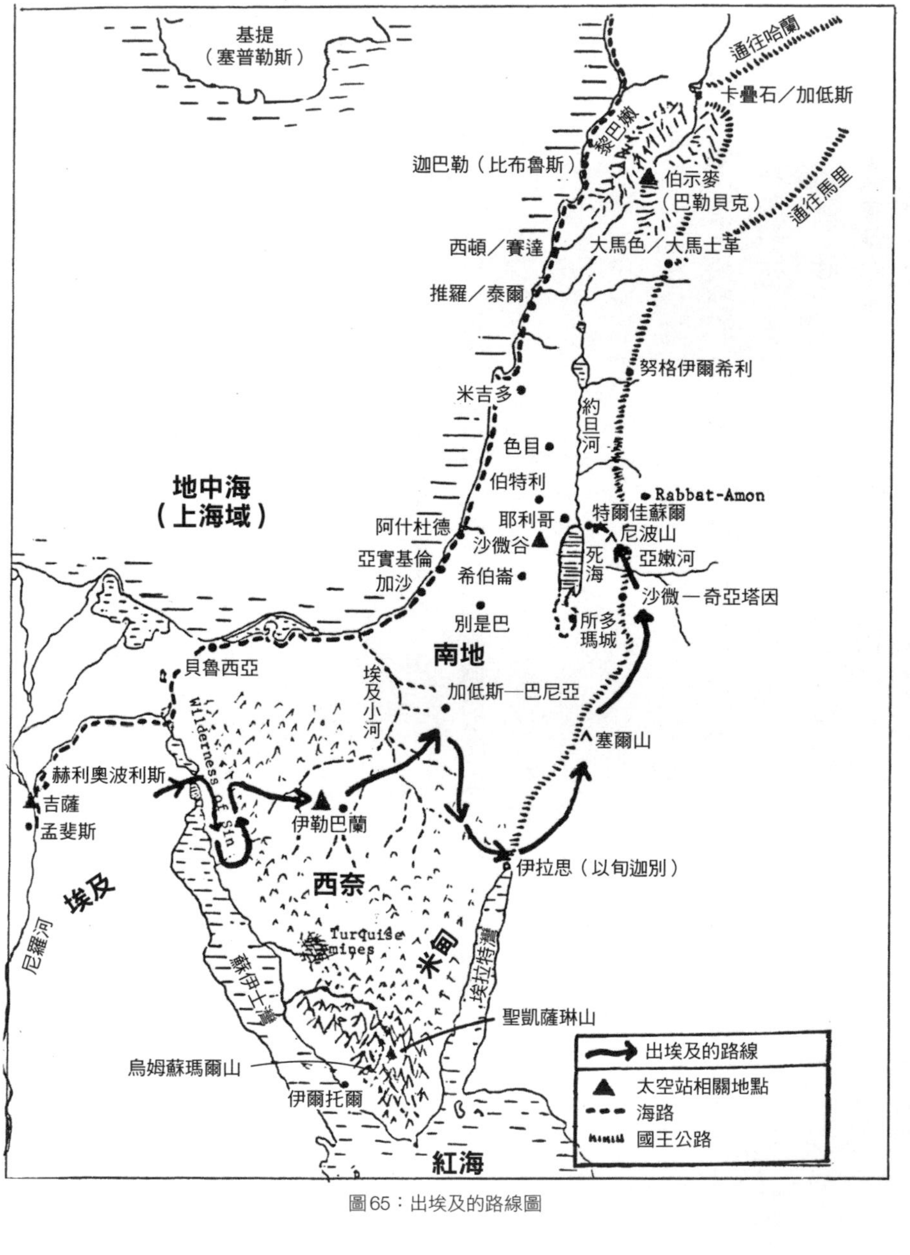
基提
（塞普勒斯）
通往哈蘭
卡疊石／加低斯
黎巴嫩
迦巴勒（比布魯斯）
伯示麥
（巴勒貝克）
通往馬里
西頓／賽達
大馬色／大馬士革
推羅／泰爾
努格伊爾希利
米吉多
約旦河
色目
伯特利
地中海
（上海域）
Rabbat-Amon
耶利哥
特爾佳蘇爾
阿什杜德
沙微谷
尼波山
亞實基倫
死海
亞嫩河
加沙
希伯崙
沙微一奇亞塔因
別是巴
所多瑪城
南地
貝魯西亞
埃及小河
加低斯—巴尼亞
Wilderness of Sin
塞爾山
赫利奧波利斯
吉薩
伊勒巴蘭
孟斐斯
伊拉思（以旬迦別）
埃及
西奈
尼羅河
Turquise mines
米甸
蘇伊士灣
埃拉特灣
聖凱薩琳山
烏姆蘇瑪爾山
伊爾托爾
紅海
出埃及的路線
太空站相關地點
海路
國王公路

圖65：出埃及的路線圖

（Mount *Mashu*）。這座山也擁有「通向天堂的雙扇門」，埃及法老透過它展開來生旅程，以加入「百萬年之星」的眾神行列。這座山橫跨以前的太空站，也是神與被選為剩下的兩個太空站相關地點管理者的人們，重申盟約的地方。

占領應許之地

在摩西死後，當以色列人正準備跨過約旦河時，神對新首領約書亞重申了應許之地的邊界。這個邊界圍繞著太空站相關地點，顯然包括了黎巴嫩。《聖經》裡的上帝對約書亞說：

> 現在你要起來，和眾百姓過這約但河（即約旦河），往我所要賜給以色列人的地去。凡你們腳掌所踏之地，我都照著我所應許摩西的話賜給你們了。從曠野，和這利巴嫩，直到伯拉大河，赫人的全地，又到大海日落之處，都要作你們的境界。（《約書亞》1：2—4）

在《聖經》所提及的這塊土地上，發生了如此多的政治、軍事及宗教衝突，而《聖經》本身就是過去和未來的鑰匙，其中必須指出的是，《聖經》裡的上帝對於這塊應許之地的警告。上帝再次向約書亞確認了這個邊界：從南方的曠野到北方的黎巴嫩地區，從東方的幼發拉底河到西方的地中海。上帝說，這些是應許之地的邊界。但是，這些地方要成為實際授予的土地，必須透過占領的方式獲得。類似於最近探險家的「插旗標記」，以色列人要占領並持有他們實際涉足的土地：「腳掌所踏之地」；因此，上帝命令以色列人不要等候及拖延，而是跨過約旦並且勇敢而有序地定居在這塊應許之地。

但是，在約書亞領導下的十二支派完成迦南的征服和定居之後，他們只占領了約旦東部的部分區域，並沒有占領並定居在約旦以西的所有土地。就這兩個太空站相關地點來說，它們的故事完全不同：耶路撒冷在《約書亞記》（12：10、12：28）中特別列出來，它被便雅憫的支派穩穩地掌握在手中。但是，他們的北進行動是否達到了黎巴嫩的著陸點，尚有疑問。在《聖經》之後的內容中，皆稱該地點為「扎豐之峰」（Crest of Zaphon，意思是祕密的北方之地），該地區的居民（迦南－腓尼基人）也這樣稱呼它。（迦南史詩相信它是神阿達德〔恩利爾的小兒子〕的神聖之地）。

在「耶利哥（Jericho）的對面」，以色列人在幾個奇蹟的幫助下，橫跨了約旦河。設防的耶利哥城（約旦西部）是以色列人的第一個目標。在《聖經》的敘述中，關於它的城牆倒塌，以及被攻占的故事，曾經提到蘇美（在《聖經》中稱示拿）：儘管有不准拿走戰利品的誡命，但其中一個以色列人抵擋不住誘惑而「保留示拿的珍貴服裝」。

在以色列人占領了耶利哥及其南方的艾城（Ai）之後，就打開了通往其最重要的目的地「耶路撒冷」的通道，任務指揮中心曾位於此處。亞伯拉罕及其後代的任務，以及上帝與他們訂立的盟約，從沒有忽視那個地點的中心性。正如上帝對摩西所言，**他在世的居所將是在耶路撒冷**；現在，這個諾言／預言能夠實現了。

要占領通往耶路撒冷的沿路上的城市，以及環繞著耶路撒冷的丘陵城鎮，是一項巨大的挑戰，首先是因為其中一些地方，尤其是希伯崙，居住著「亞衲族人」（阿努納奇的後代）。回想一下，當西奈的太空站在至少六個世紀以前被鏟平時，耶路撒冷也停止了用作任務指揮中心的功能。但是，根據《聖經》的記載，已定居於此的阿努納奇後代，仍然居住在迦南的那個地區。

耶路撒冷王亞多尼洗德（Adoni-Zedek）與其他四個城市王結盟，要阻止以色列人繼續前進。接著，發生在耶路撒冷正北方的阿亞隆谷（Ajalon，編注：《聖經》英文版為Aijalon，《和合本》譯為亞雅崙谷）的基遍（Gibe'on）戰役，正好是在很特別的一天——**地球靜止日**。在那一天，較好的方面是，「日頭停留、月亮止住」《約書亞記》（10：10－14），使以色列人能夠贏得那場關鍵的戰役。（當此處的夜晚持續了二十個小時，在地球另一邊的美洲同時發生了相反的情況；我們在《失落的國度》〔*The Lost Realms*〕中討論過這件事）。在《聖經》的觀點中，上帝自己確信，耶路撒冷將落入以色列人的手中。

在大衛的王權建立後不久，上帝就命令大衛去清理摩利亞山頂的平臺，讓它因耶和華的神殿而聖化。自從所羅門在那裡建造聖殿以來，耶路撒冷／摩利亞山／聖殿山就一直保持獨特的神聖性。事實上，沒有其他解釋能夠說明，為什麼耶路撒冷這個既不在主要交叉路口，也遠離水道，還缺乏自然資源的城市，能夠從古代就被渴望及神聖化，被認為是一個獨一無二的城市，一個「地球之臍」。

在《約書亞記》第十二章中列出的被占領的城市之完整清單中，耶路撒冷排在第三個，在耶利哥和艾城之後，成為以色列人牢牢掌握在手中的城市。但是，關於北方的太空站相關地點的故事，就不一樣了。

黎巴嫩的雪松山脈分為兩個部分，西部的黎巴嫩山脈和東部的安替黎巴嫩（anti-Lebanon）山脈。分開這兩座山脈的貝卡（Bekka，意思是裂縫）是一座狹谷，自迦南時期就被稱為「上帝的裂谷」或者「巴爾貝卡」（Ba'al-Bekka），因此，登陸點（在東部山脈的邊緣，面對著山谷）目前的名字是「巴勒貝克」（Ba'albek）。當《約書亞記》中列出的「北山」國王被擊敗後，以色列人奪取了「在黎巴嫩山谷中」一個叫「巴力迦得」（Ba'al Gad）的地方，但是，「在黎巴嫩山谷」的巴力迦得是否為巴爾貝卡的另一個名字，我們難以確定。《士師記》（1：33）告訴我們，拿弗他利支派並沒有剝奪伯示麥（Beth-Shemesh，意思是太陽神沙馬氏的住所）居民的繼承權，提供了關於那個地點一些參考資料，因為後來的希臘人稱此處為「赫利奧波利斯」（Heliopolis，意思是太陽城）。（儘管後來在大衛和所羅門的統治下，將領土擴展到包括伯示麥在內，但這只是暫時的。）。

最初在北部的太空站相關地點建立以色列霸權的失敗，使得該地點對其他人而言「可以獲得」。在出埃及事件之後的一個半世紀，埃及人試圖占領那塊「可以獲得」的登陸點，但是遭到了西臺軍隊的反抗。在卡納克神廟的牆壁上，有描述這場史詩般的戰爭的文字和插圖（圖66）。這就是著名的卡疊石之戰，以埃及的失敗告終。這場戰爭耗盡了兩國的精力，因此登陸點的統治權落到了當地的推羅（Tyre，又譯泰爾）、西頓（Sidon，又譯賽達）和比布魯斯（Byblos，《聖經》裡稱迦巴勒〔Gebal〕）的腓尼基國王手中。（先知以西結（Ezekiel）和阿摩司（Amos）將登陸點稱為「眾神之地」及「伊甸住所」

圖66：有關卡疊石之戰的記載

〔the Eden Abode〕，並認為它屬於腓尼基人。）

西元前第一個千年的腓尼基國王，十分清楚登陸點的重要性和意義，這一點從來自比布魯斯的腓尼基硬幣上的描繪可以獲得證實（參見144頁圖55）。先知以西結告誡推羅君王說：你不要以為你去過伊羅興（眾神）的聖地，就自以為變成了神：

> 我將你安置在神的聖山上。你在發光如火的寶石中間往來。（《以西結書》28：14）
>
> 因你心裡高傲，說，我是神，我在海中坐神之位。你雖然居心自比神，也不過是人，並不是神。（《以西結書》28：2）

此時，先知以西結被流放到哈布爾河畔哈蘭附近的「古老之國」，看到了神聖的異象和天空戰車「飛碟」，但這個故事必須放到後面的章節再講。這裡最重要的就是注意到**那兩個太空站相關地點，只有耶路撒冷被耶和華的追隨者占有**。

曆法與特定的數字單位

希伯來《聖經》的前五本書，被稱為「妥拉」（Torah，意思是律法、教義），在《創世記》裡涵蓋了從創世、亞當和挪亞，到族長及約瑟的故事。其他四本書——《出埃及記》、《利未記》、《民數記》和《申命記》，一方面講述了出埃及的故事，另一方面列舉了耶和華新宗教的規章制度。這個包含「祭司」似的生活方式的新宗教，明確地被闡明了：「你們從前住的埃及地，那裡人的行為，你們不可效法。我要領你們到的迦南地，那裡人的行為，也不可效法。也不可照他們的惡俗行。」（《利未記》18：3）

在建立起信仰基礎（「除了我之外，你們不可有其他的神」），以及用摩西十誡建立倫理道德準則後，接著就詳細講述飯食要求、祭司儀式和服裝的規則、醫學教導、農業指令、建築規章、家庭及性舉止規章、財產及刑法等等。事實上，它們展現了各個學科方面的非凡知識，對金屬和紡織品的專業知識，對法律系統及社會議題的熟知，對其他國家的土地、歷史、習俗和神祇的熟悉，以及特定的數字邏輯偏好。

以「十二」為主題，例如以色列的十二支派或一年十二個月，是十分明顯的。對「七」的偏好也是很明顯的，尤其在節慶及宗教儀式方面最顯著，同時確立了七天為一週，並將第七天當作安息日。「四十」是一個很特別的數字，因為摩西在西奈山上度過了四十個晝夜，還有以色列人在西奈曠野上流浪四十年的律令。從蘇美傳說中，我們熟悉了這些數字：太陽系的十二個天體和尼普爾的十二個月曆法；七是地球的行星數（阿努納奇從太陽系外側往中心計算的結果），恩利爾是地球的指揮者；四十是艾（恩基）的數字階級。

數字「五十」也出現了。五十具有很多「敏感」的面向，它是恩利爾的初始階級數字，也是他的繼承者尼努爾塔所擁有的階級；更重要的是，在出埃及的時代，它象徵著馬杜克及其五十個名字。另外還需要注意的是，「五十」被賦予了特別的重要性，用於創造一種新的時間單位：第五十年為禧年。

當尼普爾曆法被明確地採納為節慶和其他以色列宗教儀式的曆法時，對第五十年做了特別的規定。它被取了一個特別的名字——禧年（Jubilee Year）：「因為這是禧年，你們要當作聖年。」（《利未記》25：12）。在這一年裡，人們將獲得空前的自由。其計算方式是七年一次的安息年新年贖罪日過七次，總共四十九年；然後，在第五十年的贖罪日，公羊角的號聲將響遍大地，向這塊土地及其所有居民宣告自由：人們應該回到家中；財產應該回到它們的原始所有者那裡，所有土地和房屋的銷售均應可贖回並撤銷；奴隸（在所有時候都被當作雇用的幫工對待！）應該被釋放，並且透過在那一年休耕，讓土地本身得到自由。

就像「自由之年」的概念是如此的新奇與獨特，選擇「五十」做為曆法單位看起來也同樣古怪（我們採用了一百／一個世紀，做為便利的時間單位）。這個五十年一次的年份，名字也很有趣，被翻譯為Jubilee（禧年）的這個字，在希伯來《聖經》裡是Yovel，意思是「公羊」。你可以說被頒布的是「公羊之年」，每五十年重複一次，並透過吹響公羊角來宣布。選擇「五十」做為新時間單位，以及這個名字的選擇，帶來了一個不可避免的問題：這裡有關於馬杜克及其白羊宮時代的隱藏面向嗎？

是否以色列人被告知要持續計算「五十年」，直到某些重要的神聖事件發生，而這些事件可能與白羊宮時代，或與擁有五十階級的人有關？就在那時，萬物應該轉向一個新的開端？

當我們在那些《聖經》章節裡找不到明顯的答案時，不可避免地要在世界的另一邊，追蹤重要且十分類似的年份單位來尋找線索：不是五十，而是五十二。這是中美洲羽蛇神「魁札爾科亞特爾」的祕密數字。根據阿茲特克（Aztec）及馬雅（Mayan）神話，羽蛇神將文明授予中美洲人，包括他們的三種曆法。在《失落的國度》裡，我們已經辨認出羽蛇神就是埃及神圖特（Thoth）；圖特的祕密數字是五十二，這是一個基於曆法的數字，因為它代表了一個陽曆年中共有五十二個七天長的週數。

三種中美洲曆法中，最古老的是長紀曆（Long Count）。它從學者已確認的西元前三一一三年八月十三日為「第一天」，開始計算天數。除了這個連續的線性曆法外，還有兩種循環曆法。

一種是哈布曆（Haab），這是太陽曆，具有三百六十五天，分成每月二十天的十八個月，外加年末特殊的五天。另一種是卓爾金曆（Tzolkin），是一種只有二百六十天的神聖曆法，以二十天為單位循環十三次。這兩種循環曆法隨後融合在一起，像兩個嚙合的輪子（見圖67），創造了五十二年的神聖循環，當這兩種計數回到共同的起點時，又重新開始計數。

五十二年一「捆」是最重要的時間單位，因為它關係到羽蛇神的許諾。他在某個時刻離開中美洲，並將在神聖年歸來。因此，中美洲人習慣每五十二年聚集在山上，期待著曾許諾的羽蛇神的回歸。（西元一五一九年恰巧就是這個神聖年，而一位白色臉孔且留鬍鬚的西班牙人埃爾南．科爾特斯〔Hernando Cortes〕，在墨西哥的猶加敦〔Yucatan〕海岸登陸，阿茲特克國

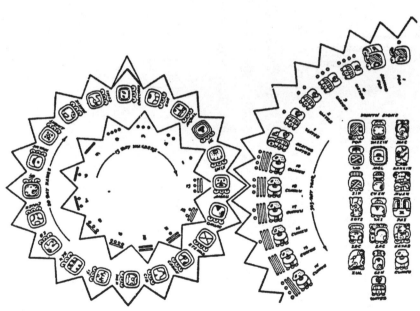

圖67：哈布曆和卓爾金曆組成的神聖循環

王蒙特蘇馬〔Montezuma〕把他當成回歸的神來歡迎；就如我們現在所知，這是一個代價高昂的誤解。）

在中美洲，「捆年」（bundle year）被用於對許諾的「回歸之年」的倒數計時，那麼問題是，「禧年」也是用於類似的目的嗎？

在探索答案時，我們發現，當線性的「五十年」時間單位，與黃道循環單位「七十二年」（偏移一度的時間）相乘時，我們得到「三千六百年」（50×72＝3,600），這是尼比魯（數學上）的軌道週期。

《聖經》中的上帝是否將禧年曆法和黃道曆法與尼比魯的軌道連結起來，並說著：「當你進入應許之地，就開始『回歸』的倒數計時」？

兩千年前的某個時候，在彌賽亞狂熱的時期，禧年被公認為鼓舞人心的神聖時間單位，可以用於預知未來，用於計算嚙合的時間之輪什麼時候將宣布「回歸」。這個認知對最重要的後聖經書之一——《禧年書》奠定了基礎。

儘管現在只有《禧年書》的希臘文版本及後來的譯本，但它原本是以希伯來文撰寫的，這一點可以從《死海古卷》（*Dead Sea Scrolls*）的碎片中得到證實。《禧年書》基於旁經論述和神聖傳統，以五十年為時間單位的曆法，重寫了《創世記》和部分的《出埃及記》。所有學者都同意，《禧年書》是在羅馬人占領耶路撒冷時期，希伯來人對彌賽亞的盼望的產物，其目的就是提供一種方法來預知彌賽亞何時回歸，日子的完結（the End of Days，完結日、末日）何時發生。

這正是我們承擔的任務。

10·地平線上的十字星

在以色列人出埃及之後大約六十年，非同尋常的宗教進展在埃及發生了。一些學者認為，這些進展是為了採用一神教而做的嘗試，也許是在西奈山啟示的影響下而發生的。學者知道的是，在法老阿蒙霍特普（Amenhotep，又拼寫為Amenophis）四世統治期間，他離開了底比斯及其神廟，放棄了對阿蒙的敬拜，宣稱阿托恩（ATEN）是唯一的造物主。

但我們將表明，這並不是對一神教的附和，而是預期中的回歸（十字行星再度進入視野中）的另一個前兆。

我們所討論的這位法老，採用了一個更知名的新名字：阿肯那頓（Akhen-Aten，意思是阿托恩的僕人／敬拜者）。他所建立的新首都與宗教中心，名叫阿赫塔頓（Akhet-Aten，意思是地平線上的阿托恩），它現今的名字「特勒阿瑪納」（Tell el-Amarna，又簡稱阿瑪納）比較為人所知（人們曾經在這裡發現了著名的古代皇家書信檔案）。

埃及的阿托恩信仰

阿肯那頓是古埃及著名的第十八王朝的子孫，統治時間從西元前一三七九年持續到西元前一三六二年，但他的宗教革命沒能持續下去。底比斯的阿蒙神祭司帶頭反對，大概是因為宗教革命剝奪了他們已有的權力與財富；當然，反對意見有可能確實出於宗教原因，因為阿肯那頓的繼任者（其中最知名的是圖坦卡門〔Tut-Ankh-Amen〕）在含神名的名字中，包含了「拉／阿蒙」。在阿肯那頓去世後沒多久，這個新首都及其神廟、宮殿，就被拆除並被有計畫地摧毀。不過，考古學家所發現的遺蹟，讓人對於阿肯那頓及其宗教有足夠的認識。

認為對阿托恩的崇拜是一神論形式（崇拜唯一的宇宙造物主）的觀點，主要根植於已發現的一些對阿托恩的讚美詩。它們包含像這樣的詩句：「噢，唯一的神，不像其他任何人……世界是靠你的手而形成的。」其中明顯偏離埃及習俗之處是，嚴格禁止以擬人化的形式代表這位神，聽起來很像耶和華在十誡中禁止的：不能製作任何「雕刻圖像」來敬拜。此外，這些獻給阿托恩的讚美詩，部分讀起來就像聖經《詩篇》的複製：

噢，不朽的阿托恩
你所造的何其多！
它們藏在人類的視線之外。
噢，唯一的神，在你旁邊沒有別的！
你按照自己的意願創造了地球，
當你獨處時。

著名的埃及學家詹姆斯·布雷斯特德（James H. Breasted，著有《善惡觀念的黎明》〔*The Dawn of Conscience*〕）把上述詩句與《詩篇》（104：24）做比較：

耶和華阿，你所造的何其多，都是你用智慧造成的。遍地滿了你的豐富。

然而，它們會有相似之處的原因，並不是因為埃及讚美詩和聖經的《詩篇》兩者相互抄襲，而是因為兩者都說到了蘇美人《創世史詩》中的同一位天體神：尼比魯（Nibiru），它為天國塑形、創造了地球，並將「生命的種子」賦予地球。

幾乎每本關於古埃及的書籍都會告訴你，阿肯那頓所崇拜的主要對象是「阿托恩」盤，它代表著仁慈的太陽。如果真是如此的話，以下的事實便顯得奇怪：埃及的神廟建築是以東南－西北為軸線，面對著至日點，然而，阿肯那頓的阿托恩神廟卻是以東－西為軸線，並且朝向西方，背對著日出方向。如果他所期待的天體，出現在與日出相反的方向，那麼它就不會是太陽。

仔細研讀讚美詩之後，你會發現，阿肯那頓所崇拜的「星神」不是成為阿蒙這位「不可見者」的「拉」，而是不同類型的「拉」：它是「從原始時代就存在……」，在自身的所有光輝中重現，「使自己重生」的天神；它是「遠走再回歸」的天神。若以「天（日）」為時間單位，這些話確實可以代表太陽，但如果時間單位更長的話，符合這些描述的「拉」只有「尼比魯」：正如讚美詩所言，它確實是變得不可見，因為它「在天空中的遠處」，因為它去了「地平線的後方，到達天國的高度」。現在，阿肯那頓宣布，它將帶著全部的光輝回來。關於阿托恩的讚美詩預示著它的重現，它的回歸，「美麗地出現在地平線上……閃閃發光，美麗而強壯」，迎接一個對所有人都和平且慈愛的時代。這些話清楚地表明了對彌賽亞的盼望與太陽無關。

有多種關於阿肯那頓的描繪，被用來支持「阿托恩就是太陽」的解釋。這些描繪中，呈現了他與妻子受到光芒之星的祝福或是向它祈禱（見圖68）；大多數埃及學家認為這顆星正是太陽。

讚美詩中，確實把阿托恩當成「拉」的表現形式，對於認為「拉」是太陽的埃及學家來說，這意味著阿托恩也代表了太陽。但如果拉是馬杜克，而天體神馬杜克是尼比魯的話，那麼阿托恩便是代表尼比魯，而非太陽。

更多的證據來自天體圖，其中一些被畫在棺材蓋上（見下頁圖69），它們清楚地描繪了黃道十二宮、閃耀的太陽，以及其他太陽系成員；但是行星「拉」，這顆「百萬年之星」被描繪成一顆外加的行星，就在太陽之上的巨大船隻裡，附有「神」的圖畫象形文字——阿肯那頓的「阿托恩」。

圖68：面對光芒之星的阿肯那頓與妻子

那麼，阿肯那頓對官方宗教路線的創新或偏離之處，是什麼呢？從本質上來說，他的「罪過」與七百二十年前有關時間計算的古老辯論相同。阿肯那頓把這個關於天體時間（黃道時間）的問題：「馬杜克（拉）成為至高無上者的時代來了嗎？天空中的白羊宮時代開始了嗎？」改為關於神聖時間（尼比魯的軌道時間）的問題：不可見的天體神何時會「在天空的地平線上美麗地」重現並變得可見？

在拉（阿蒙）的祭司眼中，阿肯那頓最大的異端行為可由以下的事實來判斷：他豎立了一座特別的紀念碑，向本本（Ben-Ben）致敬。本本是從數代之前就被尊敬的物體，是拉從天國來到地球所搭乘的交通工具（見圖70）。我們相信，這暗示了他所期望的「阿托恩」的重現與回歸，不只是眾神之星的回歸，**而是眾神自己的新到來！**

我們認為，創新之處就是阿肯那頓所帶來的差異。阿肯那頓違抗神職人員，而且在他們看

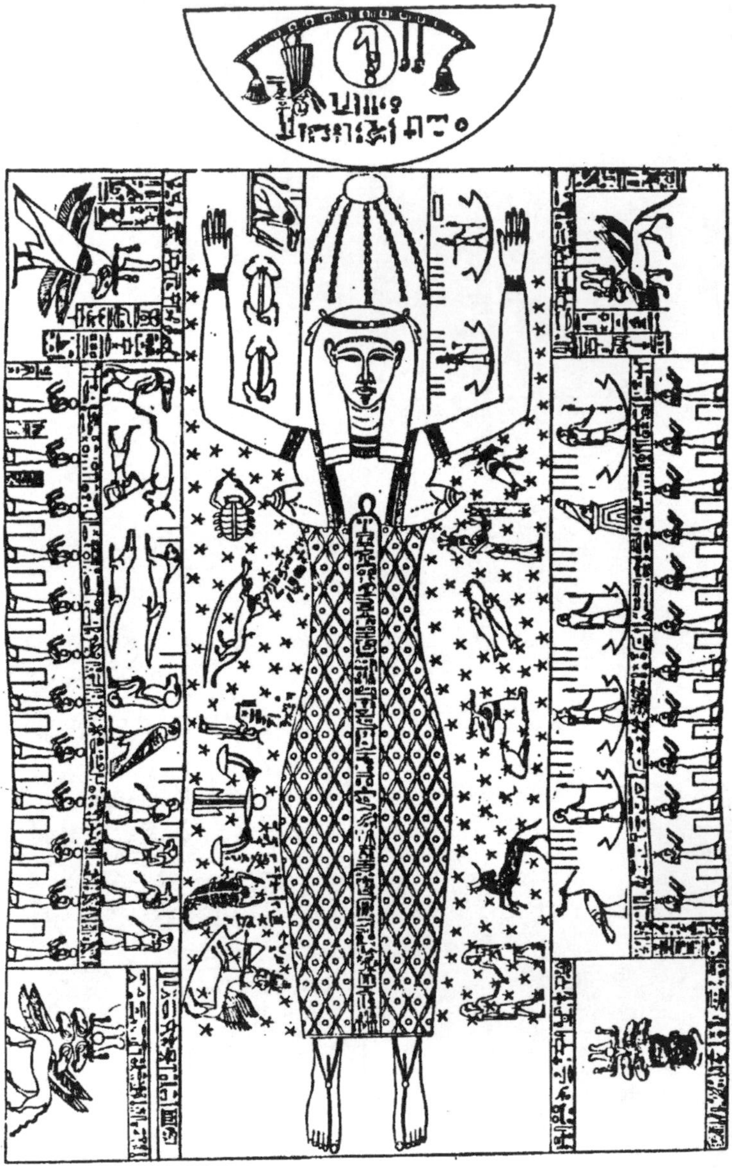

圖69：關於「拉」的天體圖

來，阿肯那頓無疑過早宣布了新的彌賽亞時間的到來。阿肯那頓在關於回歸的阿托恩的聲明中帶有個人主張的事實，也加劇了這種異端行為：他越來越常指稱自己是神的先知子（prophet-son）——「來自於神的體內」，而且神聖計畫只會向他透露：

無人知曉你，
除了你的兒阿肯那頓；
你使他在你的計畫中明智。

這對於底比斯的阿蒙神祭司來說，是不能接受的。當阿肯那頓去世後（他的死因並不清楚），他們恢復了對阿蒙神（不可見之神）的崇拜，粉碎並摧毀了阿肯那頓所打造的一切。

預言家巴蘭對以色列人的祝福

埃及的阿托恩插曲，就如禧年（公羊之年）的推出，激起了人們對天體「星神」回歸的廣泛盼望，這一點可以從另一個提到公羊的《聖經》內容明顯看出來，也是「**回歸倒數**」的另一種表

圖70：本本是拉來到地球的交通工具

現。

這本書記錄的是以色列人出埃及的最後所發生的不尋常事件。這個故事充滿了令人困惑的面向，並且以對即將發生之事物的神聖啟發做為結尾。

《聖經》不斷重複宣稱，透過檢查動物內臟、與靈魂交流、占卜、施魔法、念咒語及算命方式而作的預言，都被「耶和華所憎惡」，這些巫術都被其他國家所採用，卻是以色列人必須避免的。同時，它引用耶和華的話宣稱，夢境、神諭和異象可能是與神溝通的合法方式。這樣的特點可以解釋為什麼《民數記》用了整整三大章（第二十二章到二十四章），充滿贊許地講述一個非以色列人預言家的故事。他的名字叫巴蘭（Bil'am，在《聖經》英文版中為Balaam）。

這些章節描述的事件，發生在以色列人（在《聖經》英文版中叫「以色列的子孫」〔the children of Israel〕）正要離開西奈半島時，他們在東部沿著死海往北前進。當他們來到一個占據了死海之東的土地以及約旦河的小王國時，摩西向其國王請願，希望能讓以色列人平安地通過；總而言之，這個請求被拒絕了。於是，以色列人才剛擊敗了不讓他們和平通過的亞捫人（Ammonites），現在又「在摩押平原，約但河東，對著耶利哥安營。」（《民數記》22：1），等待摩押人（Moabite）的國王准許他們通過其土地。

摩押國王巴勒（Balak，西撥〔Zippor〕的兒子）不願意讓這個「部落」通過，但也害怕與他們作戰，便想到了一個好主意。巴勒派遣使者去邀請國際知名的預言家，比珥（Be'or）的兒子巴蘭，請他「為我咒詛他們」，從而讓他有可能打敗以色列人，將其趕走。

在國王多次懇求後，巴蘭才接受了這項任務。起初在巴蘭的家裡（也許是靠近幼發拉底河的地方），然後在前往摩押的路上，上帝的一位天使（在希伯來語中叫做Mal'ach，意思是使者）出現，並參與了這次的行動；他時而現身，時而隱藏。這位天使在確認巴蘭明白自己將只說出受神啟發的預兆，才允許巴蘭接受這項任務。令人疑惑的是，巴蘭在摩押國王的使者以及國王本人面前，都把耶和華稱作「我的神」。

然後，一系列神諭祭壇的設置被安排好了。巴勒王帶著巴蘭到山頂，使巴蘭可以看見以色列營的全貌。巴蘭叫巴勒在這裡為他築七座壇，為他預備七隻公牛、七隻公羊當作祭品，然後等待神諭。但是，巴蘭沒有詛咒以色列人，而是祝福了他們。

頑固的摩押國王又把巴蘭帶到另一座山上，從那裡可以看見以色列營的邊界，又做了同樣的事。但同樣地，巴蘭的神諭祝福了以色列人，而非詛咒他們：「我看到他們在神的保護下出埃及，這位神有著張開的公羊角。」又說：「這是一個注定要擁有王權的國家，像獅子一樣會崛起的國家。」（編注：《和合本》譯為：「神領他們出埃及，他們似乎有野牛之力。」（23：22）、「這民起來彷彿母獅，挺身好像公獅。」（23：24））

摩押國王決心再嘗試一次，將巴蘭帶到一個面對沙漠的山頂上，遠離以色列人的營地：「或者神喜歡你在那裡為我咒詛他們。」國王說（23：27）。他在此又築了七座壇，準備了七隻公牛和七隻公羊當作祭品。但這次，巴蘭並非透過人眼，而是「神聖的異象」，看到了以色列人和他們的未來。再一次，他看見這個國家是被保護的，就如同他們在具有著張開的公羊角的神保護下出埃及；他也看見以色列國「像獅子一樣會崛起」（編注：《和合本》譯為：「神領他出埃及，他似乎有野牛之力」（24：8）、「他蹲如公獅，臥如母獅。」（24：9））。

當摩押國王表示抗議時，巴蘭說，無論國王給他多少金銀珠寶，他都只能「耶和華說甚麼，我就要說甚麼」（24：13）。國王沮喪極了，只好讓巴蘭離開。但此時巴蘭給了國王免費的忠告：讓我告訴你，未來將發生什麼，他對國王說，「我告訴你這民日後要怎樣待你的民」（24：14），然後繼續描述了透過「神聖的異象」見到的未來情景，這與一顆「星」有關：

圖71：有公羊角的阿蒙

我看他卻不在現時，我望他卻不在近日。有星要出於雅各，有杖要興於以色列，必打破摩押的四角，毀壞擾亂之子。（《民數記》24：17）

巴蘭又舉目望向以東人（Edomites）、亞瑪力人（Amalekites）、基尼人（Kenites），以及其他迦南的民族，並講出神諭：那些倖免於雅各之怒的人，將落入亞述的手中，亞述的報應也將到來，它終必沉淪。巴蘭在宣布神諭之後，「起來，回他本地去了；巴勒也回去了。」（24：25）

巴蘭的這段故事一直是聖經學者和神學家討論的主題，但是它仍然讓人迷惑不解。因為這份文獻輕易地在「伊羅興」（複數的「神」），以及唯一的上帝「耶和華」（為神聖的存在）之間切換。它也嚴重違反了《聖經》最基本的禁令，為帶領以色列人出埃及的上帝，賦予了實體形象，更嚴重的是，把他想像成「一隻張開角的公羊」，這是埃及人對阿蒙的描繪（見圖71）。

在禁止以占卜、施魔法等方式增加感覺的《聖經》中，對於這個專業先知採取了贊許的態度，讓人覺得，這整個故事起初並非以色列人的故事，但《聖經》插入了這個故事，給予它大量的篇幅，因此，這個事件及其訊息必須被視為以色列占領應許之地的重要前奏。

這份文獻中暗示了巴蘭是亞蘭人（Aramaean），居住在靠近幼發拉底河的地方；他的預言神諭從雅各之子的命運，擴展到以色列在各國中的位置，再到關於其他國家之未來的神諭，甚至涉及遙遠的、當時尚未成為帝國的亞述。因而在當時，這些神諭是對於更廣泛的非以色列人的前景之表達。**透過這個故事，《聖經》將以色列人的命運和人類的普遍前景結合起來。**

巴蘭的故事暗示我們，這些前景是透過兩種途徑傳遞的：黃道帶的循環，以及回歸之星的路線。

在出埃及時期，黃道帶明顯地與白羊宮（及其神）的時代有關，而且在預言家巴蘭看見的未來異象中，公牛、公羊和獅子的黃道星宮象徵（「預備七隻公牛、七隻公羊當作祭品」、「在以色列聽到皇家號角」）（《民數記》第二十三章）變成了神諭和預言。巴蘭在預言遙遠的未來時，用了意義重大的詞「完結日」（the End of Days），來做為預言變成現實的時間（24：14，編注：《和合本》的內容與此並不一致）。

這個詞語直接將這些非以色列的預言與雅各的後代的命運連結在一起，因為雅各本人臨終前躺在床上時，聚集了他的孩子來聽取關於他們未來的預言。他說：「請聚集過來，以便我告訴你，在完結日時，會降臨在你們身上的事。」（編注：《和合本》譯為：「你們都來聚集、我好把你們日後必遇的事告訴你們。」）他對於以色列未來的十二個支派，逐一提出了預言，而這些預言被許多人認為與十二個黃道星宮有關。

那麼，關於巴蘭清楚看見的雅各之星，又是如何呢？

在關於《聖經》的學術討論中，通常以占星學而非天文學上的意義來看待它，而且經常把「雅各之星」視為純粹的比喻。但是，如果預言所提到的確實是在軌道上運行的「星星」呢？一顆現在看不到，但被預言將能看見的行星？

巴蘭是不是像阿肯那頓一樣，提到了尼比魯星的回歸與重現？我們必須意識到，這樣的回歸是一個非凡的事件，這個事件每隔幾千年會發生一次，而且不斷代表著眾神與人們之事務中最重要的分水嶺。

加喜特王朝的十字符號

前面的問題不僅是一個反問。事實上，這些不斷發生的事件，逐漸指出即將發生的重大事件。在出埃及、巴蘭、阿肯那頓的埃及等故事中，我們發現關於「回歸行星」的關注和預測持續了一個世紀左右，巴比倫本身也開始提供關於這種廣泛散布的盼望之證據，最突出的線索是十字符號。

在巴比倫，這是加喜特王朝的時代，我們在前文曾提過。關於他們對巴比倫的統治，所留下的遺蹟很少，因為那些國王在保留皇家紀錄方面並不出色。然而，他們的確留下了一些故事描繪，以及寫在泥版上的國際交流信件。

這份知名的《阿瑪納泥版》（*el-Amarna Tablets*），被發現於阿肯那頓的首都阿赫塔頓（現今在埃及被稱為「特勒阿瑪納」）。這三百八十個泥版中，除了其中三個以外，其他全都是用阿卡德語刻寫的，阿卡德語是當時的國家外交用語。其中一些泥版是來自埃及朝廷的皇家書信複本，但大部分是外國國王提供的原始信件。

這是阿肯那頓的皇家外交檔案，而這些泥版主要是他從巴比倫王那裡收到的信件！

那麼，阿肯那頓是否透過這些信件的交流，來告訴巴比倫王，關於他新建立的阿托恩宗教呢？對此我們真的不清楚，因為在所有巴比倫王給阿肯那頓的信件中，他只是在抱怨給他的黃金的重量不夠，他的大使在前往埃及的途中被搶劫了，或是抱怨埃及王沒有關心他的健康狀況。

兩國之間的大使經常互訪，甚至相互聯姻，巴比倫王也把埃及王稱為「我的兄弟」。而這些關係使我們確信，巴比倫的祭司一定很清楚埃及的宗教活動；如果巴比倫人想知道「關於『回歸之星拉』的騷動是什麼？」，他們一定能意識到這是指「做為回歸之星的馬杜克」，也就是尼比魯星正要運行回來。

美索不達米亞地區的天文觀測傳統比埃及久遠且先進得多，巴比倫的皇室天文學家不需要埃及的幫助，就可以得出尼比魯星回歸的結論，甚至比埃及更早發現。因此，可能的情況是，在西元前十三世紀，巴比倫的加喜特王朝的國王，開始用各種方式表示他們自己的基礎宗教發生了變化。

在西元前一二六〇年，一位新國王繼承了巴比倫的王位，採用的名字是卡達什曼－恩利爾（Kadashman-Enlil），這個含神名的名字令人意外地尊崇了恩利爾。這樣的名字並非短暫出現，在下一個世紀，繼承王位的加喜特國王所採用的含神名之名，不僅包含了恩利爾，還有阿達德，這個令人驚訝的情況顯示了對於神之和解的渴望。關於不尋常的事情即將發生，更進一步的證據在名為庫杜如（kudurru，意思是圓形的石頭）的紀念碑上；庫杜如是用來當作界碑而豎立的。上面刻有文字，說明了邊境條約（或土地贈與）的條款，以及為了維護該條約而做出的誓言，同

圖72：十二個黃道宮符號

時也被天體神的象徵所聖化。神聖的黃道宮符號（全部共十二個）經常被描繪出來（見圖72）；在它們之上運行的是太陽、月亮及尼比魯的圖形象徵。在其他的描繪中（見圖73），尼比魯與地球（第七行星）、月亮（寧瑪赫的臍帶切割器符號）一起出現。

具有意義的是，尼比魯不再被描繪成有翼的圓盤符號，而是以一種新的方式被描繪：輻射十字光芒的行星，這符合了蘇美人在「古昔日子」（Olden Days）對於一顆散發光芒的行星即將成為「穿越之行星」的描繪。

以「輻射十字」的符號來呈現長期未觀察到的尼比魯星的方式，變得越來越普遍，不久之後，巴比倫的加喜特國王就直接在皇家印章中，以十字符號取代了有翼的圓盤符號（見圖74）。

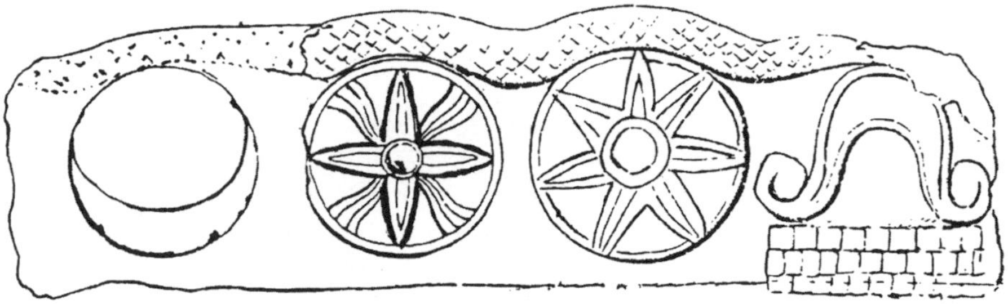

圖73：月亮、尼比魯、地球、臍帶切割器符號

圖74：加喜特皇家印章上的十字符號

這個十字符號，看起來與很久以後基督教的「馬爾他十字」（Maltese Cross）相似，在古雕刻領域裡被稱為「加喜特十字」（Kassite Cross）。就如其他描繪所暗示的，這個十字符號所代表的星球，明顯不同於太陽，因為太陽、新月，以及代表火星的六角星符號，被單獨描繪出來（見圖75）。

當西元前第一個千年開始時，尼比魯星的十字符號從巴比倫王國傳播到附近國家的印章設計上。在缺乏加喜特的宗教與文學文獻的情況下，令人猜想的問題是，對彌賽亞的盼望是否伴隨著這些描繪的變化。無論情況如何，它們都加劇了恩利爾一族的國家（亞述、埃蘭）對巴比倫的殘酷襲擊，以及反對馬杜克霸權的行為。

不過，這些攻擊未能阻止十字符號被亞述採用。就如皇家遺蹟所揭露的，這個十字符號被亞述國王放在胸前靠近心臟之處（見圖76），就像現今虔誠的天主教徒佩戴十字架的方式一樣。這在宗教和天文學上都是具有意義的舉動。事實上，這在埃及也是一種普遍的表現，人們發現在一幅描繪上，埃及國王就跟亞述國王一樣，在胸前戴著十字符號（見圖77）。

圖75：火星、太陽、新月與十字星

圖77：埃及國王與十字架

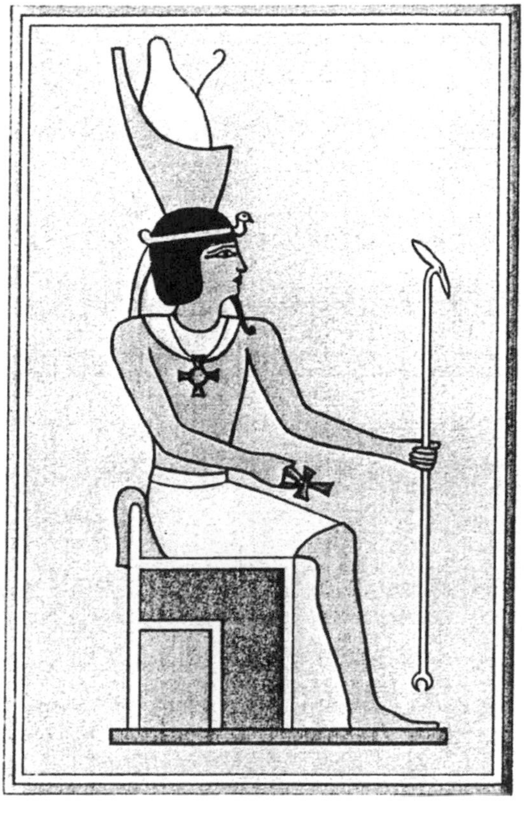

圖76：亞述國王與十字架

十字行星尼比魯的回歸

在巴比倫、亞述以及其他地方，選擇以十字符號當作尼比魯的象徵，並不是令人驚訝的創新舉動。這個符號在以前就被蘇美人和阿卡德人使用過了。「尼比魯——讓『十字』（穿越，**crossing**）成為它的名字！」《創世史詩》裡這麼寫著。它的符號「十字」在蘇美字母中被用來代表尼比魯星，但是它始終表示的是尼比魯星**回歸到可見範圍內**。

《伊奴瑪．伊立什》，也就是《創世史詩》，清楚敘述了這個入侵者在經歷與提亞瑪特之間的天幕之戰（**天體碰撞**）以後，繞太陽運行一大圈後，又回到了戰鬥之地。由於提亞瑪特是在名為「黃道」的平面上繞著太陽公轉（**就像太陽系行星家族的其他成員**），這個入侵者也會返回到這個位置。當它一圈又一圈地繞著軌道運行時，都會在那裡穿越黃道的平面。畫出這個情況的簡單方法，就是畫出知名的哈雷彗星的軌道（**見圖**78），它以極小的比例模擬了尼比魯的軌道：當哈雷慧星靠近太陽時，傾斜的軌道使它從南方、靠近天王星的黃道平面下方過來。尼比魯的軌道則在黃道上方拱起，使它繞著太陽轉行，沿路對土星、木星及火星打「招呼」，然後往下運行，穿越尼比魯與提亞瑪特發生天幕之戰的地方——這個十字口（**標記為X**），然後離開，只能按照軌道天命的規定而返回。

在天國和時間上，這一點就是十字路口（**穿越處，The Crossing**）。因此，《伊奴瑪．伊立什》宣稱，阿努納奇的行星變成十字行星（**Planet of the Cross**）：

> 尼比魯星：他占領了天地之間的十字路口……

尼比魯星：他占著中央位置……
尼比魯星：他不知疲憊，在提亞瑪特的中心留下十字，**讓「十字」成為他的名字！**

那些提及人類傳奇代表性事件的蘇美文獻，對於阿努納奇的行星定期出現（大約每三千六百年）一事，提供了具體的訊息，而它的出現始終處於地球和人類歷史上的關鍵交會點。在那個時期，這顆行星被稱為尼比魯，而它的雕刻描繪是「十字」，即使在早期蘇美時代也是。

那份紀錄從大洪水開始。有關大洪水的許多文獻，都把這個分水嶺似的災難，與天體神尼比魯在獅子宮時代出現（大約是西元前一萬零九千年）連結起來。其中一份文獻提到，「那是測量深處之水的獅子星宮」。其他文獻也描述了，尼比魯星在大洪水時代如一顆輻射

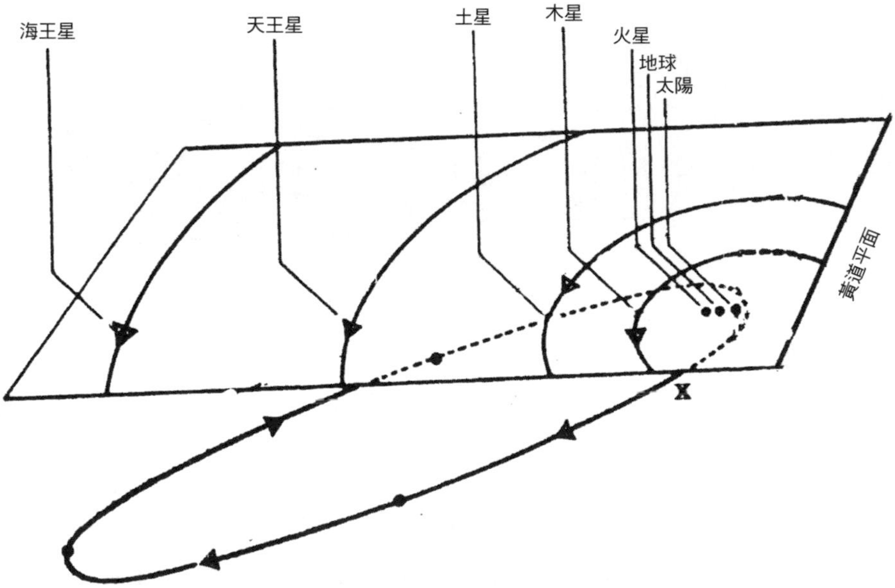

圖78：哈雷慧星的軌道

狀的星星出現了，描述如下（見圖79）：

當他們喊道：「洪水！」

那是尼比魯神……

戴著充滿恐懼的**光輝冠冕**之主；

每天在獅子裡面燃燒著。

在西元前八千年中期，當人類被授予農業和畜牧時，這顆行星回歸、重現，且再度變成「尼比魯」，刻畫在圓筒印章上，關於農業之開始的圖畫，使用十字符號呈現了在地球的天空中可以看到尼比魯星（見圖80）。

對蘇美人而言，最後且最重大的事件是，大約在西元前四千年（金牛宮時代），阿努和安圖來地球進行國事訪問時，這顆行星再一次能被看見。為了向他們致敬而建造的城市，在後來的千年裡被稱為烏魯克（Uruk），裡面有一座廟塔，隨著夜空變暗時，從它的臺階可以觀測到這顆行星出現在地平線上。當尼比魯星進入視線時，有人喊道：「創造者的形象升起了！」所有出席者開始唱讚美詩，以讚譽「主阿努的行星」。

尼比魯星在金牛宮時代初期出現。而金牛宮時代是指，當太陽升起時（黎明已經開始，但地平線處仍然夠暗，可以看見星星），其背景天空的星宮是金牛宮。但是，移動快速的尼比魯星繞著太陽運行時，會以弧形劃過地球的天空，不久後就下降穿越行星平面（即黃道）的那個點。

圖79：對尼比魯星的描繪

在地球上觀察這個穿越點時，其天空背景是獅子宮。在圓筒印章與天文學泥版上的許多描繪，以十字符號來象徵尼比魯星的到來，當時地球正處於金牛宮時代，而它的穿越可以在獅子宮的位置被觀測到（圓筒印章上的描繪見下頁圖81，並參考下頁圖82。）

然而，從「有翼的圓盤」到「十字」的象徵符號變化，並不是創新；它只是恢復了更早時期關於天體神的描繪。它只有在穿越黃道平面時，才會變成「尼比魯」。

就如同過去，這個重新展示的十字符號，代表了重現、重回視線、回歸。

圖80：尼比魯星與農業的開始

圖81：以十字符號代表尼比魯星

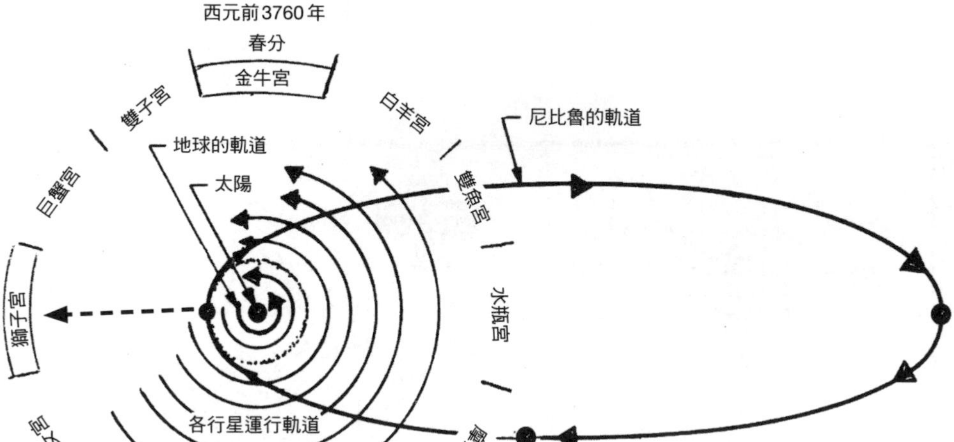

圖82：尼比魯的軌道

11・主之日

在西元前的最後一個千年展開時，十字符號的出現是對於「回歸」的預告。那時，獻給耶和華的耶路撒冷聖殿，將其神聖的地點，與歷史事件的過程、人類對彌賽亞的盼望，永遠連結在一起。這在時間和地點上並非巧合：正在接近的「回歸」主宰了對往昔任務指揮中心的珍藏。

與當時強大且不斷向外征服的帝國力量（巴比倫、亞述、埃及）相比，希伯來王國是一個侏儒。與它們宏偉的首都——巴比倫、尼尼微、底比斯，以及其中的神聖區域、廟塔、神廟、遊行大道、豪華的城門、雄偉的宮殿、空中花園、聖水池和河港等相比，耶路撒冷只是一座擁有草草建起的城牆，而且供水有問題的小城市。但是，千年之後，耶路撒冷在我們的心中和每天的頭條新聞中，是一座活生生的城市，而其他國家的宏偉首都，已變成塵土和破碎的廢墟。

是什麼造成了這個差異？耶和華的聖殿被建在耶路撒冷，其先知的預言成真了。因此，人們相信，他們的預言仍然掌握著未來的關鍵。

大衛王與耶和華的殿

希伯來人與耶路撒冷，特別是摩利亞山的關聯，可以回溯到亞伯拉罕時代。在他完成了於諸王之戰中保衛太空站的任務之後，撒冷王麥基洗德（Melchizedek）來迎接他。麥基洗德是「至高神的祭司」，因此，亞伯拉罕得到了「願天地的主、至高的神」的賜福。當亞伯拉罕接受了為神奉獻的考驗之後，在那裡被授予了神的盟約。後來，過了一千年，在正確的時間和環境下，聖殿才被建造起來。

《聖經》宣稱，耶路撒冷的聖殿是獨一無二的，而它的確如此：它是被設計來保存「天地紐帶」——在蘇美尼普爾的杜爾安基（DUR.AN.KI）曾具有這樣的功能。

> 以色列人出埃及地後四百八十年，所羅門作以色列王，第四年西弗月，就是二月，開工建造耶和華的殿。（《列王記》6：1）

《聖經》在《列王記》中，記錄了所羅門王開始在耶路撒冷建造耶和華神殿的具體日期。這是個至關重要的決定性步驟，其結果至今都伴隨著我們；而必須注意的是，**這個時間也是巴比倫和亞述把十字符號當作「回歸」的預告之時……**

耶路撒冷聖殿的戲劇性故事，並非始於所羅門王，而是他的父親大衛王；而他如何成為以色列國王的故事，揭示了一個神聖的計畫：**透過復甦「過去」，為「未來」做準備**。

大衛留下的遺產（在四十年的統治之後），包括往北延伸到大馬士革（包括登陸點！）的大幅擴張的領土、許多宏偉的詩篇，以及耶和華神殿的地基。三位神聖使者在這位國王及其歷史地位的塑造中，扮演了關鍵的角色；《聖經》中列出了他們的名字：「先見撒母耳（Samuel）、先知拿單（Nathan）、先見迦得（Gad）」（《歷代志上》29：29）。上帝指示約櫃的管理者撒母耳：「年輕的大衛是耶西的兒子。你要把他從牧羊人變成以色列的牧人」，後來撒母耳「用角裡的膏油，在他諸兄中膏了他」（《撒母耳記上》16：13）。

選擇了為其父親放牧羊群的年輕大衛，來牧養以色列，這具有雙重象徵，可以追溯到蘇美的黃金時代。蘇美的國王被稱作「努戈」（LU.GAL，意思是偉大的人），他們會努力爭取「恩西」（EN.SI）這個頭銜，它的意思是「正直的牧人」。我們將看到，那僅僅是大衛和聖殿與過往蘇美人之間的連結的開始。

起初，大衛在耶路撒冷南方的希伯崙展開了他的統治，這也是一個充滿歷史象徵的選擇。《聖經》中不斷地指出，希伯崙以前的名字是基列亞巴（Kiryat Arba），意思是「亞巴的防禦城市」。那麼，誰是亞巴？「亞巴是亞衲族中最尊大的人。」（《約書亞記》14：15）《聖經》詞語中「最尊大的人」（Great Man）和「亞衲族」（Anakim），分別是蘇美語中的「努戈」和「阿努納奇」。

從《民數記》開始，再到《約書亞記》、《士師記》和《歷代志》，《聖經》提到了希伯崙是「亞衲族人，就是偉人，他們是偉人的後裔」（《民數記》13：33）的中心。因此，他們就與《創世記》第六章中的納菲力姆（Neflim，編注：《聖經》英文版為giants，《和合本》譯為「偉人」）連結在一起了，他們與亞當的女兒（編注：《和合本》為「人的女子」）交合生子。在出埃及時期，亞巴的三個兒子仍居住在希伯崙，後來，耶孚尼（Jephoneh）的兒子迦勒（Caleb）占領了這座城市，並使得人民轉向約書亞。**大衛選擇在希伯崙繼任王位，確立了他的王權是與蘇美傳說的阿努納奇有直接關聯的國王之繼任者。**

他在希伯崙統治了七年，後來把首都遷移到耶路撒冷。他的王位「大衛之城」建在錫安山，位在摩利亞山的南方，兩者之間只隔了一座小山谷（阿努納奇所建的平臺就在摩利亞山，見下頁圖83）。他用米洛（Miloh），即填充物，填補兩山之間的缺口，這是在平臺上建造耶和華神殿的第一步；但是，他獲准在摩利亞山上豎立的，只有一座聖壇。神的話語透過預言家拿單傳遞：由於大衛在多次戰爭中使人流血，所以不是他，而是他的兒子所羅門能夠建造聖殿。

大衛對預言家的訊息感到震驚，在約櫃（仍被放置在輕便的帳幕裡）前面，來到並「坐在耶和華之前」。他接受了神的旨意，並請求能對他的虔誠忠誠有所回應：一個保證，一個信號，確保聖殿是由大衛家族來建造，而他們將一直受到祝福。就在那一晚，大衛坐在約櫃前（摩西曾在那裡與神交流），收到一個神聖信號：他拿到了未來聖殿的塔夫尼特（Tavnit，比例模型、樣式）。

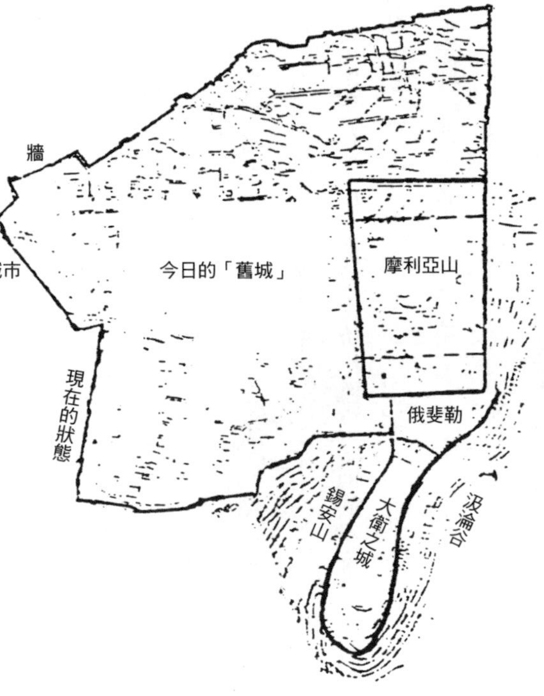

圖83：大衛之城

那天晚上發生在大衛王身上的事及聖殿計畫，類似於蘇美王古蒂亞（Gudea）的半夢半醒故事。古蒂亞是早於大衛王一千多年前的人物，同樣在異象夢中得到了為神尼努爾塔在拉格什建造神廟的建築計畫碑刻和磚模。

在大衛王的最後時期，他把以色列所有的領導人都召集到耶路撒冷，包括各部族首領、軍事指揮官、祭司和皇家官員，並把耶和華的許諾告訴大家。然後，他當著聚集在一起的所有人面前，「將被靈感動所得的樣式，就是耶和華神殿的院子、周圍的房屋、殿的府庫，和聖物府庫的一切樣式都指示他（所羅門）。」（《歷代記》28：12）他還給了所羅門更多東西，「這一切工作的樣式，都是耶和華用手劃出來，使我明白的」（《歷代記》28：12）：這是憑藉神的力量，所寫下來的一組附帶說明。

希伯來詞語Tavnit，在《欽定版聖經》中被譯為pattern（樣式），但是在更現代的譯本中，被譯為plan（計畫），認為大衛當時得到的是某種建築圖。但是，在希伯來語中，代表plan的詞語是Tokhnit。另一方面，Tavnit這個詞，則是來自代表「建造、建設、豎立」的根動詞，所以，大衛得到並傳給兒子所羅門的是一個「建築模型」——用今天的說法，那是一個比例模型。（在古代近東各地的考古發現中，的確出土了戰車、貨車、船隻、工作坊，甚至是多層神殿的比例模型）。

聖殿的格局與材質

在《列王記》和《歷代志》中，為聖殿及其建築設計，提供了精確的測量資料和清楚的結構細節。聖殿的軸線是東西向，使它成為朝向平分日點的「永恆神殿」。它採用了蘇美神廟的格局，由三個部分（參見157頁圖64）組成：前廳（希伯來語為Ulam）、較大的中廳（希伯來語為Hekhal，源自蘇美的E.GAL，意思是偉大的住所）和一個存放約櫃的至聖所。最裡面的部分被稱為「施恩座」（Dvir，意思是發聲者），因為神透過約櫃向摩西說話。

就如蘇美神廟在傳統上是被建造來表達「六十進位」概念的，所羅門聖殿在建造時也採用了「六十」：主要部分（大廳）是長度六十腕尺（約一百英尺），寬度二十（60÷3）腕尺，高度一百二十（60×2）腕尺。至聖所是二十乘二十腕尺，剛好能夠放進上面有兩個金色基路伯（Cherubim）的約櫃（「它們的翅膀碰到牆壁」，《歷代志下》3：11－12）。傳說、文獻證據和考古研究都指出，約櫃的精確位置在一塊非凡的石頭上，亞伯拉罕曾經在那塊石頭上以他的兒子以撒當作祭品；它的希伯來語名稱是Even Shatiyah，意思是「基石」，猶太傳說認為，世界會從那裡開始重建。現在它被遮住，而且被石頭圓頂包圍起來（見圖84）（讀者可以從《地球編年史探險》中，找到關於那塊聖石及其神祕的洞穴和地下祕密通道的更多內容）。

雖然與高聳入雲的廟塔相

圖84：被包圍起來的聖石

比，這座聖殿的尺寸沒有那麼巨大，但是當它完成後，將具有非凡的意義；而且它也不同於世界上同時代的其他神廟。因為鐵或鐵製工具都不可以被用來在平臺上建造神廟（而且在運作時也沒有，所有用具都是銅或青銅材質），**建築物裡面鑲嵌了黃金**；連釘金板的釘子都是黃金製成的。黃金的使用量（光是「建造至聖所……共用金子六百……金釘重五十舍客勒。」《歷代志下》3：8－9）非常大，因此所羅門特別派船隻到俄斐（Ophir，人們相信它就在非洲東南部）運黃金回來。

《聖經》沒有解釋為何禁止使用任何鐵製品，也沒有解釋為何鑲嵌在神殿裡的一切都要使用黃金。人們只能推測，鐵是因為具有磁性而被迴避，而黃金會被選用，則是因為它是最好的電導體。

具有意思的是，我們知道世界上用黃金鑲嵌的其他神廟只有兩座，都位在地球的另一邊。一座在祕魯的印加首都庫斯科（Cuzco），供奉著南美洲的大神維拉科查（Viracocha）。由於它的至聖所完全由黃金鑲嵌而成，所以這座神殿被稱作「科里坎查」（CoriCancha，意思是黃金圍場）。另一座在玻利維亞的喀喀湖畔的普瑪彭古（Puma-Punku），靠近著名的提瓦納庫（Tiwanaku，即蒂亞瓦納科〔Tiahuanaco〕）遺址。這座遺址是由四個類似房間的石造建築所組成，它的牆體、地板、天花板都是由單一一塊巨石切刻而成。這四個圍場都用金板鑲嵌，並使用金釘子來固定。在《失落的國度》中，我已描述過這些遺址（以及它們如何被西班牙人掠奪），並推測普瑪彭古大約是在西元前四千年時，為了提供給造訪地球的阿努和安圖停留而建造的。

根據《聖經》，這個浩大的工程用了數以萬計的勞工和七年的時間。那麼，建造主之屋的用意何在呢？當一切準備就緒，伴隨著各種盛況，約櫃由祭司抬起並放進至聖所中。當約櫃剛被放好，至聖所與大廳之間的簾子一被拉開，「甚至祭司不能站立供職，因為耶和華的榮光充滿了神的殿。」(《歷代志下》5：4)接著，所羅門開始念誦感恩祈禱文：

耶和華曾說他必住在幽暗之處。
但我已經建造殿宇，作你的居所，為你永遠的住處……
看哪，天和天上的天，尚且不足你居住的……
惟求耶和華我的神，垂顧僕人的禱告祈求……(《歷代志下》6：1、2、18、19，編注：「幽暗之處」作者原文寫「雲」〔cloud〕。)

「夜間耶和華向所羅門顯現，對他說，我已聽了你的禱告，也選擇這地方作為祭祀我的殿宇。……我必從天上垂聽，赦免他們的罪……現在我已選擇這殿，分別為聖，使我的名永在其中。」(《歷代志下》7：12、14、15)

原文中的Shem這個詞，在這裡以及在更前面的《創世記》第六章中，通常被翻譯為「名字」。但我在第一本書《第12個天體》中，就曾經透過前後文推測，這個詞最初是指埃及人所說的「天船」(Celestial Boat)，和蘇美人所說的眾神的MU(意思是天船〔sky ship〕)。因此，這座建在耶路撒冷的石頭平臺上的聖殿，還有放置於聖石上的約櫃，將成為地球與天神的連接處，既負責與天神交流，又可以讓他們的天船登陸！

在整個聖殿中，沒有塑像、沒有偶像、沒有雕像。裡面唯一的物品是神聖的約櫃，而且「約櫃裡惟有兩塊石版……摩西在何烈山所放的，除此以外並無別物。」(《列王記上》8：9，編注：「何烈山」處，作者原文寫「西奈」〔Sinai〕)

這座聖殿不同於美索不達米亞的廟塔，例如恩利爾在尼普爾的神廟、馬杜克在巴比倫的神廟等，它從來就不是神祇生活、吃飯、睡覺、沐浴的住所。**它是用於禮拜之屋，是用於與神接觸的場所；它是為了雲中居民（Dweller in the Cloud，即神）的現身而建造的。**

雲中之神

據說一幅畫值得用一千個詞語來描述；這是正確的，因為只有少數貼切的詞語，但有很多相關的圖像。大約在耶路撒冷聖殿完工，並奉獻給雲中居民時，在神聖雕刻（對於神的描繪）上有明顯的變化；這種描繪是普遍且被允許的，並且（當時）最早且最主要出現在亞述。亞述的描繪清楚地呈現了阿舒爾神是一位「雲中居民」，有時會露出他的整張臉，有時又只露出他的手，而且他經常被描繪成手上握著弓的形象（見圖85），這個畫面讓人想起《聖經》裡的雲中之弓，這是大洪水之後的神蹟。

一個世紀以後，亞述人的描繪中出現了新類型的雲中之神，可以被歸類為「在有翼圓盤中的神」，通常被呈現為在有翼圓盤的圖徽裡的一位神，從這個圓盤本身（見下頁圖86a），還

圖85：有關阿舒爾神的描繪

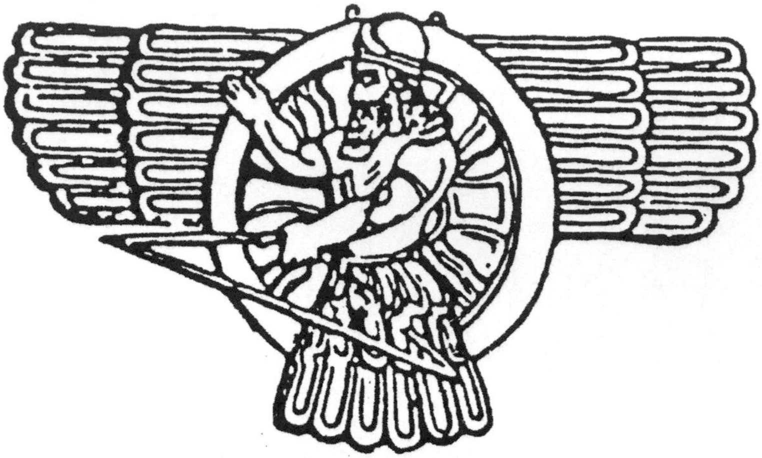

圖 86a：有翼圓盤中的神

圖 86b：與地球、新月一同出現的有翼圓盤

有它與地球（七個點）和月球（新月）一起出現的圖畫（見圖86b）中，可以看出這個特點。由於有翼的圓盤代表著尼比魯星，他一定是與尼比魯星一同抵達的神。因此，這些描繪**顯然不僅是對尼比魯星，也是對它的神聖居民（或許由阿努本人帶領）即將到來的盼望**。

從十字符號開始的象形文字和象徵符號的變化，展現了對於盼望中的「回歸」的強烈期待、壓倒性的變化以及更廣泛的準備。但是，在巴比倫和亞述的盼望與準備都是不同的。在其中一個地方，對彌賽亞的盼望都集中於已經在那裡的（眾）神身上；而在另一個地方，盼望的卻是回歸且再現的（眾）神。

在巴比倫，這種盼望大多是宗教性的，由馬杜克透過他的兒子那布所帶來的彌賽亞復興。大約在西元前九百六十年，他們做出了巨大的努力，以恢復神聖阿基圖（Akitu，編注：前文稱阿奇提〔Akiti〕）典禮，在這個典禮中，要公開朗讀修訂版《伊奴瑪・伊立什》中關於馬杜克創造地球、重塑天國（太陽系），並塑造了人類的故事。

那布從博爾西帕（位於巴比倫南邊）的神廟來到此處，在儀式上扮演重要的角色，是復興的重要組成部分。因此，在西元前九百年到西元前七百三十年間統治巴比倫的國王，都恢復了與馬杜克相關的名稱，而其中大部分與那布（Nabu）相關。

亞述的變化則包含了更多地緣政治上意義。歷史學家將西元前九六〇年左右視為新亞述帝國時代的開端。關於亞述當時的重要資料來源，除了紀念碑和宮殿牆上的銘文外，便是亞述王的年鑑了，他們在其中逐年記載了自己的所作所為。從這些資料來判斷，亞述王的主要工作是征服。它的國王帶著前所未有的殘暴，發動了一場又一場軍事戰爭，目的不僅是為了統治古老的蘇美和阿卡德地區，還有他們認為對回歸而言必不可少的：對於太空站相關地點的控制。

從他們的目標，以及西元前九世紀到八世紀亞述宮殿牆上的宏偉石頭浮雕（現在可於一些

圖87a、b：迎接有翼圓盤中的神

世界級博物館裡看到），可以證實這些戰役的目的，就如同一些圓筒印章所描繪的，國王和大祭司在有翅膀的基路伯（阿努納奇的「太空人」）陪伴下，站在生命樹兩側，迎接有翼圓盤中的神（見圖87a、87b）之到來。**神的到來明顯是被期盼的！**

新亞述時代的擴張

歷史學家認為，新亞述時代的開始，是在提格拉特－帕拉沙爾三世（Tiglath-Pileser III）在尼尼微登上王位，建立新王朝之時。他的兒子和孫子在之後成為亞述王，設定了對內強化，對外征服、破壞及吞併的模式。有趣的是，他們的第一個目標便是哈布爾河地區，以及它最重要的經濟和宗教中心——哈蘭。

他們的繼承人得到了這塊土地。歷代國王經常沿用與那些耀眼的先王相同的名字（因此用一世、二世、三世等來區分他們），並且往各個方向擴展了亞述人的控制權，其中特別關注沿海城市和拉巴安（La-ba-an，即黎巴嫩）山區。大約在西元前八六〇年，這位胸口上戴著十字符號的亞述王亞述拿色帕二世（Ashurnasirpal II，參見189頁圖76），自誇他占領了腓尼基人的沿海城市推羅、西頓和迦巴勒（比布魯斯），並且登上雪松山的聖地（阿努納奇的舊登陸點）。

他的兒子暨繼承者撒縵以色三世（Shalmaneser III）在那裡豎立了一座紀念碑，稱當地為「比特．阿迪尼」（Bit Adini）。這個名字的字面意思是「伊甸園」，這是聖經中的先知所熟知的。先知以西結譴責推羅王視自己為神，只因為他曾去過那個神聖的地方並「在火熱的石頭中移動」。先知阿摩司（Amos）在談到主之日（Day of the Lord）時，也列出了這個地點。

可以預料的是，亞述人隨後便將注意力轉向其他太空站相關地點。在所羅門王過世後，他的帝國因繼承人的爭奪而分裂為南部的「猶大」（Judea，以耶路撒冷為首都）和北部的「以色列」（Israel）及其十個支派。亞述王撒縵以色三世在他最知名的黑方尖碑（Black Obelisk）上，記錄他收到了以色列國王耶戶（Jehu）的貢品，並且描繪了，耶戶在以尼比魯的有翼圓盤符號為中心的場景裡向他跪拜（見圖88）。

《聖經》和亞述年鑑都記載了提格拉特－帕拉沙爾三世（Tiglath-Pileser III，西元前七四四年至七二七年）隨後入侵以色列，使其較好的省份分裂，並流放了它的部分領導人。然後，在西元前七二二年，他的兒子撒縵以色五世（Shalmaneser V）侵占了以色列剩餘部分的一切，流放了所有人民，並以外國人來取代他們。十個支派都消失了，而他們的去向至今仍然是一個謎。（撒縵以色五世在從以色列回國的路上受到了懲罰，並且突然被提格拉特－帕拉沙爾三世的另一個兒子擠下了王位。這一切是怎麼發生的？又是為什麼呢？這也是一個沒有解決的謎團。）

圖88：以色列國王耶戶向亞述國王跪拜

亞述人在占領了登陸點之後，離他們的最終目標耶路撒冷，只有一步之遙了。但是，他們再次拖延了最後的攻擊。《聖經》將此事解釋為耶和華的意志。學者曾經對亞述的紀錄進行了檢視，認為他們對以色列及猶大所做的事和時間，與他們對巴比倫和馬杜克所做的事和時間，是同步的。

在占領黎巴嫩的太空站相關地點之後，向耶路撒冷發動戰爭之前，亞述人做出了前所未有的行為：與馬杜克達成和解。在西元前七二九年，提格拉特－帕拉沙爾三世進入巴比倫，來到它的神聖區域，並且「握了馬杜克的手」。這是一個具有重大宗教和外交意義的姿態。馬杜克的祭司邀請提格拉特－帕拉沙爾三世共同享用神的聖餐，表示接受他的和解。之後，他的兒子薩貢二世（**Sargon II**）向南揮軍，進入了古老的蘇美和阿卡德地區，並且在占領尼普爾後，轉而進入巴比倫。在西元前七一○年，他在新年典禮上，跟他父親一樣「握了馬杜克的手」。

占領剩下的太空站相關地點的任務，落在薩貢二世的繼承人西拿基立身上。西拿基立在西元前七○四年攻擊希西家王（**Hezekiah**）所統治的耶路撒冷一事，在他的年鑑和《聖經》中都有記錄。西拿基立只在銘文中提及他成功占領了猶大統治的城市，《聖經》卻詳細記載強大的亞述軍隊包圍了耶路撒冷，但他們在耶和華的旨意下奇蹟般被消滅了。

亞述人在包圍耶路撒冷並圍困其人民後，使出心理戰術，對城牆上的守衛大聲喊出令人沮喪的、以中傷耶和華為結尾的話。震驚的希西家王在哀悼中撕下衣服，在聖殿裡祈禱：「坐在二基路伯上耶和華以色列的神阿，你是天下萬國的神……」（《列王記下》19：15）祈求神的幫助。先知以賽亞向他傳達神諭以做為回應：亞述王永遠不會走進這座城市，他將在失敗中返回家園，並在那裡被暗殺。

當夜耶和華的使者出去，在亞述營中殺了十八萬五千人。清早有人起來，一看，都是死屍了。

亞述王西拿基立就拔營回去，住在尼尼微。（《列王記下》19：35－36）

為了確保讀者清楚整個預言都已經實現了，《聖經》繼續講述：「一日在他的神尼斯洛廟裡叩拜，他兒子亞得米勒和沙利色用刀殺了他，就逃到亞拉臘地。他兒子以撒哈頓接續他作王。」（《列王記下》19：37）

《聖經》的附言是一個令人驚訝的準確紀錄：西拿基立的確在西元前六八一年被自己的兒子殺害了。再一次，進攻了以色列或猶大的亞述王，一回國就死去了。

聖經先知的預言

雖然預言——提前說出那些尚未發生的事情——本質上是一個預言家所期望做到的，但是希伯來《聖經》中的先知所做的更多。就如《利未記》所解釋的，先知從一開始就不是「魔法師、巫師、妖術師、與靈魂交流者、算命師或是念咒召喚死者的人」——列出了周圍國家各種算命先生的詳盡清單。他們的使命就如納比（Nabih，意思是發言人），將耶和華的話語傳達給國王和人民。就如希西家的祈禱清楚指出的，雖然以色列子民是上帝選中的人，但上帝是「天下萬國的神」。

《聖經》中的先知是從摩西開始的，但其中只有十五位在《聖經》系列有自己的著作。其中包括三位「大先知」：以賽亞、耶利米和以西結，以及十二位「小先知」。他們的先知時代從猶大的阿摩司（約西元前七六〇年）和以色列的何西阿（Hoseah，西元前七五〇年）開始，於瑪拉基結束（Malachi，約西元前四五〇年）。隨著對於回歸的盼望逐漸成形，地緣政治、宗教和現實事件共同構成了聖經預言的基礎。

《聖經》中的先知總是以信仰的守護者姿態出現，也是他們的國王和人民的道德及倫理的指標。他們同樣是世界舞臺上的觀察者和預言者，因為他們對於遙遠大地上正在發生的事、外國宮廷的陰謀詭計、他們崇拜什麼神，都具有異常準確的知識；另外，他們也擁有歷史、地理、貿易路線和軍事戰役方面的驚人知識。**因此，他們可以將對現在的覺知和對過去的知識結合在一起，以預言未來。**

對於希伯來先知而言，耶和華不僅僅是El Elyon（意思是至高神），不僅是眾神（伊羅興）的神，而是全宇宙唯一的神——所有民族的，整個地球的，整個宇宙的。雖然他住在天國中的天國，但他依然關心自己的造物：地球和其上的人。任何事情的發生都是因為他的意志，而這個意志會由他的使者帶來；使者可能是天使、國王或一個民族。

這些先知接受了蘇美人對既定的天命和自由意志的命運之區分，相信未來之所以能預測，是因為它已經被預先計畫好了，但在邁向未來的路上，事情可以改變。例如，亞述曾被稱為上帝的「忿怒的杖」，用來懲罰其他民族，但是當它選擇做出不必要的殘酷或超出範圍的行為時，就輪到它自己遭受懲罰了。

先知們似乎要傳達兩條路徑上的資訊，不只是關於時事，還要關注未來。例如，以賽亞預言人類將會迎來「發怒的日子」（a Day of Wrath），在那一天，所有國家（包括以色列）都會被審判和懲罰。同時，他又預言了一個田園詩般的時代，在那時，狼和羔羊同住在一起，人們把刀劍熔鑄為犁，錫安（Zion）將成為萬國之光。

這個矛盾令一代又一代的聖經學者和神學家感到困惑。但最近對於先知話語的檢視中，帶來了傑出的發現：「審判日」指的是「主之日」；彌賽亞時間是在「日子的完結」（完結日、末日）；這兩個日子的意思既不相同，也沒有被預言會在同時發生。它們是兩個分開的事件，注定會在不同的時間發生：

首先，主之日，上帝審判的日子，即將要發生。另一個迎接慈愛時代的日子尚未到來，會在將來的某個時候。

那些在耶路撒冷所說的話，是否與在尼尼微和巴比倫的辯論有所呼應呢？當時所辯論的是哪個時間循環適用於眾神和人們的未來？是尼比魯軌道的神聖時間，還是黃道的天體時間？無庸置疑地，隨著西元前八世紀的結束，明顯可以知道在這三個首都中，這兩個時間週期並不相同；**《聖經》中的先知在耶路撒冷所談的「主之日」即將來臨，實際上是在談尼比魯星的回歸。**

黑暗的主之日

由於《創世記》的開篇章節中呈現了蘇美人的《創世史詩》的濃縮版本，因此《聖經》作者知道尼比魯的存在，以及它會週期性地回到地球的附近，並視之為耶和華身為宇宙神的另一種體現（在本例中為天體）。

《詩篇》和《約伯記》都提及了不可見的天體神，他「在天國的高度環行一圈」。他們重述了這位天體神的首次出現，當時，他與提亞瑪特（《聖經》中稱其為Tehom，並戲稱為Rahab或Rahab，傲慢者）相撞，重傷了她，創造了天國和「被錘打的手鐲」（小行星帶），並且「將大地懸於虛空中」。他們也提到了天體神造成大洪水的時代。

壯麗的《詩篇》第十九章頌揚了尼比魯星的到來，以及造成尼比魯星巨大軌道環線的天體碰撞：

諸天證實了神的榮耀，被錘打的手鐲顯示了他的手段。
他如新郎從洞房出來，如勇士沿路歡欣奔跑。
他從天國的盡頭散發出來，而他的環道就在他們的終點。
（編注：《和合本》為：「諸天述說神的榮耀，穹蒼傳揚他的手段。太陽如同新郎出洞房，又如勇士歡然奔路。它從天這邊出來，繞到天那邊。」《詩篇》19：1、5、6）

天體神在大洪水時代接近一事，被認為是下一次天體神回歸時將會發生的事情之先兆：

我追想古時之日，上古之年。
神阿，諸水見你，一見就都驚惶。深淵也都戰抖。
你的雷聲在旋風中，電光照亮世界，大地戰抖震動。（《詩篇》77：5、16、18）

先知認為那些較早的現象可以當作所預期之事的指南。他們預料主之日（耶和華的日子）是這樣的一天：「地震天動、日月昏暗、星宿無光……日子大而可畏。」（《約珥書》2：10、11）

這些先知在大約三個世紀的時間內，將耶和華的言語傳達給以色列和所有國家。阿摩司是這十五個文學先知中最早的，大約在西元前七六〇年開始成為上帝的發言人（納比）。他的預言包括三個時期或階段：他預言了亞述在不遠未來的進攻，審判日正要到來，以及富庶而平和的結局

（Endtime）。他在以「主耶和華將奧祕指示他的僕人眾先知」為名義的談話中，將主之日描述為「主耶和華說，到那日，我必使日頭在午間落下，使地在白晝黑暗。」（《阿摩司書》8：9）。在對那些崇拜「那造昴星和參星」的人的演講中，他將正在到來的主之日比喻為大洪水事件，「使白日變為黑夜，命海水來澆在地上的」（《阿摩司書》5：8），他用一個反問句來向那些崇拜者提出了警告：

想望耶和華日子來到的，有禍了。你們為何想望耶和華的日子呢？那日黑暗沒有光明。（《阿摩司書》5：18）

半個世紀後，先知以賽亞將預言中的「主之日」與一個特殊的地點連結起來，那個地點在「時間約定之山」，「南面的緩坡上」。他還對那個登上這特殊地點的國王說了如下的話：「耶和華的日子臨到，必有殘忍、忿恨、烈怒。使這地荒涼，從其中除滅罪人。」（《以賽亞書》13：9）

他同樣用大洪水來比喻即將要發生的事情，記述「上帝帶來強大波浪般的暴風雨」，並把即將到來的那一天描述為影響地球的天文事件：

天上的眾星群宿，都不發光。日頭一出，就變黑暗，月亮也不放光。
我萬軍之耶和華在忿恨中發烈怒的日子，必使天震動，使地搖撼，離其本位。（《以賽亞書》13：10、13）

在這個預言中最引人注目的是對主之日的確認，那一天是「萬軍之主」（天體的、行星似的主）將會「穿越」（crossing）的時候。這正是《伊奴瑪．伊立什》描述那撞擊了提亞瑪特的入侵者被稱為尼比魯時的話語：「讓十字（穿越，Crossing）成為他的名字！」以賽亞之後，先知何西阿也將主之日預言為天堂和大地互相「回應」的時刻，這是天文現象在地球上引起共鳴的一天。

當我們按照時間順序去檢視這些預言時，發現在西元前七世紀時，預言的宣告變得更緊急、更明確：主之日將是對所有國家的審判日，包括以色列，但主要針對亞述曾經做過的事，以及巴比倫將要做的事，**而且這一天正在接近，已經不遠了**——

耶和華的大日臨近，臨近而且甚快，乃是耶和華日子的風聲……
那日，是忿怒的日子，是急難困苦的日子，是荒廢淒涼的日子，是黑暗、幽冥、密雲、烏黑的日子。（《西番雅書》1：14—15）

正好在西元前六〇〇年之前，先知哈巴谷向「**在近年將要到來的神**」祈禱，而且儘管神忿怒，卻依然願意展現仁慈。哈巴谷將預期中的天體神描述為發光的行星，這正是蘇美和阿卡德描述尼比魯的方式。這位先知斷定，它將於南方的天空出現：

南方的主將要來臨……
他天堂的榮光籠罩大地，他的輝煌遍布整個大地。
他的光芒向前照耀著，來自他隱藏力量的地方。

> 道在他之前前行，火花從下方散發出來。
> 他停下來測量地球；看見他，列國就發抖。
> （編注：《和合本》為「神從提幔而來，聖者從巴蘭山臨到。〔細拉〕他的榮光遮蔽諸天，頌讚充滿大地。他的輝煌如同日光。從他手裡射出光線，在其中藏著他的能力。……他站立。量了大地。觀看，趕散萬民。」《哈巴谷書》3：3－6）

預言的緊迫感在西元前六世紀展開後進一步增加。先知約耳宣布：「**主之日即將來臨！**」俄巴底亞（Obadiah）宣告：「**主之日臨近了！**」大約在西元前五七〇年，先知以西結提供了以下的神聖訊息：

> 人子阿，你要發預言說，主耶和華如此說，哀哉這日，你們應當哭號。因為耶和華的日子臨近，就是密雲之日，列國受罰之期。（《以西結書》30：2－3）

之後，以西結便離開了耶路撒冷，與其他猶大領導人一起，被巴比倫王尼布甲尼撒二世（Nebuchadnezzar II）流放了。以西結被流放的地方，也是他的預言和著名的天空戰車異象發生的地方，就在哈布爾河岸，在哈蘭地區。

這個地點並非偶然，因為**主之日，以及亞述和巴比倫的傳奇結局，將要在亞伯拉罕旅程開始的地方上演。**

12．午時的黑暗

當希伯來先知預言了午時的黑暗（Darkness at Noon），等待尼比魯返回的「其他國家」盼望著什麼呢？

從他們的文字記載和雕刻圖像可以判斷，他們在等待眾神衝突的化解，人類的慈愛時代和一次偉大的神之現身。正如我們將看到的那樣，這帶來了巨大的驚奇。

亞述和巴比倫的天文學變革

由於預料到這個重大事件，尼尼微和巴比倫的祭司幹部都被動員，以注意天體現象並解釋其預兆。這些現象都被小心記載下來並向國王彙報。考古學家從現存的皇家和神廟圖書館碑刻中，發現了這些紀錄和報告，它們都是以主題或所觀察的行星來分類。有一份知名的收藏品由七十幾塊泥版組成，名為「伊奴瑪·阿努·恩利爾」系列。它記載了對行星、恆星以及星座的觀測，並按照阿努之路和恩利爾之路（包括了從南緯三十度一直到北部天頂的天空，參見139頁圖53），來為天體分類。

首先，他們透過將觀測到的現象與蘇美時期的天文紀錄進行比較，來解釋其結果。儘管這些觀測資料是以阿卡德語（巴比倫和亞述的語言）寫下的，卻使用了大量的蘇美詞語和數學方法，有時候還包括從更早期的蘇美泥版翻譯過來的抄寫紀錄。這些泥版被視為「天文學家手冊」，能透過過去的經驗告訴他們，這些現象預示著什麼：

當月亮沒有在計算中的時間出現：
將會有一個大城市被入侵。

當彗星到達太陽的軌道：
洪水將會減少，騷動將會出現兩次。

當木星與金星同行：
大地的祈禱聲將會傳到眾神那裡。

隨著時間的推移，這些報告中有越來越多觀測結果伴隨著預兆祭司自己的解釋：「晚上土星靠近月球。土星是太陽的行星之一。意思是：對國王有利。」值得注意的變化還包括對日月食的特別關注；一塊泥版（現今收藏於大英博物館）列出了類似電腦的數字列，可以用來提前五十年預測月食。

現代研究發現，局部的天文學新型態之改變，發生在西元前八世紀，在巴比倫和亞述經歷了一段時間的混亂和皇家動盪之後，其命運落入強勢的新皇家手中：亞述的提格拉特－帕拉沙爾三世（西元前七四五年至七二七年）和巴比倫的那布那西爾（Nabunassar，西元前七四七年至七三四年）。

那布那西爾（意思是被那布守護著）早在古代就被譽為天文學領域的創新者和驅動者。他的第一個行動就是修復並還原位在西巴爾的沙馬氏神廟，西巴爾是古代蘇美的太陽神「崇拜中心」。他還在巴比倫建造了一座新的天文臺以校正曆法（從尼普爾繼承的），同時制定了每天向國王報告天象及其意義的制度。由於這些措施，相關闡明後續事件的大量天文學資料才得以為後人所知。

提格拉特－帕拉沙爾三世也非常活躍，有自己的一套方法。他的年鑑描述了持續的軍事戰役，自誇著他攻占的城市、對當地國王和貴族的殘酷處決，以及大規模的流放。我們在前面的章節已經描述過他，以及其繼任者撒縵以色五世和薩貢二世，在以色列的滅亡及其人民的流亡（十個失落的支派）上所扮演的角色，還有西拿基立占領耶路撒冷的嘗試。在更接近亞述本土的地方，這些國王正忙於「握住馬杜克的手」，吞併巴比倫。下一位亞述君王，以撒哈頓（Esarhaddon，西元前六八〇年至六六九年），宣稱「阿舒爾和馬杜克都賜予了他智慧」，以馬杜克和那布的名義宣誓，並且重建了巴比倫的埃薩吉神廟。

在歷史書中，以撒哈頓主要是因為成功入侵埃及（西元前六七五年至六六九年）而被後人所知。根據已有的資料推測，這次入侵的目的，是為了阻止埃及人「介入迦南」和占領耶路撒冷的企圖。值得注意的是，按照隨後發生的事情，他選擇的路線是：不走最近的路到西南方，而是繞了一個大彎，往北走到哈蘭。以撒哈頓在那裡的辛神舊神廟裡，尋求月神的祝福以發動征戰；辛神倚靠著權杖，身邊有努斯庫（Nusku，神的神聖信使）陪伴著，表示同意。

於是以撒哈頓揮軍南下，席捲整個地中海東部的土地，到達埃及。重要的是，他繞開了西拿基立未能奪取的耶路撒冷。同樣重要的是，這次對埃及的入侵和繞道而行，以及亞述自身的最終命運，都在幾十年前就被以賽亞預言了（《以賽亞書》10：24—32）。

雖然以撒哈頓忙於地緣政治，卻沒有忽略當時對天文學的需求。在神沙馬氏和阿達德的指導下，他在阿舒爾（亞述的崇拜中心之城）豎立了「智慧之屋」（一座天文臺），並在他的紀念碑上描繪了包括尼比魯在內的完整太陽系的十二個成員（見圖89）。根據一個圓筒印圖章的描繪，有一座通往更奢華的神聖區域的紀念性大門，是模仿阿努在尼比魯的大門所建（見圖90）。這是亞述當地的「對回歸的盼望」之線索。

圖89：紀念碑上的太陽系十二個成員

圖90：尼比魯星的阿努大門（上）與亞述王模仿的大門（下）

亞述對尼比魯星回歸的盼望

所有這些宗教政治的舉動，都暗示著亞述人要確保在眾神關心的範圍內，「觸及所有的基礎」。因此，在西元前七世紀，亞述已經準備好迎接眾神之行星在預期中的回歸。已發現的史料，包括首席天文學家給國王的信件，都揭示了對田園般的烏托邦時代的預測：

當尼比魯到達最高點……
大地上將可安全地居住，敵對的國王將和平相處；眾神將接受祈禱並聽見懇求。

當天國王位之星變得更亮，將會有洪水和降雨。

當尼比魯靠近時，眾神將會賜予和平。
麻煩會被清除，複雜情況將得到解決。

無疑地，他們所盼望的是那顆將會出現的行星，它在天空中升起，越來越明亮，在近日點的十字路口，成為尼比魯（NIBIRU，十字行星）。就像那扇大門和其他建築物所指出的，伴隨著回歸的星球，**人們所盼望的是阿努先前訪問地球的情況將會重現**。現在就要靠天文祭司觀看天空以發覺那顆行星的出現，但是在廣闊的天空中，他們要看向何處？當那顆行星還在遙遠的天空中，他們要如何認出它？

下一個亞述君王亞述巴尼帕（Ashurbanipal，西元前六六八年至六三〇年）想到了解決辦法。

歷史學家認為，亞述巴尼帕是最有學者氣質的亞述君王，因為他在阿卡德語之外，還學習了其他語言，包括蘇美語，並宣稱自己能讀懂「大洪水之前的著作」。他還自誇「學會了天國和地球的祕密符號……向預言大師學習了天國的知識」。

一些現代研究者還認為，他是「首位考古學家」，因為他有系統地收集了對那個時代而言已是古代遺址的泥版，例如以前屬於蘇美的尼普爾、烏魯克和西巴爾。他還派遣了專業團隊到亞述侵占的地方，去挑選和掠奪這些泥版。這些泥版最終被放在一個著名的圖書館內，其中有幾組抄寫人員在學習、翻譯和抄寫這些從幾千年的檔案中挑選出來的文獻（參觀者可以在伊斯坦堡的古代近東博物館裡看到這些陳列在原始架子上的泥版。它們被整齊地排放在架子上，每個架子都是以「目錄碑刻」開頭，列出了這個架子上的所有文獻）。

雖然這些被收集起來的泥版涉及了相當廣泛的課題，但是研究指出，它們對天象資訊特別關注。在純天文學類的文獻中，有一些泥版屬於**「貝爾之日」（The day of Bel，即主之日）**系列！此外，有關眾神到來的史詩故事和歷史，被認為很重要，尤其是提到了尼比魯的那些段落。

《伊奴瑪．伊立什》這部創世史詩，講述了一顆入侵的行星怎麼進入太陽系並成為尼比魯，其內容不斷地被複製、翻譯和再複製。關於大洪水的記載也是如此，例如《阿特拉－哈西斯》和《吉爾伽美什史詩》。它們似乎都是合法地成為皇家圖書館中所累積的知識的一部分，而且碰巧的是，它們都提到了尼比魯在過去出現的實例，因此也與它的下一次靠近有關。

在經過翻譯且無疑經過仔細研究的純天文學文獻中，有一些指南用於觀察尼比魯的到來，並在它出現時進行辨別。一段保留蘇美詞語的巴比倫文獻指出：

馬杜克神的行星：
在它上方出現的是舒帕伊（SHUL.PA.E）；
往上三十度是薩格美尼格（SAG.ME.NIG）；
當它在天空的中央：尼比魯。

第一個行星的名字「舒帕伊」被認為是木星（也可能是土星），第二個名字「薩格美尼格」可能只是木星的變體，但也有人認為是水星（＊）。一份來自尼普爾的類似文獻中，提到了以蘇美語命名的行星，比如UMUN.PA.UD.DU和SAG.ME.GAR，也表示尼比魯的到來將由土星「宣布」，並且上升三十度後將會靠近木星。其他文獻（比如編號K.3124的泥版），指出當「馬杜克行星」越過舒帕伊和薩格美尼格（我相信這是指土星和木星）將會「進入太陽」（也就是到達近日點，離太陽最近的地方）然後「變成尼比魯」。

其他的文獻提供了關於尼比魯的路徑及其出現的時間範圍，更清楚的線索：

那顆行星從木星的位置向西移動。

那顆行星從木星的位置增加其光輝，將在巨蟹宮變成尼比魯。

那偉大的星球：
在它的出現：暗紅色。
它將天空分成兩半，就像它待在尼比魯中。

＊ 這些已被發現的大量天文資料，在十九世紀和二十世紀初，吸引了當時學者的注意力和耐心，他們巧妙地將「亞述學」和天文學的知識結合起來。我在《地球編年史》的第一本書《第12個天體》，就引用了法蘭茲・庫格勒（Franz Kugler）、恩斯特・威德納（Ernst Weidner）、艾瑞克・艾柏林（Erich Ebeling）、希爾普雷奇特（Herman V. Hilprecht）、阿爾弗雷德・耶利米亞（Alfred Jeremias）、莫里斯・賈斯特羅（Morris Jastrow）、亞伯特・肖特（Albert Schott）和西奧菲勒斯・平切斯等人的研究結論。他們的研究很複雜，因為同一個卡卡布（指任何天體，包括行星、恆星、星座）會有好幾個名字。

我當時就指出，他們的研究有一個非常基礎的錯誤：他們都假設蘇美人和其他古代人沒辦法知道（「用他們的肉眼」）土星以外的世界。結果，除了那「七個已知的卡卡巴尼（kakkabani，卡卡布的複數形）」被公認的名字：太陽、月球、水星、金星、火星、木星、土星以外，其他的名字都會被假

圖91：圓筒印章VA/243

設成「七個已知者」的另一個名字。這個錯誤的首要受害者就是尼比魯；無論是它的名字或巴比倫語名字「馬杜克行星」被列出時，都被假設為木星或火星，甚至金星的另一個名字。

令人難以置信的是，現代天文學家也是在「只有七個」的假設上繼續研究，儘管很多相反的證據都顯示，蘇美人知道太陽系的真實形狀和組成；他們在《伊奴瑪・伊立什》中，由替外行星命名而展開；以太陽為中心的完整十二成員的太陽系之描繪，已有四千五百年的歷史，就在柏林博物館的圓筒印章VA/243（圖91），以及在亞述和巴比倫的紀念碑上的十二個行星符號之描繪，等等。

總括起來，亞述巴尼帕時代的天文資料，描述了一顆行星出現在太陽系的邊緣，當它到達木星（甚至木星前的土星）會開始上升並變得可見，然後它沿著曲線飛向黃道。在這顆行星的近日點，就是它最接近太陽（因此也最接近地球）的地方，**位於「巨蟹宮」的交叉口**，它變成了尼比魯。就像示意圖（非按照原比例）中所呈現的，這只會在春分日出點在白羊宮的時代才會發生（見下頁圖92）。

這些關於天體神的軌道路徑及其重現的線索，有時候會使用星宮做為天體圖。這些線索在《聖經》的一些章節中也有記載，顯示這些知識是國際上通用的：

在《詩篇》第十七章提到：「你的臉在土星附近將會被看到。」《哈巴谷書》第三章提到：「南方的主將會到來……他的耀眼光輝將像光一樣發射傳播。」《約伯記》第九章提到：「他從天國獨自出發，踏向最深處；他來到了大熊座、天狼星和獵戶座，以及南方的星座。」（編注：《和合本》為「他獨自鋪張蒼天，步行在海浪之上。他造北斗、參星、昴星，並南方的密宮。（9：8－9）」）。《阿摩司書》提到，天體神「在金牛宮和白羊宮旁露臉微笑，他將從金牛宮前往射手宮。」（編注：以上除《約伯記》外，其他在《和合本》中無相符段落。）這些經文描述了一顆行星橫越最高處的天空，順時針運行（天文學家說這是「逆行」）經過南方的星座之後到來。這是一條大範圍的軌道，與哈雷彗星類似（參見191頁圖78）。

關於亞述巴尼帕的盼望，明顯線索是，他們將蘇美人對於西元前四千年左右參加阿努和安圖來到地球進行國事訪問的典禮之描述，精心翻譯為阿卡德語。這個部分是關於他們在烏魯克的描述：在前夜，一個觀察者被安排在「塔樓的最頂層」以觀察並宣布一顆又一顆行星的到來，直到「天國的偉大阿努之星」進入視野時，所有神都聚集在一起歡迎這對神聖配偶，誦讀文章〈致漸漸明亮的、阿努神的天上行星〉，並唱著讚美詩〈創造者的形象升起了〉。這份長篇文獻接著描述了典禮上的宴席、回到夜間休息室、第二天的進程等等。

我們可以看出，亞述巴尼帕投入於收

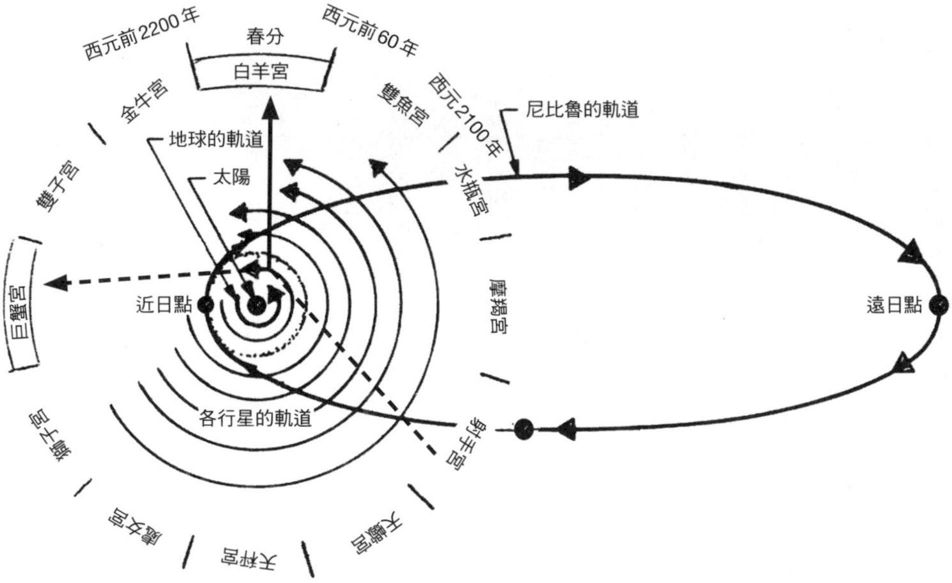

圖92：尼比魯的出現示意圖

集、對比、翻譯和學習的這些早期文獻，對於天文祭司在可能的第一時刻偵測到尼比魯星的回歸，並告知國王下一步的程序，提供了指引。將那顆行星稱為「天國王位之星」，是關於皇家盼望的重要線索，就像宮殿牆壁上的宏偉浮雕所描繪的，有翼圓盤在生命樹上盤旋，亞述王向待在圓盤裡的神打招呼（參見206頁圖87）。

盡快獲得行星出現的資訊是非常重要的，因為這樣才有充足的時間為其中所描述的大神（阿努本人？）的到來做好適當的接待，這樣就會被賜予長壽甚至永生。

但是，這並不是注定要發生的。

在亞述巴尼帕過世後不久，叛亂在整個亞述帝國爆發。他的兒子們瓜分了埃及、巴比倫和埃蘭。來自遠方的新來者，也開始出現在亞述帝國的邊境上：從北邊來的「部落」和從東方來的米底人。各地的君主都控制了當地並宣布獨立。特別重要的是，巴比倫與亞述的雙重王權在當前和未來的事件上「脫鉤」。在西元前六二六年的新年節慶上，一位巴比倫將軍，他的名字「那布坡拿沙」（Nabupolassar，意思是由那布的兒子所保護）暗示他自稱是那布神的後代，被選為獨立的巴比倫國王。一塊泥版記錄了他的就職典禮：這片土地的貴族聚集在一起；他們祝福那布坡拿沙；他們張開拳頭，宣布他是最高統治者；馬杜克在眾神大會中將權力之規範交給那布坡拿沙。」

因為人們普遍對亞述的殘酷刑法感到深惡痛絕，那布坡拿沙很容易就找到了對亞述發動軍事行動的盟友。其中最主要且充滿激情的是米底人（波斯人是其後裔），因為他們經歷過亞述人的入侵和野蠻對待。巴比倫軍隊從南方向亞述推進時，米底人就從東方進攻亞述。在西元前六一四年，正如希伯來先知預言的那樣，阿舒爾這個亞述的宗教中心被攻占，並且被夷為平地。接著，皇家首都尼尼微也淪陷了。**西元前六一二年，偉大的亞述陷入混亂**。亞述這片「首位考古學家」的土地，本身也成了考古遺址。

這些事怎麼可能發生在名字的意思為「阿舒爾神之地」的土地上呢？當時唯一的解釋就是，眾神已經不再保護這片土地。事實上，我們將會看到還有更多的原因：**眾神自己已經撤出了這片土地和地球**。

然後，回歸傳奇中最令人吃驚的最後一章展開了，哈蘭在其中扮演了關鍵角色。

亞述、巴比倫和埃及的地緣政治變化

亞述滅亡後的一連串驚人事件，由亞述的皇家成員逃向哈蘭而展開。這些逃離者包含了亞述軍隊的殘存人員，他們宣布其中一位皇家難民為「亞述王」，要前往哈蘭尋求辛神的保護。但是，這位從往昔以來一直居住在哈蘭城的神並沒有回應。**西元前六一〇年，巴比倫軍隊占領了哈蘭，結束了亞述最後的希望**。

對於蘇美和阿卡德的繼承權爭奪戰已經結束，現在它只屬於巴比倫國王，並得到了神聖的祝福。巴比倫再一次統治了這個曾經神聖的「蘇美和阿卡德」，從那時開始，許多文獻都稱那布坡拿沙是「阿卡德王」。他利用這份權力，將天體觀測範圍擴展到以前的蘇美城市尼普爾和烏魯克，後來一些決定性年份的關鍵觀測資料也來自那裡。

同樣在這命中注定的一年，西元前六一〇年，發生了另一件具紀念意義的驚人事件，在復興的埃及，一位充滿自信的強人尼科（Necho）登上了王位。僅在一年之後，就發生了令歷史學家最不解的地緣政治版塊的移動。曾經與巴比倫人站在同一邊反對亞述統治的埃及人，從埃及出發，衝進北方，占領了巴比倫人自認為擁有的領土和聖地。埃及人繼續前進，一路向北抵達迦基米施，來到足以威脅哈蘭的距離。埃及同時也掌握了位於黎巴嫩和猶大的兩個太空站相關地點。

感到驚訝的巴比倫人不會忍受這種事態繼續下去。年事已高的那布坡拿沙，把驅逐埃及人的任務交給兒子尼布甲尼撒二世，他已經在戰場上證明過自己的實力。西元前六〇五年六月，巴比倫軍隊在迦基米施打敗了埃及，解放了「那布和馬杜克所渴望的黎巴嫩的神聖森林」，並追擊逃亡的埃及軍隊一路來到西奈半島。此時，尼布甲尼撒二世停止追擊，因為他收到了從巴比倫傳來的父親過世的消息。他趕回國，在同一年被宣布為巴比倫國王。

歷史學家對埃及突然的突襲行為和巴比倫反應的劇烈程度，並沒有提出任何解釋。對我們來說，事件的核心明顯是對回歸的盼望。事實上，在西元前六〇五年，「回歸」被視為迫在眉睫，甚至可能逾期；因為就在同一年，先知哈巴谷開始在耶路撒冷以耶和華之名開始預言。為了預言巴比倫和其他國家的未來，先知問耶和華，主之日，審判各國（包括巴比倫）的日子，何時會到來。耶和華回答說：

> 將這默示明明的寫在版上，使讀的人容易讀。因為這默示有一定的日期，快要應驗，並不虛謊。雖然遲延，還要等候。因為必然臨到，不再遲延。（《哈巴谷書》2：2—3）

（我們將會看到，「指定的時間」恰巧是五十年之後。）

尼布甲尼撒二世攻入耶路撒冷

尼布甲尼撒二世在位統治的四十三年（西元前六〇五年至五六二年）被認為是「新巴比倫」帝國時代，是一個以果斷和快速行動為標誌的時代，因為那時已經沒有時間可以浪費了——逼近的「回歸」是對巴比倫的獎賞！

巴比倫為了迎接盼望中的「回歸」，迅速進行了大規模的翻新和建築工程。他們的焦點是神聖區域，那裡的馬杜克埃薩吉神廟（馬杜克現在被簡稱為「貝爾／巴爾」（Bel/Ba'al），意思是「上帝」）進行了裝修和重建，它的七層廟塔已經為觀看星空做好準備（見圖93），就像西元前四千年，在烏魯克城為了阿努來訪所做的準備一樣。一條穿過宏偉大門通往神聖區域的行進大道（Processional Way）也已經建造完成，它們的牆壁經過裝飾，從上到下都覆蓋著精美的琉璃磚，直到今日仍令人驚豔；現代挖掘行動已經將該遺址拆除，並把行進大道和大門一起放在柏林的古代近東博物館（Vorderasiatisches Museum）。巴比倫，馬杜克的永恆城市，準備好要歡迎「回歸」。

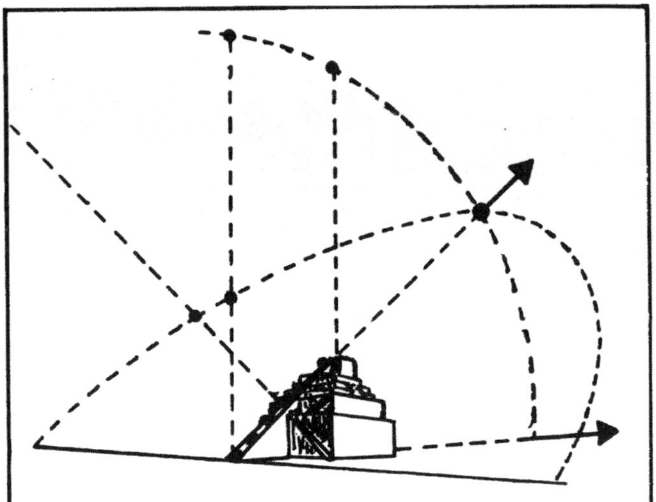

圖93：埃薩吉神廟的觀測視線

尼布甲尼撒二世在銘文上寫道：「我使巴比倫城成為所有國家和每個居住區中最重要的；我將它的名字提升為所有聖城中最受讚譽的。」看起來，他們所盼望的是載著神的有翼圓盤降落在黎巴嫩登陸點，然後經由新的非凡行進大道及壯觀的大門進入巴比倫，來完成「回歸」（見圖94）。那座壯觀的大門名為「伊師塔」（別名是「伊南娜」，她在烏魯克是「阿努的寵兒」），這

圖94：名為「伊師塔」的大門

是另一條關於期盼中的「回歸」的線索。

伴隨著這些盼望的是，巴比倫成為地球之臍，繼承了尼普爾在大洪水之前的杜爾安基（DUR.AN.KI，意思是天地紐帶）之身分。現在，巴比倫的功能透過給予廟塔基臺一個蘇美名字「伊天門安基」（E.TEMEN.AN.KI，意思是天地基礎之屋）來表達，強調巴比倫成為新的「地球之臍」的角色，這被巴比倫的「世界地圖」描繪得很清楚（參見34頁圖10）。這個詞語呼應了對耶路撒冷的描述，耶路撒冷的基石被當成地球與天國之間的連結！

但是，如果那是尼布甲尼撒二世所設想的，那麼巴比倫就必須取代現有的大洪水之後的太空站連接點——耶路撒冷。

在大洪水之後，耶路撒冷已經取代了尼普爾在大洪水之前的角色，成為任務指揮中心，它位於太空站相關地點的中心位置（參見20頁圖3）。先知以西結稱耶路撒冷為「地球之臍」（《以西結書》38：12，編注：《和合本》為「世界中間」），並宣稱神親自挑選它來擔任這個角色：

> 主耶和華如此說，這就是耶路撒冷。我曾將他安置在列邦之中，列國都在他的四圍。（《以西結書》5：5）

尼布甲尼撒二世決定為巴比倫奪得這個角色，率領軍隊前往這個難以捉摸之地，並在西元前五九八年攻占了耶路撒冷。這次，正如先知耶利米所警告的，尼布甲尼撒二世是順應上帝的憤怒來懲罰耶路撒冷人民的，因為他們繼續崇拜天體神：「巴力（即巴爾）、和日、月、十二宮並天上萬象。」（《列王記下》23：5）其中清楚地把馬杜克當成一個天體。

尼布甲尼撒二世持續圍困耶路撒冷三年，使得其中的人民餓死，設法制服了這座城市，並將猶大國王約雅斤（Jehoiachin）俘虜到巴比倫。猶大的貴族和知識菁英也被流放，其中包括了先知以西結，此外還有上千名士兵和工匠；他們被迫在哈布爾河岸謀生，那裡靠近哈蘭，是他們祖先的家鄉。

這一次，耶路撒冷城及其聖殿完好無損，但在十一年後的西元前五八七年，巴比倫人帶著武力回來了。根據《聖經》的記載，這次的行為是巴比倫人主動將火炬帶到所羅門建造的聖殿。尼布甲尼撒二世在銘文中提供了相同的解釋：順從「我的神那布和馬杜克」的意志來取悅他們。但是，我們即將看到，真正的原因其實很簡單：他們認為耶和華已經離開了。

巴比倫人及其國王破壞聖殿，是一件令人震驚且邪惡的事情；曾被先知認為是耶和華的「憤怒之杖」的巴比倫人及其國王，將會被嚴懲。先知耶利米宣稱：「耶和華我們的神報仇，**就是為他的殿報仇**」，將會攻擊巴比倫。他預言了強大的巴比倫將淪陷，以及北部入侵者對它的破壞，這些事情在幾十年後成真的了。耶利米還宣告了尼布甲尼撒二世所崇拜的眾神的命運：

> 你們要在萬國中傳揚報告、豎立大旗，要報告、不可隱瞞、說、巴比倫被攻取、彼勒（貝爾）蒙羞、米羅達驚惶，巴比倫的神像都蒙羞、他的偶像都驚惶。（《耶利米書》50：2，編注：米羅達在《聖經》英文版為Merodach，作者原文為Marduk〔馬杜克〕）

對尼布甲尼撒二世本人的神聖懲罰，也與他的褻瀆行為相稱。根據傳統資料來源，西元前五六二年，一隻小蟲從他的鼻子進入大腦，讓他在劇痛中死去。

古代的星盤與日食現象

尼布甲尼撒二世和他的三位血統繼承者（被謀殺或以其他輕率方式處置），都沒有活著看到阿努到達巴比倫的大門。事實上，**雖然尼比魯星真的回歸過，但從未發生過這樣的到來。**

事實上，根據那個時期的天文學泥版記載，人們真的觀察到了尼比魯，也就是「馬杜克之星」的歸來。一些現象被當作預兆，例如一塊編號是K.8688的泥版向國王報告：如果金星在尼比魯「之前」（也就是比尼比魯更早升起），農作物將沒有好收成，但如果金星在尼比魯「後面」（也就是比尼比魯更晚升起），農作物就會有好的收成。

我們對一組在烏魯克發現的「巴比倫晚期」的泥版非常感興趣，它們將資料記錄在十二個月的黃道欄位裡，並結合文字描述和繪畫插圖。其中一塊泥版（VA 7851，見圖95）顯示馬杜克之星在白羊宮符號和地球的七之符號之

圖95：VA 7851泥版

間，描繪了馬杜克就在這顆星球上。另一個例子是編號為VAT 7847的泥版，**當他們在白羊宮觀測到尼比魯星出現時，將這一天命名為「偉大的主馬杜克之門開啟之日」**；然後當這顆行星移動水瓶宮時，又將那一天命名為「上帝馬杜克之日」。

更能說明從南部天空開始出現的「馬杜克」行星，以及它在中央天域迅速變成「尼比魯」的說法，是另一組圓形泥版。它們代表了對蘇美天文原理的「回溯」，將天空分為三條路（恩利爾之路代表北部天空，艾之路代表南部天空，而阿努之路在中間）。正如被發現的一個碎片所顯示的（見236頁圖96），黃道十二宮曆法被疊加在這三條路上；解釋性文字則寫在那些圓形泥版的後面。

西元一九〇〇年，西奧菲勒斯．平切斯在英國倫敦舉行的皇家亞洲學會（Royal Asiatic Society）會議上，宣布他成功拼湊出一份完整的泥版，並稱它為「星盤」（astrolabe，意思是星辰守望者），引起了一陣轟動。他展示的泥版是一個被分成三個同心環的圓盤，每個圓環像派餅那樣被分成十二個部分，這樣就形成了三十六個部分。每個部分都具有附帶小圓圈的名字，指出它是一個天體；此外還有一個數字。每個部分還對應著一個月的名字，於是平切斯用一到十二為它們編號，並從「尼散」開始（見237頁圖97）。

這個展示很容易讓人理解，因為這是巴比倫的天空圖，把天空分成恩利爾、阿努、恩基這三條路，並呈現一年裡每個月可以觀測到的行星、恆星和星座。關於星盤上的天體之身分（其根源在於「沒有超越土星之外」的概念）和數字意義的爭論，至今都未平息過。還有一個懸而未決的問題，就是星盤的製作時間，如果這個星盤是早期泥版的複製品，那它所呈現的是什麼時代的天空圖呢？從十二世紀到西元前三世紀都有可能，但是普遍都將它歸為尼布甲尼撒二世或其繼承者那布納德（Nabuna'id，又譯拿波尼度）的時代。

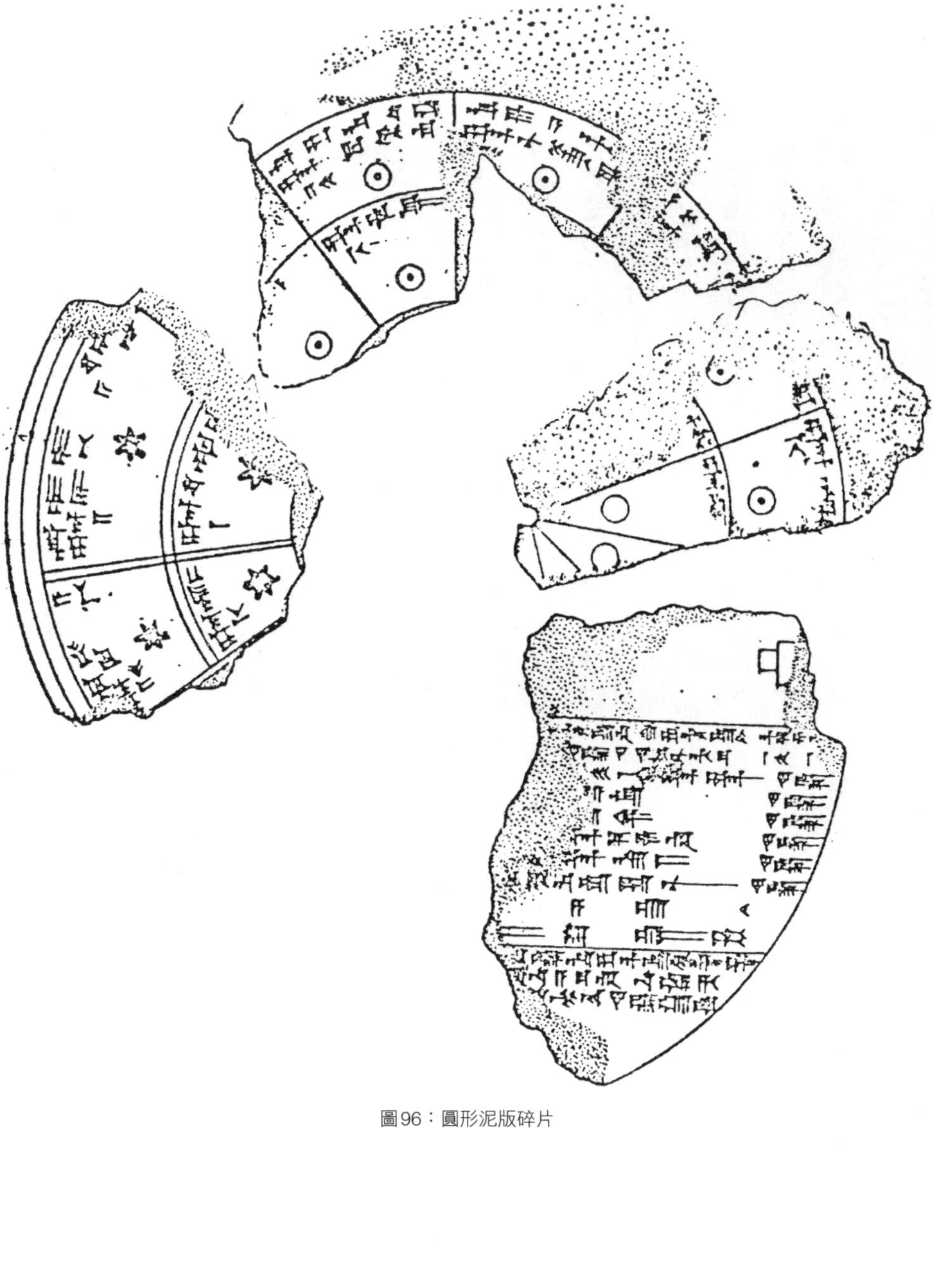

圖96：圓形泥版碎片

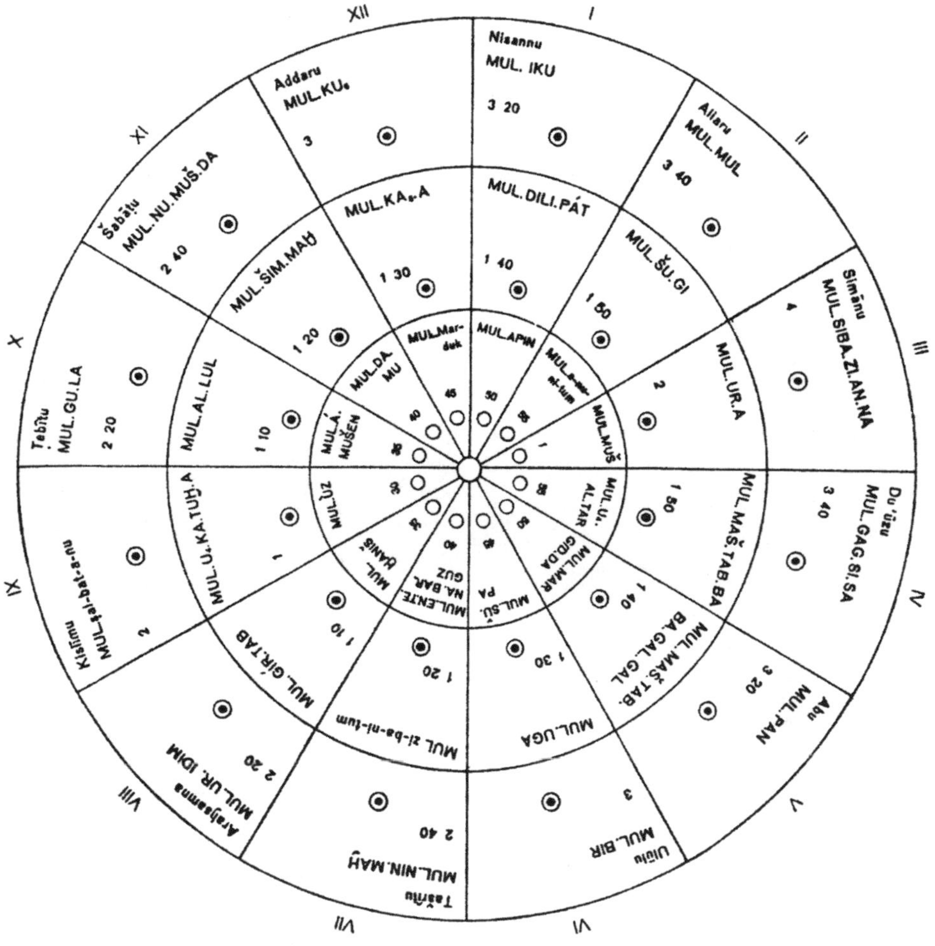

圖 97：平切斯成功拼湊的星盤

平切斯提供的星盤在後續的爭論中用「P」代表，但是後來又改名為「星盤A」（Astrolabe A），因為另一個星盤也被拼湊完成，稱為「星盤B」（Astrolabe B）。

雖然這兩個星盤乍看之下很像，但其實有所不同。根據我們的分析，最關鍵的區別在於：星盤B上標示的mul Neberu deity Marduk（馬杜克神的尼比魯之星），是在阿努之路上，就是黃道中間帶（見圖98），然而，星盤A標示的mul Marduk（馬杜克之星），卻在北部天空的恩利爾之路上。（見240頁圖99）

如果這兩個星盤描繪的是一顆正在移動的行星（巴比倫人稱它為「馬杜克」），那麼名稱和位置的變化絕對是正確的：它在北部天空的高處出現（如星盤A所示），然後沿弧形軌道下降以越過黃道，並在阿努之路越過黃道時變成尼比魯（穿越、十字，如星盤B所示）。這兩個星盤所呈現的兩階段文獻，準確地描述了我們一直以來的主張！

有一份文獻（名為KAV 218, columns B and C）與這兩個圓形插圖，能夠消除對於馬杜克／尼比魯身分的懷疑：

亞達月（Adar）：
馬杜克之星在阿努之路：
這個耀眼的卡卡布（行星）在南方升起
當黑夜之神完成了他們的使命，
然後劃過了天空。
這個卡卡布就是尼比魯＝馬杜克神。

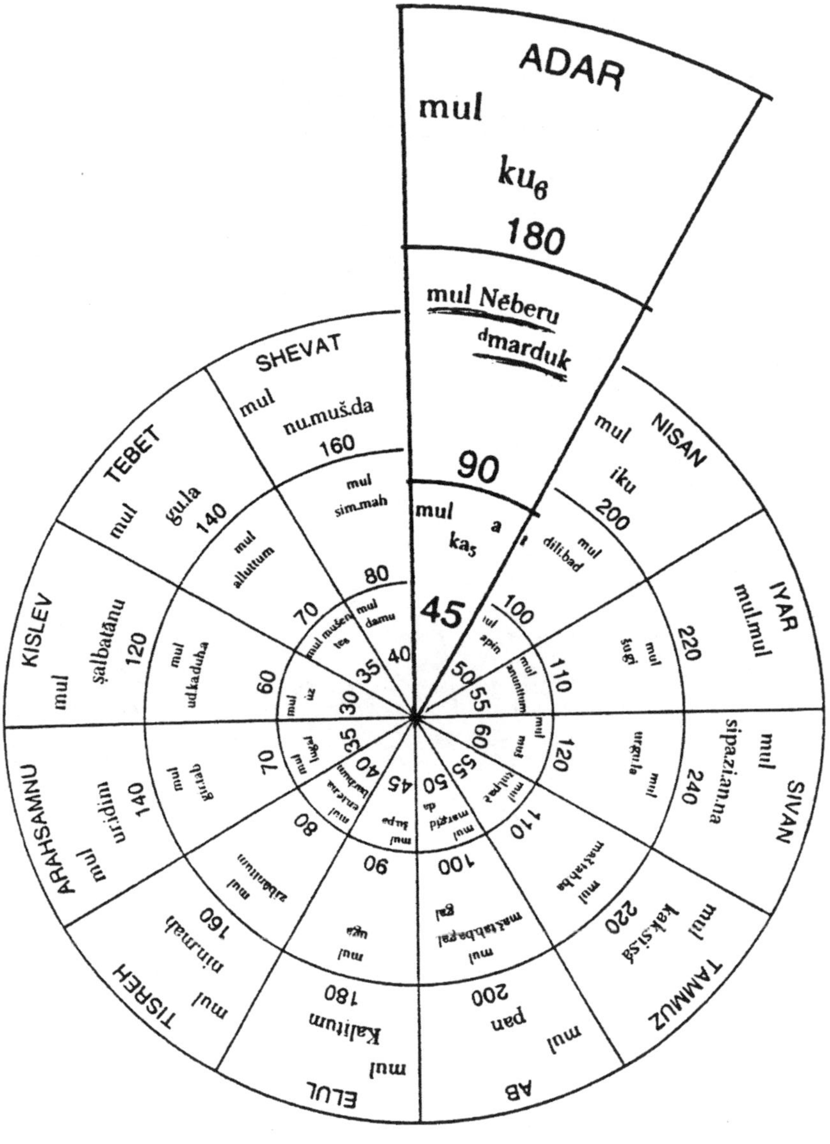
ADAR
mul
ku6
180
mul Nēberu
dmarduk
90
mul
ka5
a
45
NISAN
mul
iku
200
mul
dili.bad
100
IYAR
mul.mul
220
mul
šugi
110
SIVAN
mul
sipa.zi.an.na
240
mul
ugu.la
120
TAMMUZ
mul
kak.si.sá
220
mul
maš.tab.ba
110
AB
mul
pan
200
mul
maš.tab.ba.gal.gal
100
ELUL
mul
Kalitum
180
mul
uga
90
TISREH
mul
nin.mah
160
mul
zibānītum
80
ARAHSAMNU
mul
ur.idim
140
mul
gír.tab
70
KISLEV
mul
șalbatānu
120
mul
ud.ka.duh.a
60
TEBET
mul
gu.la
140
mul
allutum
70
SHEVAT
mul
nu.muš.da
160
mul
sim.mah
80
40
35
30
35
40
45
50
55
60
55
50
圖 98：星盤 B

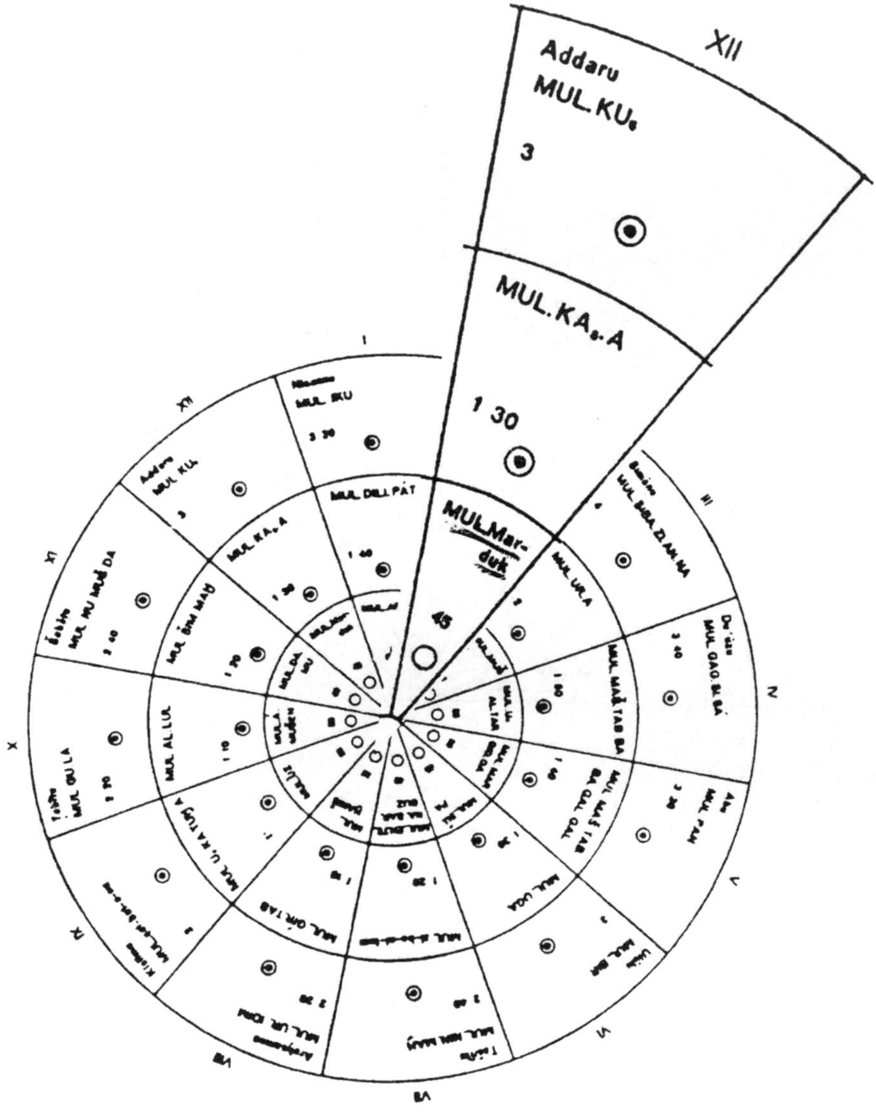

圖99：星盤A

我們可以確定（稍後會提出理由），這些「巴比倫晚期」泥版上的觀察資料，不可能發生在西元前六一〇年之前，也不可能發生在西元前五五五年之後，因為這一年是那布納德成為巴比倫最後一位國王的日子。他聲稱自己的合法性來於王位得到了天上的證實，因為「馬杜克之星，高高掛在空中，用我的名字叫喚過我」。在聲明中，他還提到曾在一個晚上看到了「那顆偉大的星球和月亮」。基於克卜勒（Kepler）公式的行星繞日軌道，在美索不達米亞可以看見馬杜克／尼比魯的時間只能持續幾年。因此，那布納德提到自己看見那顆行星的宣言，讓我們可以確定它的回歸年份是在西元前五五五年之前。

那麼它回歸的精確時間是什麼時候呢？要解決這個謎團，需要考慮另一個面向：關於主之日的「午時的黑暗」預言——日食，**而且日食在西元前五五六年真的發生過！**

雖然日食比月食更少見，但是並不罕見。當月球經過太陽和地球之間的適當位置時，就會暫時遮住了太陽。只有一小塊地方會看到日全食。由於太陽、地球和月球之間不斷變化的三重軌道舞蹈，加上地球的自轉和不斷變化的軸心傾斜度，日食期間的黑暗程度、持續時間和路徑，會因為太陽經過的路線不同而異。

雖然日食並不常見，但在美索不達米亞的天文學遺產中，包括了對日食現象的描述，稱它為「阿塔魯沙姆希」（atalu shamshi）。文獻資料顯示，不僅是這個現象，還包括參與其中的月球，都是累積下來的古代知識的一部分。事實上，亞述在西元前七六二年發生過一次日全食。接著在西元前五八四年，地中海地區也看到了日食，而且在希臘是日全食。但後來，**西元前五五六年，又在「意想不到的時間」發生了一次非比尋常的日食**。如果這不是可預測的月球運轉引起的，**那麼有可能是尼比魯星異常接近所導致的嗎？**

在屬於「當阿努是上帝之星時」的系列天文學泥版中，有一塊泥版（分類號為VACh.

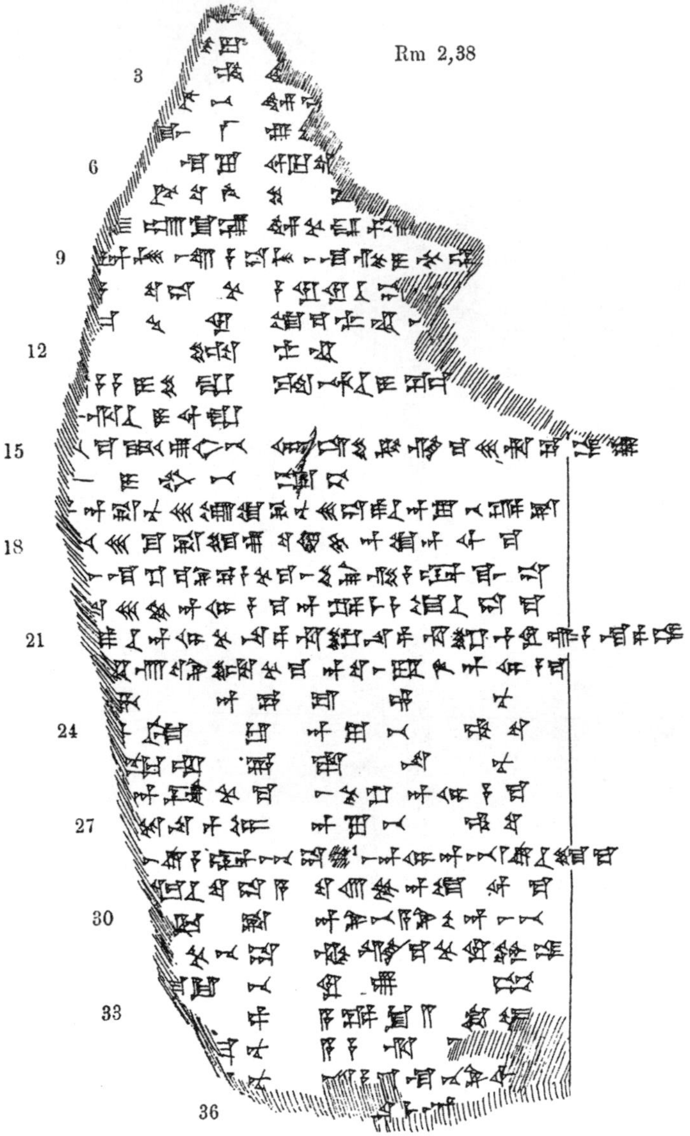

圖100：「當阿努是上帝之星時」泥版

Shamash/ RM.2,38，見圖100）提到了日食，並記錄了觀察到的現象（19行到20行）：

太陽圓盤在開始時，
在出乎意料的時間，
變成了黑暗，
並且站在偉大星球的光輝中。
在（那個月的）三十日，**發生了日食**。

黑暗的太陽「站在偉大星球的光輝中」的確切意思是什麼？雖然泥版本身沒有提供日食的具體日期，但我們認為，這些句子**強烈地暗示了這次出乎意料的異常日食，是由於尼比魯（那「偉大的光輝之星」）的回歸而造成的**。但是，這次的日食是由尼比魯星直接引起的，還是由它射向月球的「光輝」（引力效應？）引起的，文獻中並沒有解釋。

此外，**天文歷史資料顯示，在西元前五五六年五月十九日確實發生過日食**。就像由美國國家航空暨太空總署戈達德太空飛行中心（Goddard Space Flight Center）所提供的這張圖（見下頁圖101），這是可以在大範圍觀看到的重大日食現象。還有一個獨特的方面就是，**這次日全食帶精確地經過了哈蘭地區！**

最後這個事實對我們的總結具有重大意義，而它在古代世界那個命中注定的年份具有更重大的意義。就在那之後，西元前五五五年，那布納德被宣布為巴比倫國王，不是在巴比倫，而是在哈蘭。他是巴比倫的最後一位國王。在他之後，正如耶利米預言的，巴比倫重演了亞述的命運。

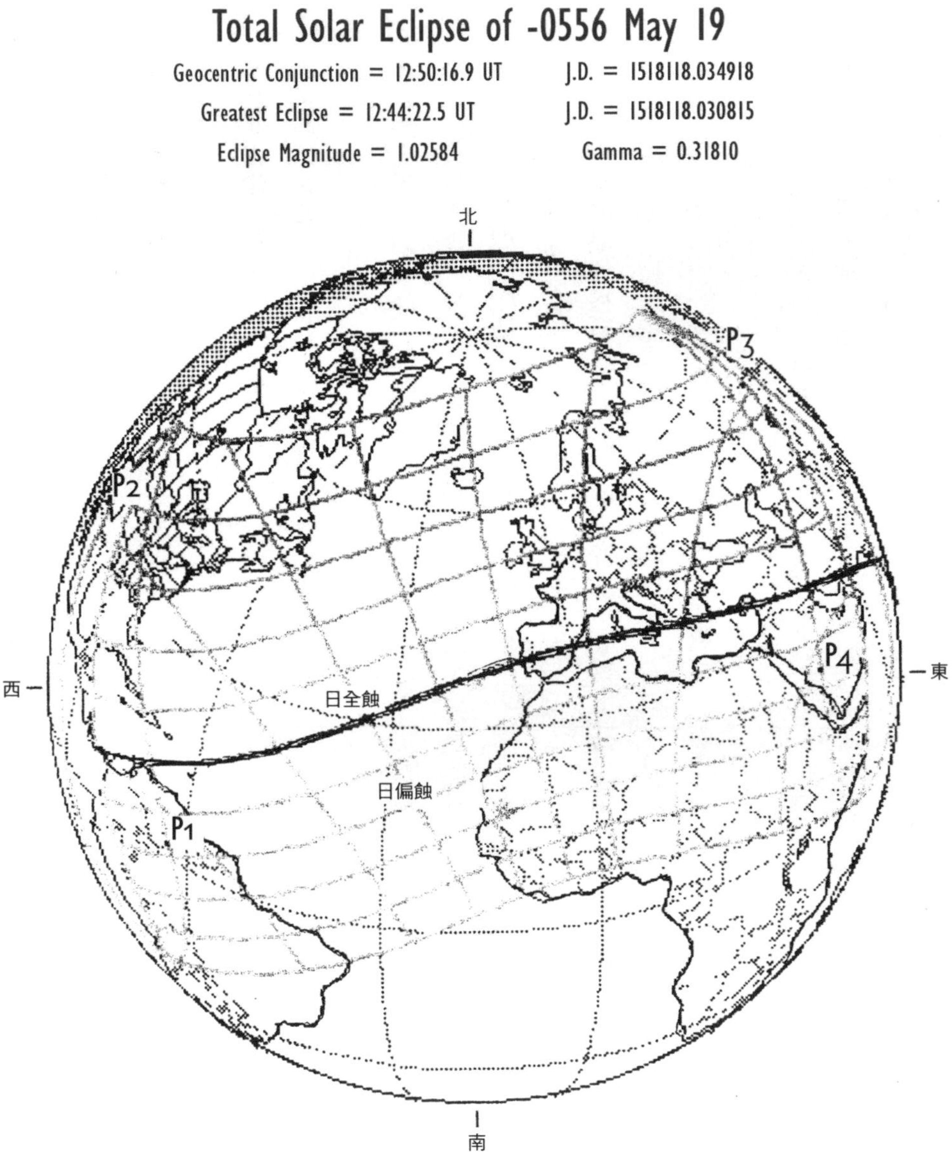

圖 101：西元前五五六年五月十九日的日食現象

在西元前五五六年，預言中的「午時的黑暗」來臨了。隨後尼比魯星歸來了，這就是預言中的「主之日」。

但是當這顆星球真正回歸時，阿努和其他被期待的眾神都沒有出現。事實上，相反的事情發生了：眾神，阿努納奇神，起身離開了地球。

13・當眾神離開地球

阿努納奇眾神從地球上離開是一個充滿戲劇性的事件，其中充斥著神學、驚人的事件、神的不確定性和人類的困境。

令人難以置信的是，這次的離開既不是猜測也並非推測，而是有著詳細的記載。證據來自於近東和美洲。關於古代眾神離開地球的記錄，其中一些最直接也最戲劇化的，來自哈蘭城。這些證詞不是傳聞，它包括了目擊者的報導，其中一位是先知以西結。這些報導被記錄在《聖經》裡，也被刻在一些石柱上，提到了導致巴比倫最後一任國王登基的神奇事件。

現今的哈蘭城（它仍然存在，我曾經造訪過）是在土耳其東部的安靜小鎮，離敘利亞的邊境只有幾英里的距離。小鎮周圍圍繞著伊斯蘭時期的破碎城牆，居民住在蜂房形狀的泥屋裡。雅各遇見拉結的那座傳統水井，仍然存在於城鎮外的綿羊草地上，裡面有著人們可以想像得到的最純淨的天然清涼井水。

哈蘭城與娜娜（辛）神

早期，哈蘭曾經是一個繁榮的商業、文化、宗教和政治中心。當時，先知以西結與其他從耶路撒冷被流放至此的人們一起住在這裡，提到當時的商人「以美好的貨物，包在繡花藍色包袱內，又有華麗的衣服，裝在香柏木的箱子裡」（《以西結書》27：24）。它從蘇美時期就是一座「遠離烏爾的烏爾」之城，是月神娜娜（辛）的崇拜中心。亞伯拉罕的家族最後居住在這裡，因為其父親他拉是一位提爾胡（預兆祭司），一開始住在尼普爾，然後遷往烏爾，最後來到哈蘭的娜娜（辛）的神廟裡。在蘇美因核爆的邪惡之風而滅亡後，娜娜與其配偶寧加爾在哈蘭建立了家和總部。

雖然娜娜（在阿卡德語中為Su-en〔蘇恩〕或簡寫為Sin〔辛〕），並非恩利爾的首位合法繼承者（那是尼努爾塔），但他是恩利爾和配偶寧利爾在地球上的第一個兒子。眾神和人類極為崇拜娜娜（辛）和他的配偶；蘇美繁榮時期的讚美詩，以及關於蘇美（特別是烏爾）的荒涼的哀歌，充分展現了人們對這對神聖配偶的愛戴與欽佩。許多個世紀後，以撒哈頓曾經前來向年邁的辛（倚靠著權杖）詢問有關入侵埃及的事，另外，逃亡中的亞述皇族在哈蘭城做最後的停留，都顯現出娜娜（辛）和哈蘭對於最後的結局一直扮演著重要的角色。

考古學家曾經在城裡的娜娜（辛）大神廟伊胡胡（E.HUL.HUL，意思是雙喜之屋）的遺蹟中，發現了四根石柱，它們曾經豎立在神廟裡主要祈禱大廳的四個角落。石柱上的銘文顯示出，其中兩根石柱是由神廟的高級女祭司阿達－古皮（Adda-Guppi）豎立的，另外兩根則是由她的兒子那布納德（巴比倫最後一任國王）所豎立的。

身為一位訓練有素的祭司，阿達－古皮擁有強烈的歷史感，在銘文中提供了一些她所見證的驚人事件的精確年份。依照當時的慣例，這些年份與已知國王的統治年份相連結，因此可以也已經被現代學者所證實。由此推斷，她生於西元前六四九年，經歷了亞述和巴比倫幾代國王的統治，最終在一百零四歲的高齡逝世。

以下是她寫在石柱上的，關於一系列驚人事件的開頭：

這是巴比倫國王那布坡拿沙十六年，
眾神之主辛，對他的城市和神廟生氣，離開**去了天國**；
這座城市和裡面的人民就變成廢墟了。

那布坡拿沙統治的第十六年是西元前六一〇年，讀者可能會記得這個難忘的年份。這一年，巴比倫軍隊從亞述皇族和軍隊的殘存者手中奪走了哈蘭，此外，復興後的埃及也決定爭奪太空站相關地點。正如阿達－古皮所寫下的，正是這個時候，氣憤的辛不再保護這座城市，並且離開這裡，「**去了天國！**」

她也準確地總結了這座被占領的城市接下來的情形：「這座城市和裡面的人民就變成廢墟了。」當其他倖存者逃離時，阿達－古皮留了下來。「每天不放鬆地，日日夜夜，數個月，數年」，她留守在破敗的神廟裡。令人悲傷的是，她「放棄了精緻的羊毛服裝，拿掉了她的珠寶，再也不穿金戴銀，放棄了香料和甜甜的香油」。她像一個漫遊在空蕩神殿裡的鬼魂。「我穿著破舊的衣服，靜悄悄地進來，無聲無息地離開。」她寫道。

後來，在這個荒涼的神聖區域，她發現了一件曾經屬於辛的長袍。對於這位沮喪的女祭司來說，這個發現似乎是來自神的預兆：他突然給了她一個實體的現身證據。她無法將自己的眼睛從這件神聖的衣服上移開，不敢觸碰它，除了「扯扯它的褶邊」。好像神就在那裡傾聽似的，她跪下來，「在祈禱和謙卑中」，發出以下的誓言：「如果你回到你的城市，所有黑頭人將會禮拜你的神威！」

「黑頭人」是一個蘇美人用於描述自己的詞語。在蘇美滅亡一千五百年後，這位高級女祭司所使用的這個詞語已不再具有意義。她正在告訴這位神，如果他回來這裡，他將恢復往昔之日的權威地位，成為復興後的蘇美和阿卡德的眾神之主。阿達－古皮為了達到這個目的，與神進行交易：如果他願意返回，並運用他的神聖能力，讓她的兒子那布納德成為下一位帝國國王，統治著巴比倫和亞述的領土，那麼那布納德將會重建辛神在哈蘭和烏爾的神廟，會在黑頭人的所有土地上，把對辛神的崇拜宣布為國教！

阿達－古皮觸摸著這位神的長袍，日復一日地；然後，在一個夜晚，這位神出現在她的夢中並接受了她的提議。她寫道，月神喜歡這個主意：「辛，天地眾神之主，為了我的善行，微笑地來到我這裡。他聽到我的祈禱，接受我的誓約。他憤怒的內心平靜下來了。他來到哈蘭的辛神廟伊胡胡，神聖住所讓他內心高興，他變得順從了。他有了心態上的轉變。」阿達－古皮寫道，這位神接受了交易：

> 辛，眾神之主，欣喜地看著我的詞語。
> 那布納德，我唯一的兒子，從我的子宮而來，他呼喚王權，那蘇美和阿卡德的王權
> 從埃及的邊境過來的所有領地，從上海域到下海域，都被委託到他的手中。

交易的雙方都得到了他們想要的。「我看到契約的履行」；阿達－古皮在銘文中的總結部分提到：辛神「信守他給我的承諾」，幫助那布納德在西元前五五五年登上了巴比倫的王位。那布納德信守他母親的誓約，在哈蘭重建伊胡胡神廟，並「改善它的結構」。他恢復了對辛神及其配偶寧加爾（**阿卡德語中是Nikkal〔尼卡爾〕**）的禮拜，「他再一次實行那些已被遺忘的禮拜」。

然後，發生了一個許多世代的人都看不到的偉大奇蹟。這個事件被記載在那布納德的兩根石柱上，其中描繪了他拿著一根不常見的長杖，面對著天上的尼比魯星、地球和月亮（見圖102）：

> 這是辛的偉大奇蹟，自未知的古昔日子以來，從未由神和女神在地球上發生過；
>
> 大地上的人類從來沒見過，也沒有發現從古昔之日就寫在碑刻上的文字：
>
> 辛，眾神和女神之主，**住在天國，而他已經從天國下來**，在巴比倫國王那布納德的全視野中。

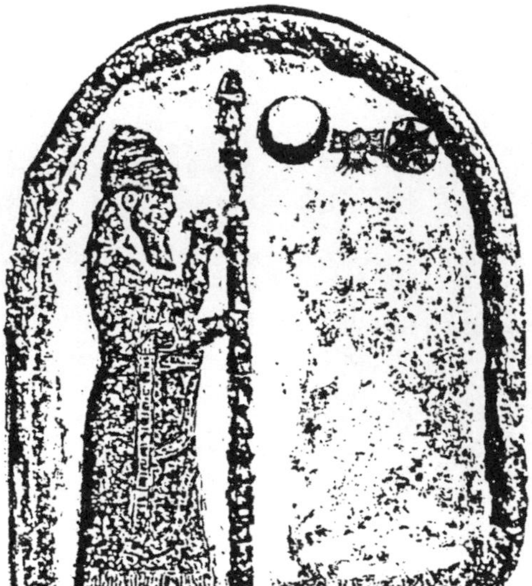

圖102：那布納德與月亮、尼比魯星和地球

銘文中提到，辛不是獨自回來的。根據文獻記載，辛在配偶寧加爾（尼卡爾），以及他的助手（神聖使者努斯庫）陪伴下，在儀仗遊行中踏進了重建後的伊胡胡神廟。

眾神的飛行器

辛神這次「從天國」神奇般的回歸引發了許多疑問，其中第一個就是他在「天國」的哪個地方生活了五、六十年。我們可以結合古代證據和現代科學技術的成就，來提供這些問題的答案。但是在我們解答這些問題之前，全面分析那次的離開顯得更為重要，因為不只有辛神獨自「生氣」地離開地球，「去了天國」。

阿達－古皮和那布納德所描述的非凡天體的來往，發生在他們待在哈蘭的時候。而重要的一點是，另一個目擊者恰好也在這個時間和地點目擊了事件的發生；他就是先知以西結；並且，他對此事件也有很多話要說。

以西結是耶路撒冷的耶和華的祭司，在西元前五九八年尼布甲尼撒二世第一次攻打耶路撒冷後，他是與約雅斤國王一起被流放的貴族和工匠的其中一員。他們被迫逃往美索不達米亞北部，定居在哈布爾河（迦巴魯河）地區，這裡離他們在哈蘭的祖先家鄉只有很短的距離。以西結就是在這裡看到了一輛天體戰車。

身為一位訓練有素的祭司，他也記錄了詳細的時間和地點：這是被流放的第五年第四個月的第五天（西元前五九三／五九四年），「在迦巴魯河邊……天就開了，得見神的異象。」（《以西結書》1：1，編注：「神」在作者的原文中為Elohim〔伊羅興〕。）以西結在預言書的最開頭這麼說。他所見到的是一部可以上下及左右擺動的神聖戰車，它出現在旋風之中，其閃爍的燈光被光輝包圍著。車子裡面，「在類似王座的椅子上，是人的形象」；同時他聽見一個聲音以「人子」（Son of Man）之名叫喚他，並且宣布了他的先知身分。

這位先知開頭的陳述，通常被翻譯為「神的異象」。Elohim（伊羅興）一詞代表複數的神，在傳統上都被翻譯為單數的「神」，即使《聖經》本身清楚地以複數形式來對待它，例如：「神說，我們要照著我們的形像，按著我們的樣式造人。」（《創世記》1：26）。我的讀者都知道，《聖經》中的亞當故事只是更詳盡的蘇美創世文獻的濃縮版。在蘇美文獻中，是由恩基所領導的阿努納奇團隊，使用基因工程法「塑造」了亞當。我們一再地呈現，Elohim所指的其實就是阿努納奇；而且，**以西結在哈蘭附近所見到的，就是一艘阿努納奇的天體飛船。**

以西結在開篇及後面的章節裡，都把他所看到的天體飛船，描述成神的卡沃多（Kavod，意思是沉重的，編注：在本系列前作中為kabod〔卡博多〕），這與《出埃及記》中用來形容降落在西奈山的神聖交通工具，是同一個詞語。以西結對於飛船的描述，激發了許多世代的學者和藝術家的靈感；隨著我們的飛行器技術的進步，最終的相關描述也隨著時間而改變。

古代文獻曾提到太空船和飛行器，並且描述了最著名的恩利爾、恩基、尼努爾塔、馬杜克、圖特、辛、沙馬氏和伊師塔，是擁有飛行器而可以漫遊地球的天空的眾神；或是進行空戰，例如荷魯斯與塞特，以及尼努爾塔與安祖（Anzu）之間的戰鬥（更不用說印歐眾神了）。在各種對「天體船」的文字描述和圖像描繪中，最接近以西結對「旋風」的見解的，似乎是約旦遺址上描繪的「旋風戰車」（見圖103），先知以利亞曾經從這裡被帶往天國。這個圖案很像直升機，它應該是一艘前往太空船基地的登陸飛船。

圖103：約旦遺址上描繪的「旋風戰車」

眾神離開地球

以西結的責任是預言並警告他那些被流放的同胞，關於審判之日（Day of Judgment）的來臨，在這天將審判所有國家的不公義與可憎之事。一年之後，那個「人的形象」再次出現，伸出手抓住他，把他帶到耶路撒冷去預言。人們會記得，這座城市經歷了饑餓的圍困、屈辱的慘敗、肆意的掠奪、巴比倫的占領，以及國王和所有貴族的流放。以西結到達那裡後，所見到的是法律制度和宗教儀式完全被破壞的景象。正當他思索著這裡到底發生了什麼時，聽到一旁坐著的倖存者悲嘆道：

耶和華看不見我們，耶和華已經離棄這地。（《以西結書》8：12，9：9）

這就是我們所認為的，為什麼尼布甲尼撒二世敢再次攻打耶路撒冷，並且摧毀耶和華聖殿的原因。這種情景幾乎與阿達－古皮對哈蘭的描述一模一樣：「眾神之主宰，對他的城市和神廟生氣，離開去了天國；這座城市和裡面的人民就變成廢墟了。」

我們不能確定，如何或為什麼發生在美索不達米亞北部的事情，會給遠在猶大的人們一種「耶和華也已經離開地球」的想法，但是很明顯的是，上帝和眾神離開的消息已經廣泛地傳播開來。事實上，我們之前提到的關於日食的 VAT 7847 泥版上，在關於災難持續兩百年的預言部分，陳述了以下的內容：

咆哮的眾神，飛翔，
將從地面飛走，
離開即將被他們拋棄的人們。
憐憫和安適將會停止。
憤怒的恩利爾將會自己升起。

就跟「阿卡德預言」流派的其他文獻一樣，學者也將此文獻視為「事件後的預言」，也就是使用已經發生的事件，來做為預測其他未來事件的基礎。即便如此，我們還有一份擴增了眾神出走細節的文獻資料：在恩利爾的帶領下，憤怒的眾神飛離了他們的土地，也就是說，不只有辛神被激怒並離開。

我們還有另一份文獻。雖然它的開頭文字暗示了作者是馬杜克的（巴比倫？）崇拜者，但它還是被學者歸類到「新亞述預言」中。以下是它上面的內容：

馬杜克，眾神的恩利爾，很生氣。他的心情變得憤怒。
他制定了一個邪惡的計畫，來驅散這片大地及其人們。
他憤怒的心致力於夷平大地並摧毀其人民。
他的嘴裡說出了惡毒的詛咒。
邪惡的預兆指出，天上和諧的破壞開始在天國和地球出現。
在恩利爾、阿努和艾之路上的行星使它們的位置惡化，並反覆揭露異常的預兆。
富饒的河流阿拉圖（Arahtu），變成了一條憤怒的河流。

宛如大洪水的洶湧水流席捲了這座城市，讓其中的房屋和庇護所變成了廢墟。**眾神和女神變得害怕，遺棄了他們的神殿，像鳥一樣飛奔而升上了天國。**

所有這些文獻記載的共同點就是，都認為眾神對人們很生氣；眾神「像鳥一樣飛走」；他們去了「天國」。而且我們還知道，這次的離開伴隨著不尋常的天象和一些地面上的混亂。這是主之日的一些面向，正如聖經先知的預言：**這次的離開與尼比魯星的回歸有關，當尼比魯星到來時，眾神離開了地球。**

前來開採黃金的眾神

VAT 7847泥版中還包括了長達兩個世紀的災難性時期的有趣參考資料。這份文獻並沒有說清楚，它是對於眾神離開之後將會發生什麼事的預測，或是關於眾神對人類的憤怒和失望日漸加劇，最終導致他們離開的那段時期的事件。但看起來似乎是後者的情況，因為關於國家之罪和主之日的審判即將來臨的聖經預言時代，開始於西元前七六〇／七五〇年的阿摩司和何西阿，正是在尼比魯星回歸之前的兩個世紀，這可能不是巧合！

兩個世紀以來，來自於唯一正統的「天地紐帶」之地（耶路撒冷）的先知們，宣導著人與人之間的正義與誠信，國家之間的和平，蔑視毫無意義的奉獻和對無生命之偶像的崇拜，譴責肆意的征服和無情的破壞，並且警告一個又一個國家（以色列也在其中）懲罰是不可避免的，然而卻無濟於事。

如果那就是事實，那麼所發生的事件就是：眾神的憤怒和失望不斷累積，最後導致阿努納奇得出的結論是「一切都夠了」——是該離開的時候了。這讓人想到，當初在失望的恩利爾帶領下，眾神的決定是讓大洪水來臨，眾神自己在天體飛船中高升，同時不讓人類知道這個祕密。現在，隨著尼比魯星再次臨近，計畫離開的也是恩利爾一族的眾神。

誰離開了？他們怎麼離開的？如果辛能夠在幾十年後回來，那麼他們去了哪裡？為了回答這些問題，讓我們回到事件的開始。

當由艾（恩基）領導的阿努納奇第一次來到地球時，是為了獲取黃金，因為它可以保護他們星球上瀕臨消失的大氣層，他們計畫從波斯灣的海水中提煉黃金。當這個計畫失敗後，他們轉向非洲東南部挖礦，又在伊丁（E.DIN，也就是後來的蘇美）冶煉及精煉黃金。他們在地球上的數量增加到六百名，另外還有三百名伊吉吉負責駕駛天體飛船前往在火星上的轉運站，從那裡可以更輕鬆地發射飛往尼比魯的長途太空船。

恩利爾是恩基的同父異母兄弟，也是繼承權的競爭者，他來到地球並被授予了所有的指揮權。當阿努納奇在礦井裡費力工作時，恩基提議塑造一些「原始工人」（Primitive Worker）；這項工作是透過針對當時存在於地球上的人科（Hominid）進行基因改造而完成的。然後，阿努納奇開始「將人（亞當）的女兒娶來為妻，並交合生子」（《創世記》第六章），恩基和馬杜克也是打破禁忌的一員。當大洪水來臨時，憤怒的恩利爾說道「讓人類滅亡，」因為「地球上的人類太邪惡」。但是，恩基透過「挪亞」（Noah）阻止了這項計畫。人類倖存下來，不斷繁衍散布，並且立刻被賦予了文明。

那次席捲地球的大洪水淹沒了非洲的礦井，卻暴露了南美洲安地斯山脈的黃金主礦脈，使得阿努納奇無需進行冶煉和提煉，就能更容易且更快速地得到更多黃金，因為砂金（Placer Gold，從山上沖下來的純金塊）僅需要淘洗和收集。這也使得他們能夠減少待在地球上的阿努納奇數量。大約在西元前四千年，阿努和安圖來到地球進行國事訪問，也造訪了位在的的喀喀湖（Titicaca）岸邊，大洪水之後的金礦產地。

這一次的造訪，為開始減少地球上的尼比魯人數量，提供了一個契機；它還促使了對於敵對的同父異母兄弟及其交戰氏族之間的和平安排。然而，當恩基和恩利爾接受了這些領土的劃分時，恩基的兒子馬杜克卻從未放棄對至高無上權力的爭奪，包括對於舊太空站相關地點的控制。之後，恩利爾家族開始在南美洲準備替代的太空站設施。西元前二〇二四年，大洪水之後的西奈山太空站被核武器毀滅了，南美洲的設施是唯一完全由恩利爾一族掌握的設施。

因此，當沮喪且感到厭惡的阿努納奇領導階層決定離開時，有些人可以使用登陸點。其他的，也許是最後一批黃金，必須使用南美洲的設施，它們就位在阿努和安圖造訪該地區時所停留之處的附近。

南美洲的古代神祕遺蹟

前面曾提到一個現今名為普瑪彭古的地方，離縮小後的的的喀喀湖（由祕魯和玻利維亞所共有）不遠，但當時它位於湖的南岸，設有港口設施。它的主要遺蹟是由一排四座已經倒塌的結構所組成，每一座都是由一塊被挖空的巨石建成（見下頁圖104）。每個被挖出來的空間內部，都鑲滿了金板，而且由金釘固定在位置上。十六世紀，西班牙人來到這裡時，發現了這些令人難以置信的寶藏。要如何在岩石裡精確地挖出這類空間，以及如何將四塊巨大的岩石運到這裡，至今仍然是一個謎。

這座遺址裡還有另一個謎團。考古學家曾在這裡發現了大量不尋常的石塊，它們都被精確地

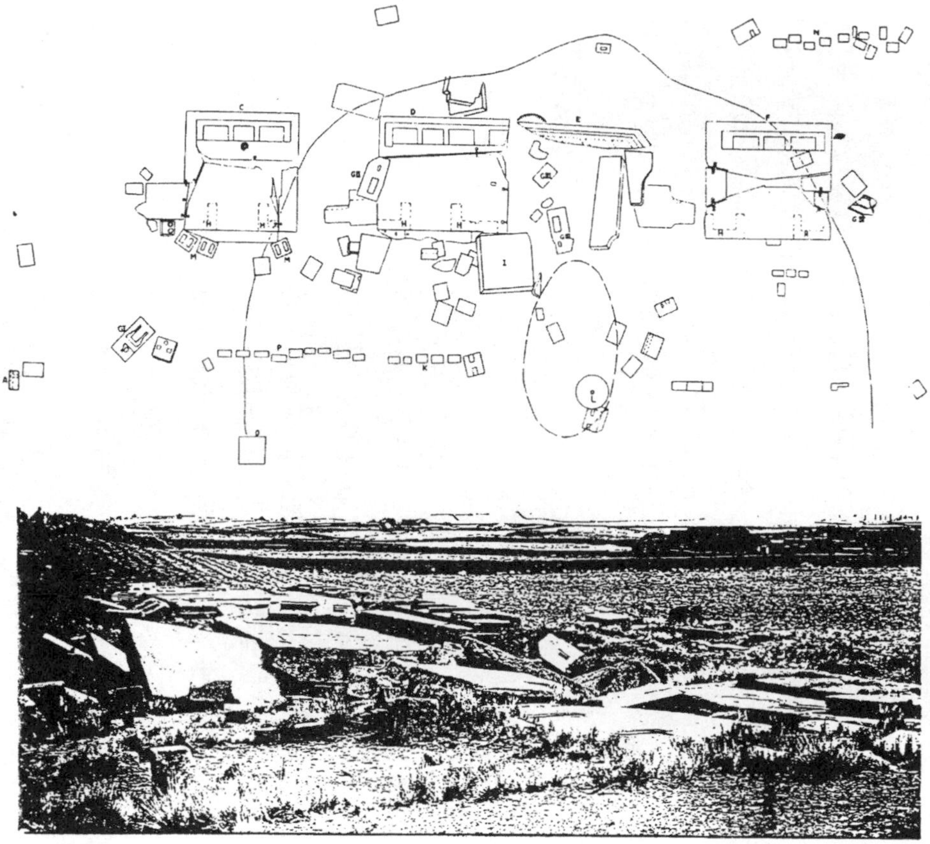

圖 104：普瑪彭古遺址的平面圖與實景

切割、刻出溝槽、切出角度和造形；其中一些展示在下頁圖105中。人們不需要工程學學位，就知道這些石頭一定是由具有令人難以置信的技術能力和先進設備的某人，來進行切割、鑽孔和造形的。甚至，人們會懷疑現今的人類是否有能力像這樣為石頭造形。使這個難題更複雜的是，這些技術奇蹟的目的是什麼？顯然，它們是被用在某些未知但高度複雜的目的。如果這是用來製作複雜工具的鑄模，那麼會是什麼工具？又是誰要使用的？

顯然，只有阿努納奇才可能擁有製造這些「模具」的技術，又擁有使用它們或其最終產品的技術。阿努納奇的主要前哨站，位在內陸幾英里處，一個叫提瓦納庫（Tiwanacu，本系列前作拼寫為Tiahuanacu〔蒂亞瓦納科〕）的地方，現今屬於玻利維亞。後來，第一批到達這裡的歐洲探險家之一喬治·斯奎爾（George Squier），在著作《祕魯圖錄》（*Peru Illustrated*）中，把這個地方描述為「新世界的巴勒貝克」——這是非常合理的比較。

另一個到達提瓦納庫的現代探險家亞瑟·波斯南斯基（Arthur Posnansky），著有《蒂亞瓦納科：美洲人的搖籃》（*Tihuanacu—The Cradle of American Man*），對這個遺址的年代做出了令人吃驚的結論。提瓦納庫主要的地面建築（還有很多地下建築）之一，包括了阿卡帕納（Akapana），這是一座裡面布滿了通道、管道和水閘的人造山，我們在《失落的國度》中已經討論了建造它的目的。

遊客最喜歡名為「太陽門」（Gate of the Sun）的石造大門，它也是由單一一塊巨石切割而成的突出結構，精確度類似於普瑪彭古的那些石塊。正如拱門上的雕刻圖像所呈現的，它可能具有天文目的，而且無疑是一份曆法；這些雕刻由維拉科查神的較大圖像所主導，這位神的手中拿著閃電武器，明顯是在模仿近東的阿達德（特舒蔔，見261頁圖106）。事實上，在《失落的國度》中，我已經暗示了他就是阿達德（特舒蔔）。

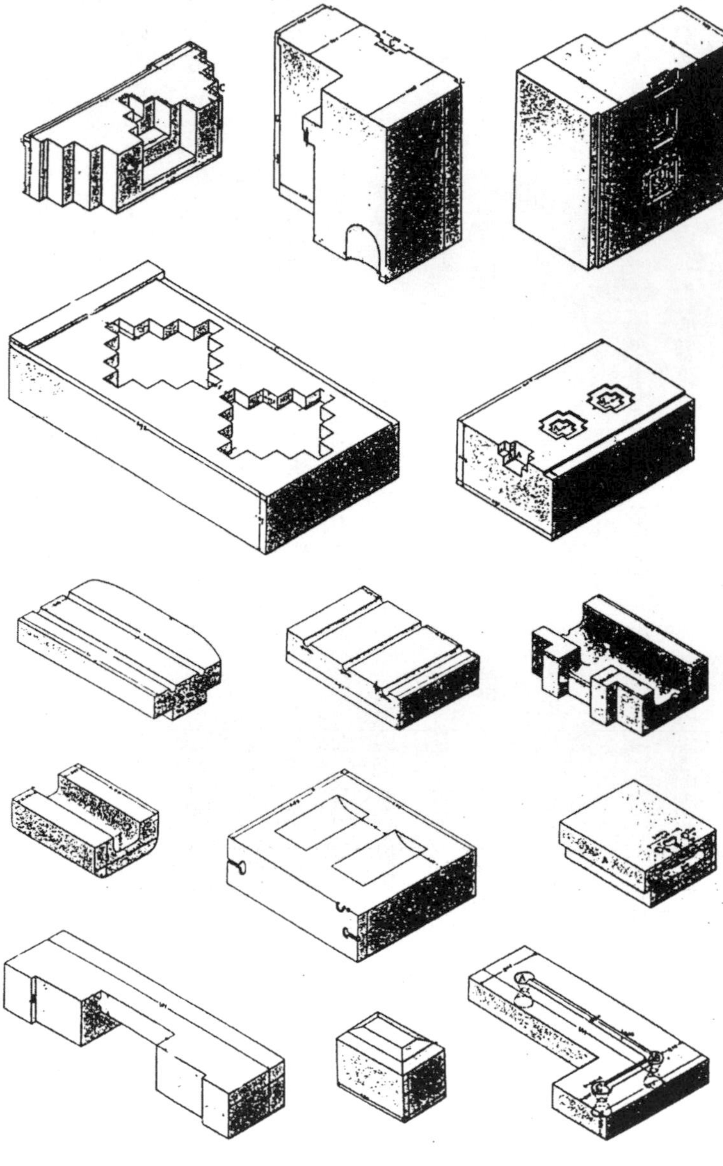

圖105：外形奇特的石塊

「太陽門」位在這個地點，與提瓦納庫的第三大突出結構「卡拉薩薩亞」（Kalasasaya），組成了天文觀測設施。卡拉薩薩亞是一個有下凹中央庭院的大矩形結構，周圍環繞著高聳的石柱。波斯南斯基認為卡拉薩薩亞是一座天文臺，這個觀點已經被後來的探險家所證實；波斯南斯基根據諾曼·洛克耶爵士的考古天文學觀點，認為卡拉薩薩亞的天文對準線顯示它建於印加人之前的幾千年。為了確認這個令人難以置信的觀點，德國的天文學機構曾派出研究團隊進行考查。他們的報告以及後來更多的查證（即科學雜誌 *aesseler Archiv* 第 14 卷），都證實了卡拉薩薩亞的朝向與西元前一萬年或西元前四千年時的地球傾斜度相符。

我曾在《失落的國度》中寫到這兩個時間，前者是大洪水之後不久，阿努納奇開始在這裡開採黃金的時間，後者則是阿努來訪的時間；這兩個時間都有阿努納奇在這裡活動，而且這裡到處都是恩利爾眾神曾在這裡出現的證據。

對這座遺址及該地區的考古學、地質學和礦物學研究，證實了提瓦納庫也曾經是一個冶金中心。考慮到各種發現

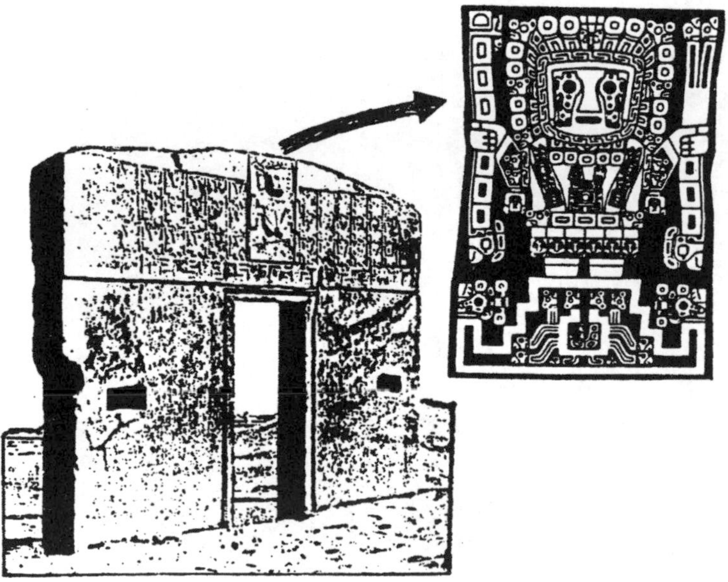

圖 106：太陽門上的維拉科查神圖像

圖 107a：太陽門上的圖像

圖 107b：古代西臺人遺址中的描繪

和太陽門上的圖像（見圖107a），以及土耳其的古代西臺人遺址中類似的描繪（見圖107b），我認為這裡的黃金（和錫礦！）開採工作，是由恩利爾最小的兒子伊希庫爾（阿達德）監督管理的。他在舊大陸的領地是安納托利亞（小亞細亞），並且被西臺人敬拜為「特舒蔔」（意思是氣象神）。他的標誌是閃電杖；而這個巨大標誌被刻在陡峭的山腰上（見圖108），可以從空中或是從祕魯的帕拉卡斯灣（Paracas，提瓦納庫山下的天然港口）的海上看見。它的綽號是「叉形大燭臺」，長四百二十英尺，寬二百四十英尺，以五到十五英尺寬的線條被刻在堅硬的岩石上，深度大概有兩英尺。沒有人知道這是由誰、什麼時候，又是怎麼做到的，除非是阿達德想宣告自己的存在。

圖108：手拿閃電杖的阿達德與刻在山壁上的叉形大燭臺

解開納斯卡線之謎

在這個海灣的北面，內陸英吉尼奧河（Ingenio）和納斯卡河（Nazca）之間的沙漠地區，探險者發現了最令人費解的古代謎團之一，即所謂的「納斯卡線」（Nazca Lines）。它被稱為「世界上最大的藝術作品」，從彭巴斯草原（pampa，平坦的荒原）向東延伸至崎嶇不平山區的這片廣闊土地上（大約兩百平方英里），像是被「某人」當成畫布，畫上了數十個圖案；這些圖案太大，以至於從地面上看似乎沒有什麼規律，但是，當你從空中俯瞰時，可以看出它們是一些未知和想像中的動物及鳥類（見圖109）。這些圖畫是透過挖除幾英尺深的表土畫成的，並且都是曲折且沒有重疊的連續線條。任何人從這個地區的上方飛過（有很多飛機專門為這裡的遊客服務）時，都會認為是天上的「某人」用強大的去土機器在地面上塗鴉亂畫。

但是，與眾神離開主題直接相關的，是納斯卡線另一個更令人困惑的功能。實際上，那些**「線條」像是寬闊的跑道**（見226頁圖110）。無論地形如何，這些平坦的伸展道（有時窄，有時寬，有時短，有時長）都筆直地穿過山丘和山谷。大約有七百四十條筆直的「線條」，有時會與三角形連在一起（見267頁圖111）。它們紛亂地交錯，毫無規律或理由，有時會跨越那些動物圖案，顯示這些線條是在不同時期產生的。

人們對於解釋線條之謎做了很多嘗試，其中包括了瑪麗亞·雷奇（Maria Reiche）所做的研究。她把研究納斯卡線視為畢生的事業，卻提出了「這是由當地的祕魯人」，那些具有「納斯卡文化」或「帕拉卡斯文明」或其他類似的人所做的等等，這類失敗的解釋。一些研究（包括「國家地理學會」〔National Geographic Society〕）則著眼於揭露這些線條的天文學朝向（對準至日

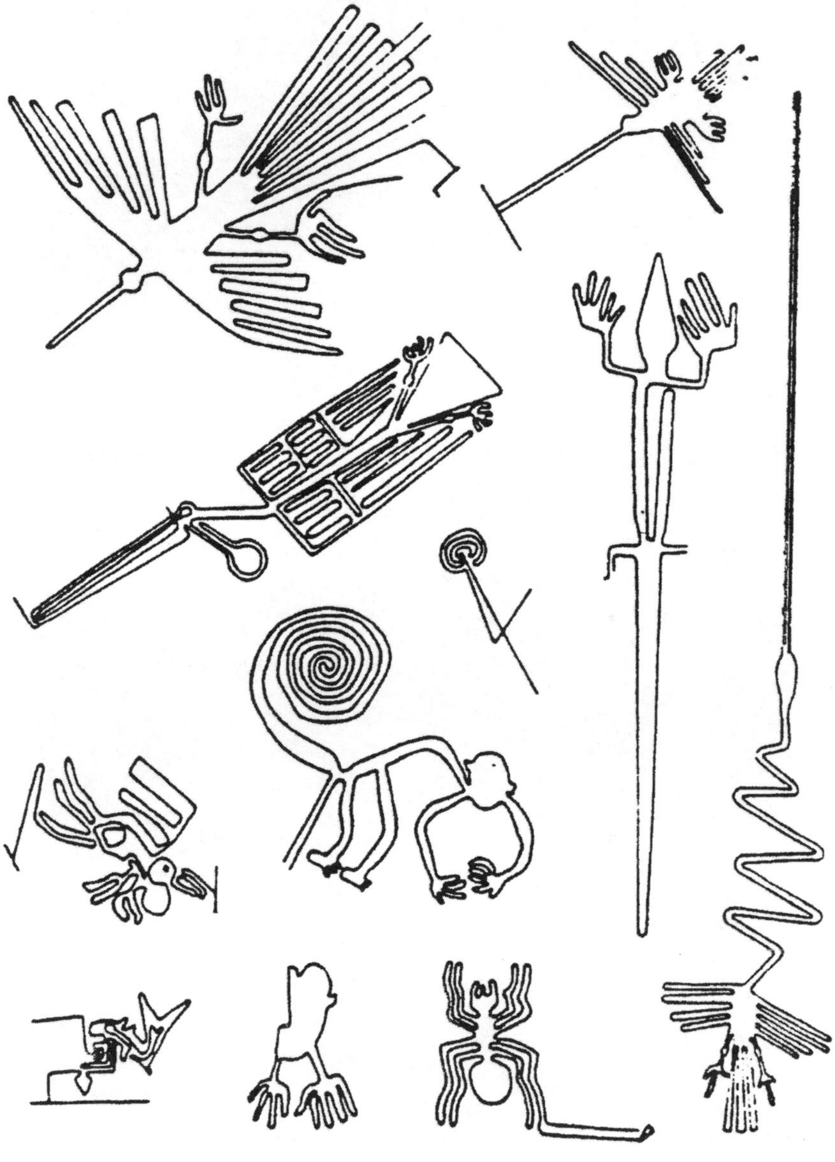

圖109：納斯卡線地畫

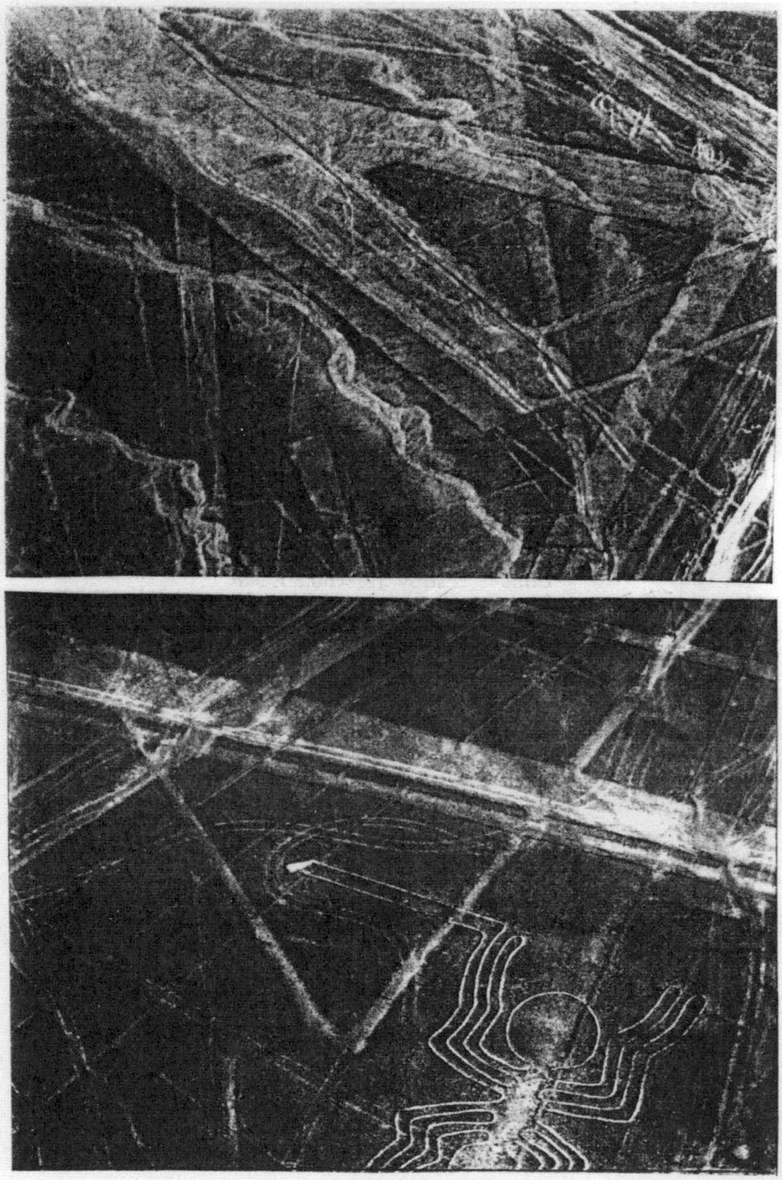

圖110：宛如寬闊跑道的線條

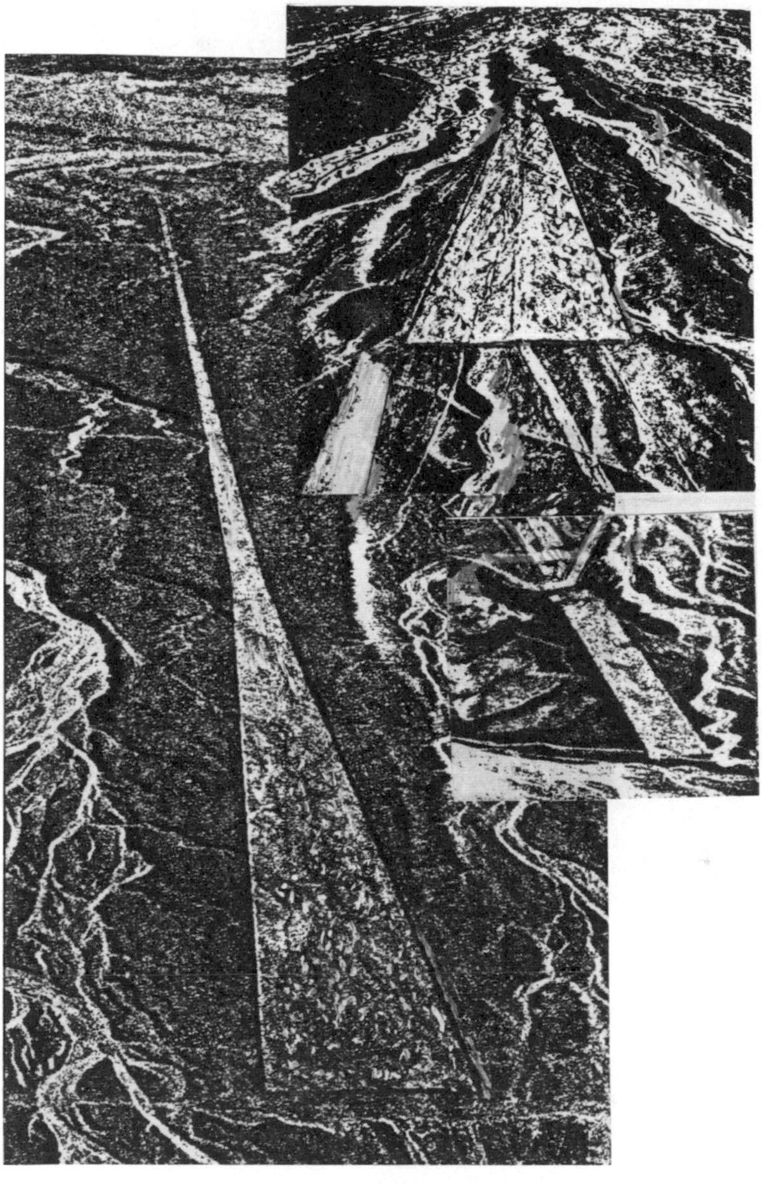

圖 111：與三角形連在一起的線條

點、平分日點或其他星體），卻一無所獲。對於那些排除「古代太空人」可能性的人來說，這些線條仍然是未解之謎。

雖然這些更寬的線條看上去像是飛機跑道，有滾輪的飛行器可以在上面滑行起飛（或降落），但是跑道的說法在此並不合理，因為這些「線條」並不平整，會使得飛行器忽略山丘和溝壑，直接穿過崎嶇的地形。實際上，它們並不是幫助飛行器起飛的跑道，而是飛行器起飛的結果：就在飛行器起飛離開地面時，引擎排出的廢氣所形成的「線」的下方。而且指稱太空神的蘇美象形文字（讀音為DIN.GIR〔丁基爾〕，見圖112），顯示了阿努納奇的「天體飛行室」確實排放了這種廢氣。

因此，我對「納斯卡線」之謎的解釋是：納斯卡是阿努納奇最後一個太空站。在西奈山的太空站被毀壞之後，為他們最後的離開提供服務。

在納斯卡，沒有關於空運和飛行的目擊者報告文獻，然而，正如我們所提過的，來自哈蘭和巴比倫的文獻，無疑是關於使用黎巴嫩登陸點的飛行。關於那些離開的飛行和阿努納奇飛船的目擊者報告，則包括了先知以西結的聲明，以及阿達－古皮和那布納德的銘文。

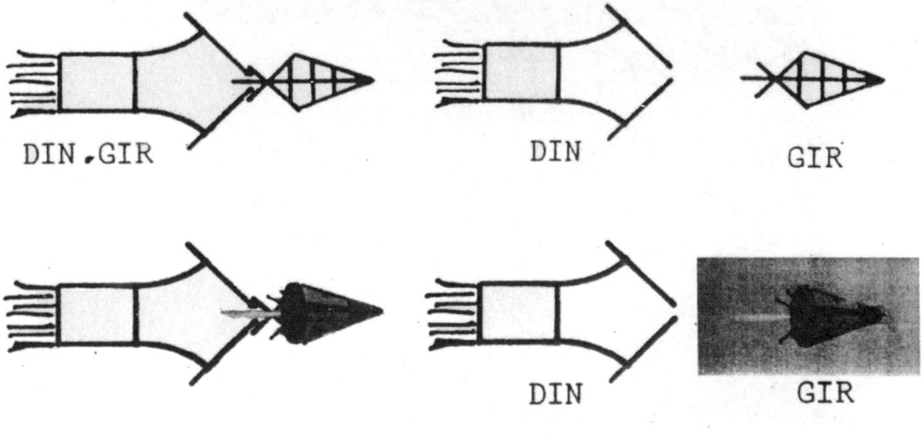

圖112：「太空神」的蘇美象形文字

因此，結論必然是：至少從西元前六一〇〇年，直到西元前五六〇〇年左右，阿努納奇眾神正有秩序地離開地球。

前往火星轉運站

他們離開地球之後去了哪裡？當然，那一定是在辛神改變主意後能夠相對較快回來的地方。這就是火星上的轉運站，長途太空船從這裡前往運行在軌道上的尼比魯星。

我在《第12個天體》中曾詳細提到，蘇美人對於太陽系的了解，包括知道阿努納奇將火星當作轉運站。一個具有四千五百年歷史的圓筒印章（見圖113）上的出色描繪可以證明這一點。它現在被收藏於俄羅斯聖彼得堡市的艾米塔吉博物館（Hermitage Museum），上面呈現了一名火星（第六顆行星）上的太空人正在與一名地球（從太陽系外面數進來第七顆行星）上的人溝通，他們之間有一艘太空船。由於火星的球心引力比地球小，阿努納奇發現，先用梭艇將自己和貨物從地球運到火星，再轉運到尼比魯（反之亦然），這樣比較容易且合乎邏輯。

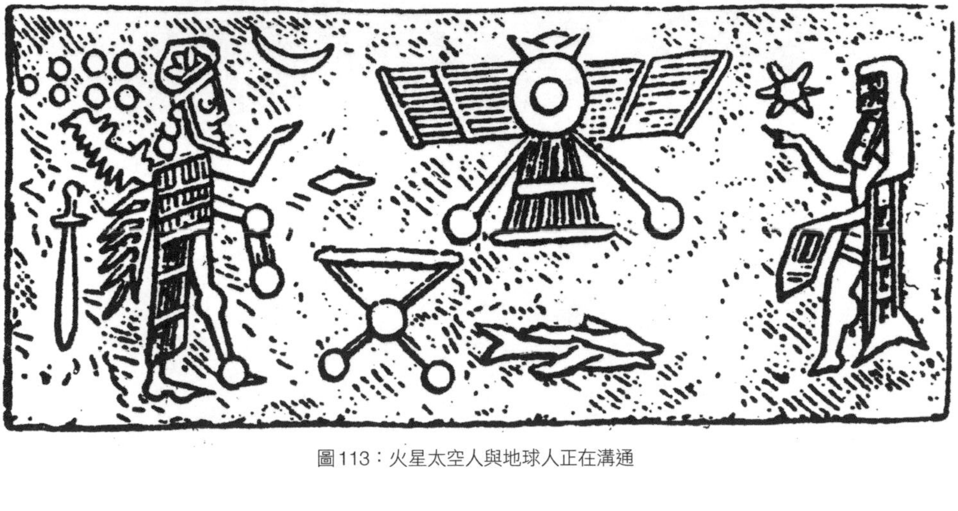
圖113：火星太空人與地球人正在溝通

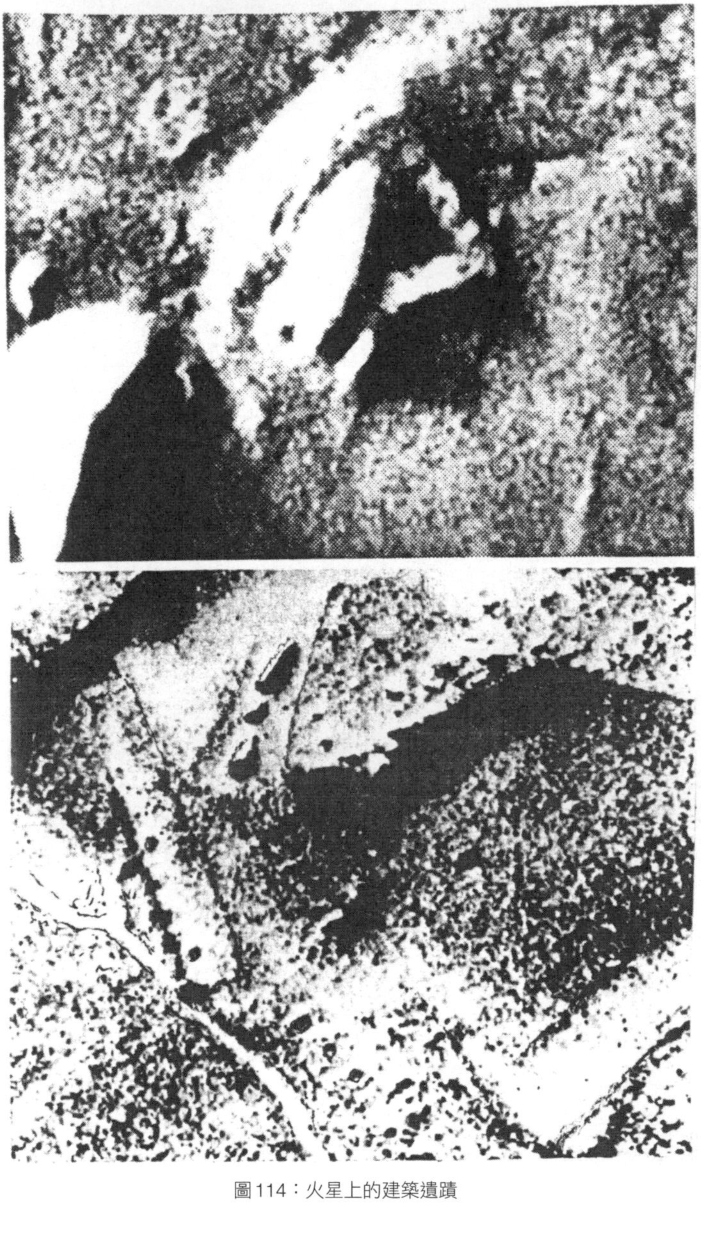

圖114：火星上的建築遺蹟

一九七六年，當我們首次在《第12個天體》中提及這些內容時，火星仍然被認為是一顆沒有空氣、沒有水、沒有生命的星球，那裡曾經存在一個太空基地的觀點，不被權威學者所認可，直到《重返創世記》（*Genesis Revisited*）在一九九〇年出版，美國國家航空暨太空總署的發現和來自火星的照片，已足以填滿名為「火星上的太空基地」的章節。這些證據顯示，火星上曾經有水，並且還拍到了一些有牆的建築、道路、一個放射形狀的複合體（圖114為其中兩張照片），還有那張著名的「臉」（見圖115）。

美國和前蘇聯（現在的俄羅斯）曾經付出大量心力以發射無人駕駛的太空船到達火星並對其進行探測。不像其他太空探索，從這些前往火星的任務被歐盟擴大後，遇到了不尋常、麻煩且令人費解的高失敗率，其中包括了太空船的離奇失蹤。

由於不斷堅持，在過去的二十年裡，仍然有許多美國、前蘇聯和歐洲的無人駕駛太空船到達火星並執行探測任務。到目前為止，那些原本宛如一九七〇年代的「多疑的多馬」（Doubting Thomases）的科學期刊裡，充滿了各種報導、研究和照片，宣稱火星上以前曾經有足夠厚的大氣層，現今變稀薄了；另外，也提到火星上曾經有河流、湖

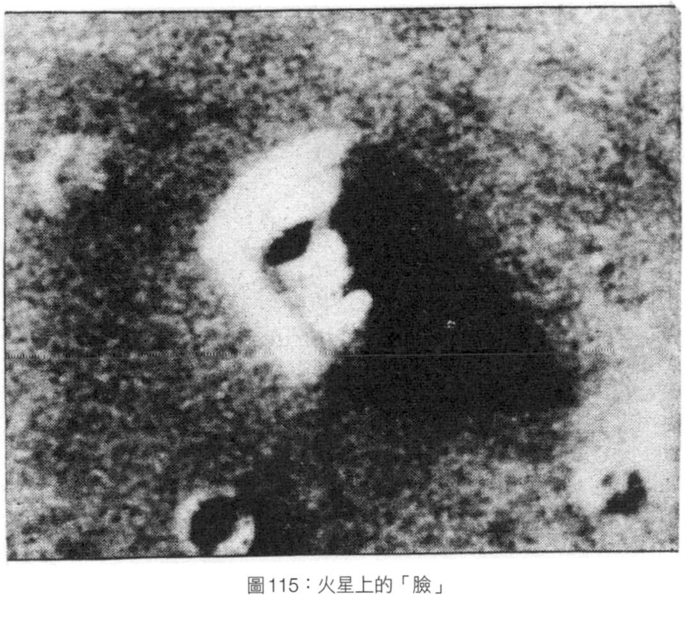

圖115：火星上的「臉」

New Layers of Evidence Suggest Mars Had Water

By JOHN NOBLE WILFORD

A Wetter, Younger Mars Emerging

Martian Waterworks

New findings suggest the Red Planet may also be a wet planet—just the kind of place to look for life

Red Planet Express

Mars spacecraft traces a watery tale

A Mars-orbiting spacecraft is providing new details about when and where liquid water, an essential ingredient for life, existed on the planet. The craft's instruments have

An Early, Muddy Mars Just Right for Life

ns of Ancient Rain May Stretch Mars's Balmy Past

evolving debate over water on Mars,

show up in images

were cut. And the north drainage area was later cove

of Glaciers on Mars

c Precipitation at

currently cold and dry, with water ice unstable on th

Mist-Made Martian Glaciers

Water ice glaciers flank mountains and volcanoes in the tropics and midlatitudes of Mars. Current conditions on Mars are cold and dry and restrict water ice to regions near the

PLANETARY SCIENCE

Clays in the history of Mars

The stream of revelations from Mars continues. The latest news — the discovery of clays in ancient terrains — helps to fill in the picture of the past existence of liquid water on the planet's surface.

Thanks to three orbiting spacecraft an rovers that continue to return data, w have a great deal of evidence that abu urface water once existed on Mars. But ow something has been missing. would be expected to alter the surface m s to form clays, yet that hallmark of aqu ction seemed to be absent.

hard Neukum of the lin. "It may not be so la as they think," he says. U.S. Geological Survey , the first author on ating paper, agrees.

Rovers Find More Evidence That Mars Was Once Home to Water

take a close look at Burns Cliff, a steep part of the crater wall. The sediment layers in the lower part of the cliff look as if they were deposited by

the project manager.

The first stop will be the heat shield that protected the Opportunity

圖116：關於火星的報導

泊和海洋，而且現在依然有水，就在地表以下的某些地方，能在某些情況下看到小小的冰凍湖泊，以上是各種報導標題的總結（見圖116）。

二〇〇五年，美國國家航空暨太空總署的「火星漫遊者」（Mars Rovers）探測器，傳送回來的化學和圖片證據，支持了這些結論。在「漫遊者」發送回來的驚人照片中，有一張看起來像是一道有明顯直角的沙土牆的建築遺跡（見圖117）。所有證據使我們能夠得到結論：**火星可以且確實是阿努納奇人的轉運站**。

這是離開的眾神第一個靠近的目的地，這一點已經被辛神相對快速的回歸所證實。其他還有誰離開、誰留在後面、誰可能回來呢？

令人驚訝的是，一些問題的答案仍然來自火星。

圖117：火星上的沙土牆

14・完結日

人類對於過去的代表性事件（大多數歷史學家所說的「傳說」或「神話」）的回憶，還包括那些被認為是被「普遍傳頌」的故事。它們已經是地球上全人類的文化和宗教遺產的一部分。關於人類的第一對夫妻、大洪水、來自天國的眾神的傳說，都屬於這個類別。同樣的，眾神離開返回天國，也是這類的傳說。

我們特別感興趣的是人們和實際發生撤離的大地上的這類集體記憶。我們已經提到了古代近東的證據，但也有來自美洲的證據，同時包含了恩利爾一族和恩基一族的眾神。

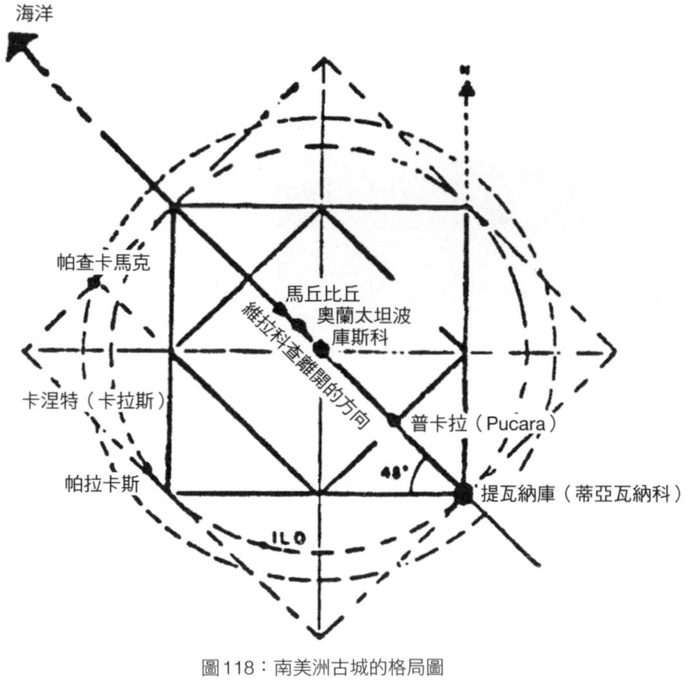

圖118：南美洲古城的格局圖

在南美，主神叫維拉科查（Viracocha，意思是萬物的創造者）。安地斯山脈的艾馬拉（Aymara）原住民認為，他的住所在提瓦納庫。他把一根金棒拿給最早的兩對兄妹夫妻，讓他們用來尋找建設庫斯科（印加人最後的首都），還有馬丘比丘的天文臺和其他神聖遺址的地點。當他做完所有事情之後，就離開了。有一份大範圍的格局圖，形成了轉角指向基點方位的方形廟塔，並標記了他最終離開的方向（圖118）。我們也已經辨認出，這位提瓦納庫的神，在西臺（蘇美）的神系中是特舒蔔（阿達德），也就是恩利爾最年輕的兒子。

在中美洲，文明的賜予者是有翅膀的蛇（Winged Serpent），羽蛇神「魁札爾科亞特爾」。我們已經辨認出，他就是恩基的兒子，埃及神話中的圖特（蘇美的寧吉什西達）。西元前三一一三年，他帶著非洲追隨者，在中美洲建立了文明。儘管沒有詳細說明他離開的時間，但這應該與他的非洲追隨者奧爾梅克人（Olmecs）的滅亡以及本土馬雅人崛起的時間相吻合，大約在西元前六百／五百年。在中美洲有一個占主導地位的傳說，就是他曾經承諾，當他離開後會在其祕密數字「五十二」的週年回歸。

事實是，在西元前的第一個千年中期，在世界的一個接一個地方，人類發現他們失去了長期崇拜的神。不久以後，一個問題（很多讀者問過的）充滿了他們的腦海：**他們會回來嗎？**

就像突然被父親遺棄的家庭，人類緊緊抓住神回歸的希望不放。同時，人類也像需要救助的孤兒一樣，忙著尋求救世主。先知許諾著，這在日子的完結（編注：《和合本》譯為「末後的日子」）一定會發生。

巴比倫國王那布納德與伊斯蘭教

阿努納奇現身的高峰時期，有六百名在地球上，另外三百名伊吉吉在火星上。在大洪水之後，尤其在西元前四千年左右阿努訪問地球後，他們的數量開始減少。出現在早期蘇美文獻，以及一長串神祇列表中的眾神，在隨後的幾千年內只剩下一小部分。他們大部分都回到了母星球，還有一些死在地球上，儘管他們是「不朽」的，像是被擊敗的祖和塞特，被肢解的奧西里斯，被淹死的杜姆茲，被核輻射折磨的巴烏。當尼比魯星的回歸逼近時，阿努納奇神的離開是戲劇性的結局。

眾神居住在人類城市的神聖區域、法老宣稱神與他的戰車同行、亞述王自誇得到了來自天國的幫助的那個非凡時代，已經結束並遠去了。早在先知耶利米的時代（西元前六二六年到五八六年），已經有人在嘲笑猶大附近的國家崇拜的不是「活著的神」，而是工匠們用石頭、木材和金屬雕刻的偶像，這是需要搬動的眾神，因為它們自己無法走動。

偉大的阿努納奇眾神最後一次離開時，還有誰留在地球上？從後來的文獻和銘文所提到的名字來判斷，我們只能確定有恩基家族的馬杜克和那布，恩利爾家族的娜娜（辛）及其配偶寧加爾（尼卡爾），還有他的助手努斯庫，也許還有伊師塔。在宗教大分裂的兩邊，現在都只剩下唯一的主神：恩基家族的馬杜克，恩利爾家族的月神辛。

巴比倫最後一位國王的故事反映出新的境況。他是由辛神在自己的崇拜中心哈蘭親自挑選的，但同時也尋求了巴比倫的馬杜克的同意和祝福，以及馬杜克之星的出現所代表的天體方面的確認；此外，他還擁有包含「那布」之名的名字「那布納德」。這個神聖的共同統治可能是雙重一神論的嘗試（以創造一種表達）；但**意料之外的結果是埋下了伊斯蘭教的種子**。

歷史記錄顯示，眾神和人們都不喜歡這樣的安排。辛神在哈蘭的神廟被重建後，又要求他在烏爾的大廟塔也要被重建，並成為他的禮拜中心。在巴比倫，馬杜克的祭司也已經武裝起來了。現存於大英博物館的一塊碑刻上，記錄著一份被學者命名為《那布納德和巴比倫的神職人員》（*Nabunaid and the Clergy of Babylon*）的文獻。它包含了巴比倫祭司對那布納德的一連串指控，包括民事錯誤（「法律和命令不能由他發布」），到經濟疏忽（「農民的境況很糟」、「貿易者的路被阻礙了」），以及失敗的戰爭（「貴族死在戰爭中」），到最嚴重的指控：宗教褻瀆。

他畫了一幅神的肖像，那是沒有人在大地上看過的神；
他將肖像放在神廟中，將它放到臺座上……
他用娜娜的名字稱呼它，以天青石裝飾它，
為它戴上新月形的頭冠，讓它的手做出惡魔的手勢。

指控繼續著：它是一個從未見過的奇怪的神之雕像，「它的頭髮一直垂到臺座」。祭司寫道，它是如此不尋常或不切實際，甚至連恩基和寧瑪赫（當他們試圖塑造男人時，曾得到奇怪的嵌合體生物）「都不會想到」；它是如此奇怪，「以至於博學的阿達帕（擁有最多人類知識的代表）都不知道怎麼稱呼他。」讓事情更糟的是，還有兩個不尋常的野獸被雕刻成它的守護者：一個代表「洪水惡魔」，另一個代表一頭野牛，國王還將這個令人厭惡的東西放在馬杜克的埃薩吉神廟。更令人反感的是，那布納德宣布不再慶祝阿基圖節，因此不會再重現馬杜克的瀕死、復活、流放和最終的勝利。

祭司宣布了那布納德的「保護神開始對他懷有敵意」、「以前眾神的最愛，現在注定不幸」，強迫那布納德離開巴比倫，放逐「到遙遠的地方」。歷史事實是，那布納德的確離開巴比倫，任命兒子貝沙烏祖（Bel-shar-uzur，《但以理書》中的伯沙撒〔Belshazzar〕）為攝政者。

那布納德自我放逐的「遙遠地方」就是阿拉伯半島。各種銘文證明，他的隨從中包括了哈蘭地區的猶大流放者中的猶太人。他主要的基地是在名為「提瑪」（Teima）的地方，在現今沙烏地阿拉伯西北部的商隊中心，《聖經》曾多次提到沙烏地阿拉伯。（在當地最近的發掘行動中，已經發現了可以證明那布納德曾經停留的楔形文字碑刻。）他為追隨者建立了六個定居點。一千年後，其中五個被阿拉伯作家列為猶太城鎮。**其中之一是麥地那（Medina），也就是穆罕默德建立伊斯蘭教的小鎮。**

圖119：清真寺建築

在死海沿岸的庫姆蘭（Qumran）所發現的《死海古卷》文獻片段，強化了那布納德故事中的「猶太角」，提到那布納德在提瑪受到一種「不舒服的皮膚病」折磨，直到「一名猶太人告訴他，要榮耀至高神」才得以治癒。這些資料讓人們猜測那布納德正在考慮一神教，然而，對他而言，至高神不是猶太人的耶和華，而是他的恩人月神娜娜（辛），他的新月符號已經被伊斯蘭教採用；毫無疑問，其根源可以追溯到那布納德在阿拉伯的停留。

那布納德的時代之後，辛神的行蹤在美索不達米亞地區的紀錄中消失了。在敘利亞地中海沿岸的「迦南」遺址烏加里特（Ugarit）所發現的文獻中，描述了月神退休後與配偶來到兩水匯合處的一片綠洲，「靠近兩片海的裂口」。由於西奈半島的命名，是為了向辛神致敬，而它的中心十字路口則是向他的配偶尼卡爾（該地仍以阿拉伯語稱為Nakhl），我猜想這對老年夫妻退休後回到了紅海和埃拉特灣（Eilat）之間的某個地方。

烏加里特文獻中，將月神稱為EL，或簡稱為「神」，是伊斯蘭教真主阿拉（Allah）的先導；而月神的月牙符號也出現在每座穆斯林清真寺裡。直到今日，按照傳統的要求，清真寺的兩側是宣禮塔，而它們的外觀都像是準備發射的多層火箭船（見圖119）。

波斯人的崛起

那布納德傳奇的最後一章，與古代世界中波斯人的出現是相關聯的。波斯是伊朗高原上的人民和國家的總稱，包含了古蘇美的安善（Anshan）和埃蘭，還有後來的米底人之地（在亞述滅亡後由他們接管）。

希臘歷史學家記載，在西元前六世紀，名為阿契美尼斯（Achaemeans）的部落，從這些領土的北部邊緣出現，並奪取控制權，將它們統一為一個強大的新帝國。雖然從人種上判斷，他們是「印歐人」，但部落的名字起源於祖先哈卡姆－阿尼什（Hakham-Anish），在閃族的希伯來語中意思是「有智慧的人」，這代表他們曾經受到來自十個支派的猶太流放者的影響；這些支派先前被亞述人遷移到該地區。在宗教上，阿契美尼斯波斯人明顯是採用了蘇美－阿卡德的神系，類似它的胡里－米坦尼（Hurrian-Mitannian）版本，這是邁向梵文吠陀（Sanskrit Vedas）之一的印度－雅利安人（Indo-Aryan）的一步；梵文吠陀這個混合的信仰，將至高神簡化稱呼為「阿胡拉．馬茲達」（Ahura-Mazda，意思是真理與光明）。

西元前五六〇年，阿契美尼斯的國王去世，他的兒子古流士（Kurash）繼承了王位，並且在後來的歷史事件中留下了印記。我們稱他為居魯士（Cyrus），《聖經》中稱他為古列（Koresh），並認為他是耶和華征服巴比倫的使者，推翻了它的國王，在耶路撒冷重建被毀的聖殿。「使你知道提名召你的，就是我耶和華以色列的神。……你雖不認識我、我也加給你名號。（《以賽亞書》45：3－4）」《聖經》中的上帝透過先知以賽亞這麼說。

巴比倫王權的終結在《但以理書》中有最明顯的預言。但以理是被帶到巴比倫的猶太流放者之一，在伯沙撒（Belshazzar）的巴比倫宮廷服事，在一次皇家宴會上，一隻漂浮的手出現，並且在牆上寫下MENE MENE TEKEL UPHARSIN。既震驚又迷惑的國王叫巫師和預言家來解譯這個銘文，但沒有人解得出來。但以理被當成最後的解決者，被國王傳喚進來。他向國王解釋了這些字的意思：上帝稱量了巴比倫及其國王，發現他們不夠資格，給他們的時日屈指可數。他們將結束在波斯人的手中。

西元前五三九年，居魯士渡過底格里斯河，進入巴比倫的領地上，向西巴爾推進，攔截了匆匆撤退的那布納德。居魯士宣稱是馬杜克親自邀請他的，不費一兵一卒就進入了巴比倫城。他受到巴比倫祭司團的歡迎，他們認為，居魯士是讓他們脫離異教徒那布納德和他那不討人喜歡的兒子的救世主。居魯士也「抓住馬杜克的手」，表示對神的敬意。他更在第一篇宣言中表示，廢除對猶太人的流放，承諾要重建耶路撒冷的聖殿，並命令歸還所有被尼布甲尼撒二世掠奪的神廟禮儀物品。

返回的流放者在以斯拉（Ezra）和尼希米（Nehemiah）的領導下，完成了聖殿的重建，從此以第二聖殿聞名。這是在西元前五一六年完成的，正如耶利米所預言的那樣，在第一聖殿被破壞的七十年後將會重建。《聖經》將居魯士當作上帝計畫的工具，「是被耶和華選定的」。歷史學家相信，居魯士宣布實行一般宗教大赦，允許每個人隨心所欲地崇拜。至於居魯士自己的信仰，從他為自己豎立的紀念碑可以看出，他似乎是把自己想像成一個有翼的天使（cherub，見圖120）。

一些歷史學家喜歡在居魯士的名字前加上「偉大的」，因為他將曾經屬於蘇美和阿卡德、馬里和米坦尼、西臺和埃蘭、巴比倫和亞述的土地，統一成為龐大的波斯帝國。將帝國的領土擴展到埃及的任務，則由他的兒子岡比西斯（Cambyses，西元前五三〇年到五二二年）進行。此時，埃及剛從混亂的第三中間期恢復；在那段期間，埃及四分五裂，多次遷都，被外來的努比亞（Nubia）統治，或者說根本沒有中央權力。

埃及的宗教也異常混亂，其祭司都不確定該禮拜誰，以至於主要崇拜的是冥神奧西里斯，女主神則是奈斯（Neith），她被稱為「上帝之母」，主要的「崇拜物」是公牛：神聖的阿匹斯公牛（Apis Bull），人們會為牠們舉行隆重的葬禮。岡比西斯就跟他的父親一樣，不是宗教狂熱者，讓人們隨心所欲地崇拜。他甚至（根據一塊現存於梵蒂岡博物館的石碑記載）還

圖120：居魯士的有翼天使像

學習了奈斯崇拜的祕密，還參加過阿匹斯公牛的葬禮儀式。

這些宗教放任主義政策為波斯帝國帶來了和平，卻不是永遠的和平。動亂、起義和叛亂在各個地方持續爆發。特別麻煩的是埃及和希臘之間日漸緊密的商業、文化和宗教關聯（這方面的資訊大多來自希臘的歷史學家希羅多德〔Herodotus〕，他大約在西元前四六〇年造訪埃及後，詳細地描述了埃及，這與希臘的「黃金時期」的開始是相符合的）。波斯人對他們之間的連結感到不滿，尤其是希臘僱傭兵正在參加波斯當地的起義。受到特別關注的還有小亞細亞（現今的土耳其）的省份，當地位在亞洲西部的尖端，面對的是歐洲和希臘。在那裡，希臘移居者正在復興並強化舊的定居點，另一方面，波斯人想要占領附近的希臘群島，以避開那些麻煩的歐洲人。

持續的緊張局勢最終引發了戰爭，西元前四九〇年波斯入侵希臘的本土，在馬拉松海灘被擊敗。十年後，波斯人從海路入侵，在薩拉米斯（Salamis）海峽再次被希臘人擊退。即使波斯人換了幾任國王，希臘的雅典、斯巴達和馬其頓之間也為了爭奪霸權而互相對抗，然而，雙方為了控制小亞細亞而發生的小規模衝突和戰鬥，仍持續了一個世紀。

亞歷山大與阿蒙神

在那些雙重爭奪中（一方面是在希臘本土上，另一方面是針對波斯人），小亞細亞的希臘移居者的支持顯得非常重要。馬其頓人在希臘本土占上風之後，他們的國王腓力二世（Philip II）就立刻派遣一支武裝軍隊越過赫勒斯滂（Hellespont，現今的達達尼爾〔Dardanelles〕）海峽，以確保希臘人定居點的忠誠。西元前三三四年，腓力二世的繼承者亞歷山大（Alexander，意思是偉大者），率領一萬五千名大軍，越過同一個地點進入亞洲，向波斯人發動了大規模的戰爭。

從陪伴在亞歷山大身邊的歷史學家開始，人們已經不斷重述了亞歷山大驚人的勝利，以及由此導致的古代東方對西方（希臘人）統治的屈服，在此無需贅述。需要說明的是，亞歷山大入侵亞洲和非洲的個人原因。除了希臘－波斯大戰的地緣政治和經濟方面的原因之外，還有亞歷山大的個人尋求：在馬其頓宮廷裡，有傳言說亞歷山大的父親不是腓力國王，而是一位埃及神，他假扮成一個男人來到王后奧林匹亞的身邊。希臘神系來自於地中海彼岸，由十二位奧林匹亞神帶頭（就跟蘇美的十二主神一樣），眾神的故事（神話）也模仿了近東的眾神故事，所以在馬其頓宮廷出現這樣的神，並非不可能。由於國王的年輕埃及情婦涉及其中的宮廷陰謀，以及包括離婚和謀殺在內的婚姻衝突，這個「傳言」最先被亞歷山大本人相信了。

亞歷山大前往德爾斐（Delphi）造訪了傳神諭者，想確定自己是否為神的兒子且將因而不朽。這件事更是給傳言增添了神祕色彩。他被建議親自到埃及的聖地去尋求答案。因此，亞歷山大在首戰打敗波斯之後，並不是乘勝追擊，而是離開了他的主要部隊，匆匆趕到埃及的西瓦（Siwa）綠洲。那裡的祭司向他保證，他的確是半神，是白羊宮之神阿蒙的兒子。為了慶祝，亞歷山大發行了銀幣，上面是他戴著羊角的圖案（見圖121）。

圖121：亞歷山大發行的銀幣

但是關於不朽呢？關於重新展開戰爭的過程和亞歷山大的征服過程，已經被同行的歷史學家卡利斯提尼斯（Callisthenes）和其他歷史學家記錄下來，但關於他尋求不朽的記載，都是來自一些被認為是偽卡利斯提尼斯（pseudo-Callisthenes）或「亞歷山大傳奇」（Alexander Romances）的資料，其中都用傳說修飾了事實。

我們在《通往天國的階梯》中，詳細描述了埃及祭司帶著亞歷山大從西瓦到底比斯的事情。底比斯位於尼羅河西岸，亞歷山大可以在哈特謝普蘇特建造的陪葬神廟中看到銘文，上面宣稱她是阿蒙神偽裝成王室丈夫來到她母親身邊時所生的，完全跟亞歷山大的半神故事一樣。

在底比斯的阿蒙大神廟裡，亞歷山大在至聖所被加冕為埃及法老。然後，他在西瓦沿著指示的方向，進入了西奈半島的地下隧道，最後來到阿蒙－拉（別名馬杜克）所在的地方：巴比倫。西元前三三一年，亞歷山大又發動了對波斯的戰爭，到達巴比倫，騎著戰車進入這座城市。

亞歷山大匆匆來到神聖區域裡的埃薩吉廟塔神廟，在成為征服者之前先抓住馬杜克的手。**但是，這位偉大的神已經去世了。**

根據偽資料來源，亞歷山大看到那位神躺在金質棺材裡，他的身體被浸泡或保存在一種特別的油中。無論是真是假，事實是馬杜克已經去世了，而他的埃薩吉廟塔被後來的歷史學家描述為他的墳墓。

西西里的迪奧多羅斯（Diodorus of Sicily，西元前一世紀）因為以驗證過的可靠來源彙編了《歷史叢書》（*Bibliothca historica*）而知名，他曾提到，「被稱為迦勒底人（Chaldaeans）的學者，在占星術上享有很高的聲譽，習慣透過古老的觀測方法來預測未來的事件」，他們警告亞歷山大，他有可能死在巴比倫，但是「如果他重建被波斯人破壞的貝盧斯（Belus，編注：即馬杜克）陵墓的話，他可以逃脫這個危險」（Book XVII, 112.1）。不過，亞歷山大進入巴比倫時，他既沒有時間也沒有人力可以進行重建。西元前三二三年，亞歷山大果然死在這裡。

西元前一世紀的歷史地理學家斯特雷波（Strabo），出生於小亞細亞的一個希臘小鎮上，在他著名的《地理》（*Geography*）一書中，描述了巴比倫的巨大規模，它的「空中花園」是世界七大奇蹟之一，它的高大建築是由燒製的磚建造的等等，在書中的16.1.5部分描述到：

這裡是貝盧斯的陵墓，現在成了廢墟，據說它是被薛西斯（Xerxes）所毀壞的。它是用燒製的磚塊建造的四角尖塔，不僅有一個斯塔德（stadium）那麼高，也有一個斯塔德那麼長。

亞歷山大想要重建這座尖塔，但這將是一項巨大的工程，需要花大量的時間，所以他無法完成他嘗試過的這項任務。

（譯注：斯塔德為古希臘的長度單位，大約等於一百八十五公尺到二百二十五公尺。）

從這段資料可以判斷，貝爾（馬杜克）的陵墓是被薛西斯破壞的，薛西斯是西元前四八六年到四六五年間的波斯君王（也統治著巴比倫）。斯特雷波在他的第五本書中指出，在西元前四八二年，當薛西斯準備破壞神廟時，貝盧斯躺在棺材裡。因此，馬杜克在不久前才死去（德國的最主要的亞述學家在一九二二年於耶拿大學〔University of Jena〕開會時，總結出馬杜克在西元前四八四年就已經在陵墓裡了）。從那段時間以後，馬杜克的兒子那布也從歷史記載中消失了。**因此，神在地球上主宰人類歷史的傳奇時代結束了，這也幾乎是人類的完結。**

這個完結的來臨，正好處在白羊宮時代即將結束之時，或許也不是巧合。

伴隨著馬杜克之死和那布的消失，曾經主宰地球的所有大阿努納奇眾神都離開了。伴隨著亞歷山大之死，實質或假裝連接眾神與人類的半神也沒有了。從亞當被塑造以來，人類第一次失去了他們的創造者。

完結日的預言

在人類最沮喪的時期，希望從耶路撒冷傳來。

令人驚訝的是，馬杜克及其在巴比倫的最終命運之故事，在《聖經》中也被準確地預言。我們已經提到，耶利米在預言巴比倫的滅亡時，也預言了它的神貝爾／馬杜克（編注：《和合本》譯為「彼勒」）注定要「凋零」：仍然存在，但是越來越老，越來越糊塗，然後長皺紋，直到死去。對於這個預言成真一事，我們不應該感到驚訝。

但是，當耶利米正確地預言了亞述、埃及和巴比倫的最終覆滅時，他還預言了錫安的重建、聖殿的重建，以及所有國家在完結日（末後的日子）的「幸福結局」。他說，有一個上帝一直在「他心中」擬定的未來，有一個祕密會在某個預定的時間展示給人類：「末後的日子你們要明白」（《耶利米書》30：24），「那時，人必稱耶路撒冷為耶和華的寶座。萬國必到耶路撒冷。」（3：17）

以賽亞在他的第二部預言中（有時候叫《以賽亞書二》），把巴比倫的神辨認為「隱藏的神」（這是「阿蒙」的意思），在下面這段文字裡預言了未來：

彼勒屈身，尼波（Nebo）彎腰。巴比倫的偶像馱在獸和牲畜上，他們所抬的如今成了重馱，使牲畜疲乏。都一同彎腰屈身，不能保全重馱，自己倒被擄去。（《以賽亞書》46：1－2）

包括耶利米的預言在內，所有預言都包含了人類將會被給予新開始、新希望的承諾。當

「狼與羊共處」時，彌賽亞時間（Messianic Time）將會到來。預言說：「末後的日子，耶和華殿的山必堅立，超乎諸山，高舉過於萬嶺。萬民都要流歸這山。」然後，所有國家「要將刀打成犁頭，把槍打成鐮刀。這國不舉刀攻擊那國，他們也不再學習戰事。」（《以賽亞書》2：2－4）

早期的預言還宣稱，在患難與磨難之後，將會對人民和國家的罪惡及過錯進行審判，然後一個和平與公義的時代將會到來，即使他們預言「主之日」是審判日。其中，何西阿預言在日子的完結時，神的王權將穿會過大衛之家回來。還有彌迦（Micha），他用類似以賽亞的話宣布：「末後的日子」。值得注意的是，彌迦也預言了**耶路撒冷的聖殿將會恢復**；耶和華將統治全世界，但是要**透過大衛的後代**。從一開始就「注定」要發生，「從遠古時代開始，從永恆之日開始」。

因此，對於日子的完結（末後的日子）的預言是由兩個基本要素組成：一個是主之日，那是對地球和各國的審判日，之後將是重建、復興，以及以耶路撒冷為中心的慈愛時代。另一個是，所有一切都是預定的，「完結」是上帝在一開始時就已經計畫好的。

確實，關於「時期的完結」的概念，是指一連串事件將停止的時期（也可以說是當前「歷史的完結」想法的先驅），以及一個新時期（也可以說是新時代），一個新的（且可以預見的！）週期將會開始，這可以在《聖經》最早的章節中找到。

希伯來詞語Acharit Hayamim（有時候被譯為last days、latter days〔編注：《和合本》皆譯為「日後」〕），但是最準確的應該是end of days〔編注：《和合本》譯為「末後的日子」，本書稱「日子的完結」、「完結日」〕）在《創世記》中就出現了，臨死前的雅各召集兒子們說：「你們都來聚集，我好把你們日後（last days）必遇的事告訴你們。」（49：1）這是一個以對未來的預先了解為基礎的預言（接著是與黃道十二宮有關的具體預言）。同樣的，在《申命記》中（第四章），摩西於死前回顧了以色列的神聖遺產並預示了其未來，勸告人們：「日後（latter days）你遭遇一切患難的時候，你必歸回耶和華你的神，聽從他的話。」（4：30）

反覆強調耶路撒冷的角色，以及聖殿山做為所有國家朝其聚集的燈塔之必要性，不僅僅是出於神學上的道德理由。還有一個非常實際的原因：有必要建立一個基地來迎接耶和華的卡沃多的歸來。「卡沃多」這個詞語曾在《出埃及記》中出現，後來也被以西結使用來描述上帝的天體飛行器！卡沃多將會被供奉在重建的神殿裡。先知哈該（Haggai）也得到這樣的告知，「這殿後來的榮耀，必大過先前的榮耀。在這地方我必賜平安。」（《哈該書》2：9）具有意義的是，卡沃多降臨耶路撒冷一事，在《以賽亞書》（35：2，60：13）中被重複地與另一個太空站相關地點連結：在黎巴嫩，上帝的卡沃多將從那裡來到耶路撒冷。（編注：《聖經》英文版為the glory of Lebanon，《和合本》譯為「利巴嫩的榮耀」。）

無可避免的結論是：在日子的完結之時，會有神聖的回歸；但是，什麼時候是「日子的完結」？

完結日在何時？

這個問題不是新問題，而我們應該提供自己的答案，因為在它在古代就被問過了，甚至那些談到「日子的完結」的先知也問過了。

以賽亞在關於時間的預言上提到：「當偉大的號角聲響起時」，所有的民族聚起來，「在耶路撒冷的聖山上向耶和華鞠躬」，他也承認沒有準確的時間和細節，人們將很難理解預言的含義。以賽亞還這樣向上帝抱怨道：「命上加命，令上加令，律上加律，例上加例，這裡一點，那裡一點。」（《以賽亞書》28：10）無論他被給予什麼回答，都被命令要把文檔密封並藏起來。以賽亞不止三次把代表「字母」的Otioth，改為Ototh；Ototh的意思是「神諭的符號」，暗示了有一種「聖經密碼」的祕密藏在裡面，因為現在還不是神聖計畫能夠被理解的正確時間。這些祕密代碼會一直被隱藏，直到先知請求上帝（他被辨認為「字母的創造者」）「告訴我們，那些字母的背後」（41：23，編注：《和合本》的譯文與此並不一致）。

先知西番雅（Zephaniah）的名字，其意思是「由耶和華加密的」，他傳遞了來自上帝的訊息，表示當所有國民聚在一起時，上帝「將會用清楚的語言來說」。但這不過是在說：「你會知道何時該說。」

難怪在最終的預言中，《聖經》幾乎避開了「何時」（日子的完結何時到來）的問題。為伯沙撒準確解釋牆上文字的但以理，在《但以理書》中提到，他開始做預兆夢，看到了對未來的啟示性異象，其中「亙古常在者」（Ancient of Days）及其大天使發揮了關鍵角色。

困惑的但以理詢問天使，期望獲得解釋，天使的答案由對未來事件的預測所組成，這些事件發生在或導致了「時間的完結」（the End of Time）。但以理又問，到幾時應驗呢？天使的答案從表面上看很精確，卻是在謎團上堆砌了謎團。

其中有一次，天使回答未來事件的發生時期時說，當邪惡的國王「想改變節期和律法」時，將會持續「一載、二載、半載」（7：25）。只有當「天下諸國的大權，必賜給至高者的聖民」（7：26）時，彌賽亞時間才會到來。天使回答的另一個時間是，「你的人民和城市已被頒布了七十個七和七十個六十，直到罪行的測量被填補，預言的異象獲得批准。」（9：24，編注：《和合本》為：「為你本國之民，和你聖城，已經定了七十個七，要止住罪過，除淨罪惡，贖盡罪孽，引進永義，封住異象和預言，並膏至聖者。」）另一個時間是「過了六十二個七，那受膏者（Messiah）必被剪除，一無所有，必有一王的民來毀滅這城和聖所。至終必如洪水沖沒」。（9：26）

為了尋找一個更清楚的答案，後來但以理又詢問一位天使，要他清楚回答：「這奇異的事到幾時纔應驗呢？」（12：6）天使又給了同樣含糊的回答，說完結將會在「**一載、二載、半載**」之後。但是「一載、二載、半載」是什麼意思？「幾年的七十個星期」又是什麼意思？

但以理在書中指出，「我聽見這話，卻不明白，就說，我主阿，這些事的結局是怎樣呢。」（12：8）天使再次以代碼回答：「從除掉常獻的燔祭，並設立那行毀壞可憎之物的時候，必有一千二百九十日。等到一千三百三十五日的，那人便為有福。」（12：11－12）那個先前稱但以理是「人類兒子」的天使又說：「你且去等候結局，因為你必安歇。到了末期（the End of Days），你必起來，享受你的福分。。」（12：13）

就像但以理，幾個世代的聖經學者、智者、神學家、占星家，甚至天文學家，包括著名的艾薩克．牛頓爵士，都說「我聽見這話，卻不明白」。謎團不只是「一載、二載、半載」之類的，還有時間從什麼時候算起？其不確定性源自以下的事實：天使在解釋但以理看到的象徵性異象時，例如山羊攻擊綿羊、兩個羊角變成四個角又分裂，他提到這件事發生的時間遠遠超過了但以理所在的巴比倫時代，超出了預言的時間，甚至超出了七十年後聖殿重建的預言。波斯帝國的興衰，希臘人在亞歷山大的帶領下到來，甚至連他的繼承者分割他所征服的領土等，這一切都預言得如此準確，以至於有些學者相信，《但以理書》是「事後」預言，其中的預言有一部分是在西元前二五〇年左右寫下的，卻偽裝成是三個世紀以前寫的。

一切爭論的中心，就是天使在回答中提到的，開始計時的時間是「從除掉常獻的燔祭，並設立那行毀壞可憎之物的時候」。這只可能和西元前一六七年希伯來基斯流月（Kislev）第二十五天，在耶路撒冷發生的事情有關係。

這一天被精確地記錄了，因為那天「可憎之物」被放進神殿，一些人相信，這代表著完結日的開始。

15·耶路撒冷：消失的聖杯

在西元前二十一世紀，當核武器第一次在地球上被使用時，亞伯拉罕在烏爾薩利姆（即耶路撒冷），於「至高神」的名義下，被祭司以麵包和酒給予祝福，這也宣告了人類的第一個一神論宗教。

二十一個世紀以後，亞伯拉罕的一個虔誠後裔，在耶路撒冷慶祝一次特別的晚餐，他背著十字架（一顆特定星球的象徵）到一個地方被處決，宣布了另一個一神論宗教的誕生。我們對他仍然有很多疑問，他到底是誰呢？他在耶路撒冷做什麼？這裡有針對他的陰謀嗎？還是他就是幕後的黑手？引起了關於（和尋找）「聖杯」的傳說的酒杯是什麼？

在他自由的最後一個晚上，與十二位門徒用酒和無酵餅，慶祝猶太逾越節的晚餐（希伯來語為Seder，音譯為塞德），這個不朽的場景被許多偉大的宗教畫家描繪過。達文西（Leonardo Da Vinci）的〈最後的晚餐〉（*The Last Supper*）就是其中最著名的一幅（見圖122）。達文西因為淵博的科學和宗教知識而聞名，他所畫的東西至今仍被討論、辯解和分析，但這不但沒有解開謎團，反而更增添了幾分神祕。

我們將展示，解開謎團的關鍵在於畫作沒有呈現出來的內容；它所缺少的部分，回答了關於上帝和地球上人類的傳奇中令人困惑的難題之答案，以及對彌賽亞時間的嚮往。過去、現在和未來在兩件事情上匯聚，並被二十一個世紀隔離開來。耶路撒冷對於這兩者都是至關重要的，並且透過它們的時間點，與關於「完結日」的聖經預言連結在一起。

托勒密王朝與塞琉古帝國的文化傳承

為了理解二十一個世紀前到底發生了什麼事，我們需要將歷史翻到亞歷山大時期。亞歷山大認為自己是神的兒子，卻在相當年輕的三十二歲就死於巴比倫。他活著時，透過各種恩寵、懲罰，甚至不合時宜的死亡，來控制他的將軍。（實際上，有些人認為亞歷山大是被毒死的）。他去世後不久，四歲的兒子及其監護人（亞歷山大的兄弟）就被謀殺了，彼此不合的將軍和地區司令官瓜分了被征服的主要土地：

托勒密（Ptolemy）及其繼承者在埃及建立總部，占據了亞歷山大的非洲領土；塞琉古（Seleucus）及其繼承者，控制了敘利亞、安納托利亞（小亞細亞）、美索不達米亞和遠方亞洲的領

圖122：最後的晚餐

土。對於猶大（包括耶路撒冷）的爭奪，最後以托勒密王朝的勝利而告終。

托勒密家族最後設法將亞歷山大埋葬在埃及，他們認為自己是亞歷山大真正的繼承人，對於其他宗教也沿用了亞歷山大的寬鬆政策。他們還建立了著名的亞歷山大圖書館，任命了一位名叫曼涅托（Manetho）的埃及祭司，為希臘人記錄下埃及的王朝歷史和神聖史前史（考古學家已經證實，曼涅托的著作是眾所皆知的）。那些記載讓托勒密家族深信，他們的文明就是埃及文明的延續，也認為自己是法老王的合法繼承者。希臘智者對於猶太人的宗教和著作都非常感興趣，所以托勒密家族就安排將希伯來《聖經》翻譯成希臘語（被稱為：*Septuagint*，希臘文七十士譯本），並且准許猶太人在猶大有完全的宗教自由，逐漸在埃及壯大的猶太人社區也享有這樣的自由。

就跟托勒密王朝一樣，塞琉古帝國也留住了一個說希臘語的學者，他就是貝羅蘇斯（Berossus），以前曾擔任馬杜克的祭司。他被要求根據美索不達米亞的知識，編譯人類和眾神的歷史及史前史。他在哈蘭的楔形文字泥版藏書室裡，研究並記錄歷史的轉折。西方世界的希臘人和後來的羅馬人，正是從他後來所寫的三本書中（我們只能從古代其他人的著作中零散的引用得知），才瞭解到阿努納奇及其降臨地球、大洪水之前的時期、智慧人類的創造，還有大洪水之後的事情。他們從貝羅蘇斯那裡（後來被楔形文字泥版的發現和解譯所證實），首次學到了三六〇〇年的SAR，是眾神的一年。

西元前兩百年，塞琉古帝國跨越托勒密王國的邊界，並且占領了猶大。就像其他的例子一樣，歷史學家只尋找了導致戰爭的地緣政治和經濟方面的原因，卻忽略了宗教－彌賽亞方面。貝羅蘇斯在關於大洪水的報告中，提供了一些花絮消息，提到當艾（恩基）通知吉烏蘇他拉（蘇美人的「挪亞」），「隱藏沙馬氏之城（西巴爾）的一切文字紀錄」，這是為了大洪水之後的復興，因為這些著作「**是關於開始、中間和完結**」的資訊。根據貝羅蘇斯的說法，世界經歷著週期性的災難，並且將它們與黃道時代連結起來，他所處時代的週期，開始於塞琉古時代（西元前三一二年）的一千九百二十年前，也就是開始進入白羊宮時代的西元前二二三二年。如果給予它完整的數學長度，那麼這個週期即將結束（2232－2160＝122 b.c.）。

根據可得的資料顯示，塞琉古國王結合這些計算與「缺席的回歸」（Missing Return），認為對回歸的盼望已經十分迫切，並且要為回歸做好準備。重建蘇美和阿卡德神廟的狂潮開始了，重點是烏魯克的伊安納（E. ANNA，意思是阿努之屋）。黎巴嫩的登陸點被他們稱為赫利奧波利斯（Heliopolis，太陽神之城），也透過興建一座紀念宙斯的神廟，重新投入使用。所以結論是，他們急著發動占領猶大的戰爭，是為了在耶路撒冷的太空站相關地點為回歸做好準備。**我們認為，這是希臘－塞琉古為了眾神的再度現身而做準備的方式**。

和托勒密王朝不同，塞琉古統治者決心在領土內加強希臘文化和宗教。他們在耶路撒冷所造成的變化最為重大，外來軍隊突然進駐，祭司的權利也被縮減。希臘文化和習俗被強制引進。當地人甚至連名字都要改變，從大祭司開始，他被迫將自己的名字從約書亞（Joshua）改成了傑森（Jason）。民法限制猶太人在耶路撒冷的公民權利。稅收被提高的目的，是用來資助體育和摔跤的教學，而不是傳播「妥拉」（Torah，教義）。在鄉村，當局正在為希臘神建造神殿，並派遣士兵在其中進行禮拜。

西元前一六九年，塞琉古國王安條克四世（Antiochus IV，他採用 Epiphanes 為稱號）來到耶路撒冷。這不是一次謙恭的造訪。他進入至聖所，褻瀆了聖殿的聖潔。在他的命令下，聖殿裡珍稀的黃金儀式物品都被沒收了，一名希臘官員接管這個城市，在聖殿旁邊建造了一座外國士兵永久駐軍的堡壘。安條克四世回到敘利亞首都後，又發布公告，要求王國所有的人都必須祭拜希臘神；而且特別禁止猶大地區遵守安息日儀式和割禮。伴隨著這個公告，耶路撒冷聖殿成為宙斯的神廟，並且在西元前一六七年希伯來基斯流月第二十五天（相當於現在的十二月二十五日），敘利亞－希臘士兵在聖殿裡豎立了代表宙斯（天國之主）的雕像，大祭壇也被改建用來供奉宙斯。犧牲不可能更大。

馬加比起義

猶太人的起義在所難免，一個名叫馬提亞胡（Matityahu，編注：《聖經》英文版為Mattathias〔瑪他提亞〕）的祭司和他的五個兒子最先發動並領導了起義，這被稱為哈斯蒙尼（Hashmonean）或馬加比（Maccabean）起義。起義在鄉村爆發，起義者很快就征服了希臘當地的駐軍。當希臘急忙增援時，起義行動已經席捲了整個國家。由於馬加比起義者的人數和武器都處於劣勢，便以宗教狂熱的殘酷性來彌補。《馬加比書》（*Book of Maccabees*）及隨後的歷史學家所記載的這些事件，無疑顯示了，這次以少數人對抗強大王國的行動，是被某個時間表所引導的：在特定期限之前，重新奪回耶路撒冷，清理聖殿，並將其重新獻給耶和華，是勢在必行的。

在西元前一六四年，馬加比起義者只占領了聖殿山，清理了聖殿，然後重新點燃了聖焰火。最後的勝利發生在西元前一六〇年，猶太人得以完全控制耶路撒冷，並且恢復獨立。猶太人仍然在基斯流月第二十五天慶祝這次的勝利和聖殿的重新奉獻，也就是猶太人的光明節（Hanukkah，意思是重新奉獻）。

這些事件的順序和時間，似乎與關於完結日的預言有關聯。在那些預言中，由天使向但以理傳達的那一個，為最終的未來（完結日）提供了具體的數字線索。但是，它還不夠清楚，因為在傳達時所使用的單位，有時是「時間」或「年與週數」，甚至天數。也許就天數而言，是要告訴人們何時開始計數，以便知道計數何時結束。在這種情況下，計時是從在耶路撒冷聖殿「除掉常獻的燔祭，並設立那行毀壞可憎之物」的那一天開始，而我們已經確定，「可憎之物的豎立」的確在西元前一六七年發生了。

考慮到這些事件發生的順序，但以理被告知的天數，一定與聖殿的特殊事件相關：西元前一六七年它被褻瀆（「除掉常獻的燔祭，並設立那行毀壞可憎之物」），西元前一六四年，聖殿被清理（在「一千二百九十日」後），和西元前一六〇年耶路撒冷的徹底解放（「等到一千三百三十五日的，那人便為有福」）。一千二百九十、一千三百三十五這些天數，與聖殿發生的事件基本上是吻合的。

根據《但以理書》的預言，接下來完結日的時鐘開始滴答作響了。

神聖年與各曆法的紀年

西元前一六〇年，重新占領整個城市以及在聖殿山清除異教軍隊的事件，握有另一個線索的鑰匙。雖然我們一直使用基督紀年的西元前（b.c.）和西元（a.d.）來標註事件的年份，但過去的人們顯然不能，也沒有使用基於未來基督紀年的時間表。就如我們之前所提的，希伯來曆法是在西元前三七六〇年在尼普爾開始採用，而根據這個曆法，**我們所稱的西元前一六〇年，正好是希伯來曆三六〇〇年！**

那就是我們現在已經知道的一SAR，也就是尼比魯原始（數學）的軌道週期。雖然尼比魯提早四百年出現了，但一SAR（三六〇〇年，一個神聖年的完成）的到來，仍然具有意義。關於耶和華的卡沃多回歸聖殿山的聖經預言，無疑是神聖的宣告；而我們所稱的「西元前一六〇年」是至關重要的時刻：無論那顆行星在哪裡，神都保證會回到他的聖殿，而聖殿必須為此進行淨化和準備。

《禧年書》證明了，在那段動盪的時代中，人們從未忘記過根據尼普爾／希伯來曆法所經歷的歲月。《禧年書》是一本旁經、偽經書，被認為是在馬加比起義後幾年，在耶路撒冷用希伯來語寫的（現在只有希臘語、拉丁語、敘利亞語、衣索比亞語、斯拉夫語的譯本）。它重述了猶太民族出埃及以來的歷史，以禧年為時間單位；這個五十年的時間單位，是由耶和華在西奈山頒布的（見第九章）。這本書同樣創造了一個連續的歷史曆法，是從西元前三七六〇年開始計算，現今被稱為「安諾蒙迪」（Anno Mundi，拉丁語，意思是世界紀元）。學者們（比如查理斯〔R. H. Charles〕的《禧年書》英文譯本）將「禧年」及其中的「週」轉化為安諾蒙迪的紀年。

這個曆法不僅保存在整個古代近東地區，甚至決定了事件會在何時發生，我們只需要查看前幾章中提到的一些關鍵日期就可以確定。我們選取一些關鍵歷史事件，將「西元前」轉化成「尼普爾曆法」（希伯來曆法）對照表：

西元前	尼普爾曆法	事件
三七六〇	〇	蘇美文明，尼普爾曆法的開始。
三四六〇	三〇〇	巴別塔事件。
二八六〇	九〇〇	吉爾伽美什殺死了天國公牛。
二三六〇	一四〇〇	薩貢：阿卡德時代開始。

二一六〇	一六〇〇	埃及第一中間期，尼努爾塔時代（古蒂亞建造五十神廟）。
二〇六〇	一七〇〇	那布組織馬杜克的追隨者。亞伯拉罕來到迦南。諸王之戰。
一九六〇	**一八〇〇**	馬杜克在巴比倫的埃薩吉神廟。
一七六〇	二〇〇〇	漢摩拉比鞏固了馬杜克的最高地位。
一五六〇	二二〇〇	埃及新王朝（「中王國」）。巴比倫新王朝統治（加喜特王朝」）展開。
一四六〇	二三〇〇	安善、埃蘭、米坦尼反對巴比倫。西奈山的摩西，「燃燒的叢林」。
九六〇	二八〇〇	新亞述帝國建立。阿基圖節日在巴比倫復興。
八六〇	二九〇〇	亞述拿色帕二世佩戴十字符號。
七六〇	**三〇〇〇**	耶路撒冷的預言從阿摩司開始。
五六〇	三二〇〇	阿努納奇眾神離開地球。波斯挑戰巴比倫。居魯士。
四六〇	三三〇〇	希臘的黃金時期。希羅多德在埃及。
一六〇	**三六〇〇**	馬加比解放了耶路撒冷，聖殿被重新奉獻。
沒有耐心的讀者等不及要填寫下面的格子了：		
六〇	三七〇〇	**羅馬人在黎巴嫩建立了朱比特神廟，占領了耶路撒冷。**
〇	**三七六〇**	**拿撒勒（Nazareth）的耶穌；西元紀年開始。**

但以理預言裡的未來王國

從馬加比起義解放耶路撒冷，到耶穌到達那裡之後與其相關的事件，中間已經經過了一個半世紀，這是古代世界，特別是猶太民族歷史上，最動盪的時期。

這個重要的時期始於可以理解的歡慶事件，其相關事件的後續影響則持續到今日。一個世紀以來，猶太人再一次成為他們神聖首都和聖殿的主人，可以自由地任命國王和大祭司。雖然在邊界的戰爭仍然持續著，但是邊界本身已經擴大到大衛時代的許多古老聯合王國。在哈斯蒙尼王朝的帶領下，建立獨立的猶太國家，定都於耶路撒冷，在所有方面都是勝利狀態，除了一點：

預期發生在完結日的耶和華卡沃多之回歸，並沒有發生，即使從「可憎之物的豎立」時間算起的天數似乎是正確的。有些人也許會好奇，我們是不是還沒有完全理解「完成的時間」（Time of Fulfillment）？顯然，但以理的其他時間計數，例如「年」、「年與週數」、「一載、二載」之類的謎團，還沒有被解譯。

線索在《但以理書》的預言部分，其中提到了在巴比倫、波斯和埃及之後的未來王國的興衰，這些王國被隱晦地稱為「南方」、「北方」，或者航海的「基提」（Kittim）。這些王國將會四分五裂，互相殘殺，「設立他如宮殿的帳幕」（11：45）。所有未來的實體，也都由各種各樣的動物（公羊、山羊、獅子等）隱喻地代表，它們的後代被稱為「角」，將再次分裂並相互競爭。那些未來的國家是誰？預言了哪些戰爭？

先知以西結也提到了將會發生大戰爭，在南北之間，在身分不明的哥革（Gog）和對立的瑪各（Magog）之間。人們想要知道，這些預言的國家是否已經出現了，是亞歷山大的希臘、塞琉古帝國，還是托勒密王朝？它們是預言的主題嗎？還是這些國家在尚未到來的更遙遠的未來？

此處也有神學上的動盪：對於卡沃多以實體出現在耶路撒冷聖殿的期盼，是對預言的正確理解嗎？還是盼望中的「到來」只是象徵性的、短暫的，一種精神上的存在？人們需要的是什麼？還是注定要發生的事情無論如何都會發生？猶太人的領導階層也分裂為虔誠且只根據律法的法利賽人（Pharisees），以及較自由的撒都該人（Sadducees）。撒都該人更具有國際視野，他們已經認識到猶太散居者從埃及分布到安納托利亞和美索不達米亞的重要性。除了這兩個主流派別之外，小派別也在他們自己的社區傳承下來。其中最著名的就是愛色尼人（Essenes，因《死海古卷》而出名），他們隱居在庫姆蘭。

在嘗試解釋這些預言時，必須考慮到一個正在崛起的新興大國：羅馬。他們在贏得與腓尼基人和希臘人的多次戰爭後，控制了地中海，並且開始插手托勒密的埃及，以及塞琉古的黎凡特（Levant，包括猶大）地區的事務。西元前六〇年，羅馬人在龐培（Pompey）的領導下，占領了耶路撒冷。在那條路上，他就跟之前的亞歷山大一樣，繞道

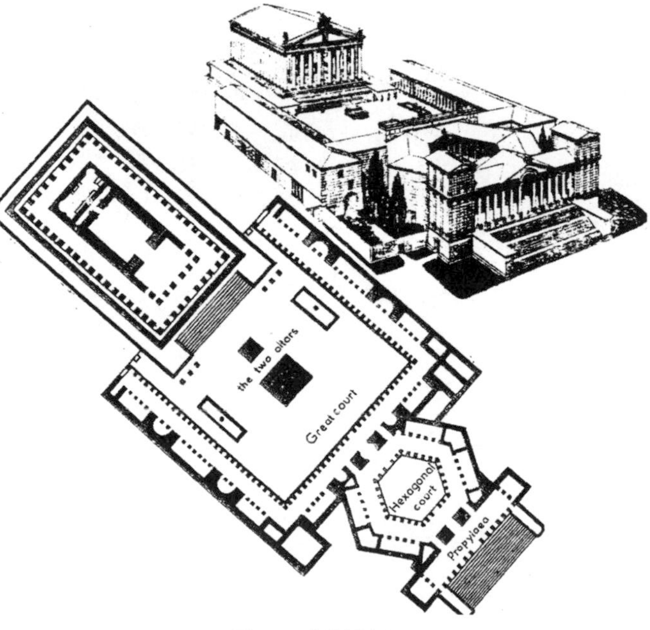

圖123：朱比特神廟

來到赫利奧波利斯（別名為巴勒貝克），向朱比特獻祭；隨後，羅馬人在較早期的巨大石塊上，建造了羅馬帝國獻給朱比特的最大神廟（見圖123）。在那個遺址發現的紀念銘文上寫道，羅馬帝國的皇帝尼祿（Nero）在西元六〇年造訪了此地，表示羅馬帝國的神廟在那時已經建好了。

當時的民族和宗教動盪，在具有歷史意義的預言著作中都有所表達，比如《禧年書》、《以諾書》（*Book of Enoch*）、《十二族長遺訓》（*the Testaments of the Twelve Patriarchs*）、《摩西升天記》（*the Assumption of Moses*），還有其他幾本，統稱為《新約外傳》（*Apocrypha*）或*Pseuda-Epigrapha*。它們有個相同的主題，就是相信歷史是循環的，所有一切都被預言了，完結日（一個動盪和劇變的時期）不僅代表一個歷史循環的完結，也是一個新循環的開始；這個「翻轉的時代」（以現代表達方式來說）將透過「受膏者」（Anointed One）的出現而體現。「受膏者」就是希伯來文的Mashi'ach，翻譯成希臘文是Chrystos，英文是Messiah（彌賽亞）或基督（Christ）。

大衛的寶座與升天的以利亞

至少從薩貢的時代開始，為新上任的國王施以祭司油（即施膏），在古代世界中就廣為人知了。從最早的時候起，《聖經》就承認這是奉獻給上帝的行為，其中最重要的事件，便是約櫃的管理人，先知撒母耳，把耶西之子大衛叫來，以上帝的名義立他為王：

> 撒母耳就用角裡的膏油，在他諸兄中膏了他，從這日起，耶和華的靈就大大感動大衛。
> （《撒母耳記上》16：13）

耶路撒冷的虔誠信徒，在對所有預言進行研究後，發現它們不斷地提到大衛是上帝的受膏者，以及一份神聖誓約，也就是在「正在來到的日子」裡，他的寶座將在耶路撒冷由「他的種子」（大衛之家的後裔）重新建立。

來自大衛之家的，在「大衛的寶座」上的未來國王，將統治耶路撒冷；當這件事發生時，世上的國王和王子都將聚集到耶路撒冷，來尋求公義、和平，以及神的話語。上帝的誓言是「永恆的允諾」，上帝給「萬代」的盟約。這個誓言的普遍性，在以下的篇章中都得到證明：《以賽亞書》16：5、22：22，《耶利米書》17：25、23：5、30：3，《阿摩司書》9：11，《哈巴谷書》3：13，《撒迦利亞書》（Zechariah）12：8，《詩篇》18：50、89：4、132：10、132：17。

這些是強有力的話，在**與大衛之家**的彌賽亞聖約中是無誤的，但它們也充滿了爆炸性的面向，幾乎決定了耶路撒冷的事態發展。與之相關的是先知以利亞（Elijah）的事件。以利亞因寄居的基列（Gile’ad）地區的城鎮名稱，而被暱稱為提比斯人（Thisbite）。他是聖經中的先知，活躍在西元前九世紀的以色列王國（與猶大分裂之後），此時以色列王國處於亞哈（Ahab）及其迦南人王后耶洗別（Jezebel）的統治之下。正如他的希伯來名字Eli-Yahu（意思是耶和華是我的神）所表示的一樣，他不斷與迦南神巴力（Ba’al，又譯巴爾，意思是「主」）的祭司和「代言人」發生衝突；耶洗比一直在提倡對於巴力神的崇拜。

以利亞在約旦河邊的藏身處隱居時，被任命成為「神人」（A Man of God），之後，他得到一件有著神奇力量的「毛織的外衣」，讓他能以神的名義展現奇蹟。他的第一件被記載的奇事（《列王紀上》第十七章）是只用一把麵和一點油，便使一個寡婦以此度過後半生。之後，他又使寡婦那個死於嚴重疾病的兒子復活了。當以利亞與巴力神的先知在迦密山（Carmel）上對抗時，他可以從天上召喚火焰。在《聖經》中，他的故事是以色列人出埃及後重返西奈山的唯一事例：當他從耶洗別和巴力的祭司的憤怒中逃出來後，耶和華的使者將他庇護在西奈山的山洞中。

《聖經》說，以利亞沒有死，而是被一陣旋風帶到天國，與上帝在一起。他的升天過程，在《列王記下》第二章有詳細的描述，這並不是突然或出乎意料地發生的事件，相反的，這是經過了計畫與安排的，時間和地點都是預先通知了以利亞。

這個指定的地點就在約旦河谷，約旦河的東岸。當以利亞離開的時間到了，他的門徒在以利沙（Elisha）的帶領下，一同前往。以利亞在吉甲（Gilgal）做了停留（在那裡，耶和華的神蹟曾展現在約書亞領導的以色列人面前）。他試圖擺脫追隨者，但他們一直跟到伯特利（Beth-El）。儘管他們被要求留下來，讓以利亞獨自過河，但仍堅持抵達最後一站：耶利哥。他們不停地問以利沙：「耶和華今日要接你的師傅離開你，你知道不知道？」

在約旦河邊，以利亞捲起他那有神力的外衣，拿去打擊水面，水就左右分開了，使他得以過河。除了以利沙跟著以利亞過河外，其他門徒都留在原處。

> 他們正走著說話，忽有火車火馬，將二人隔開，以利亞就乘旋風昇天去了。以利沙看見，就呼叫說，我父阿，我父阿，以色列的戰車馬兵阿。以後不再見他了。
> （《列王紀下》2：11－12）

特爾佳蘇爾（Tell Ghassul，意思是先知的墳墓）是位在約旦、符合聖經故事地理的地點，在這裡的考古發掘行動，已經發現了畫著「旋風」的壁畫（見252頁圖103）。它是唯一在梵蒂岡主持下發掘的遺址。（我對這些收藏在以色列和約旦的考古博物館的相關發現進行了探尋，也造訪了約旦的遺址，最終還前往位於耶路撒冷，由耶穌會經營的教宗聖經研究所〔Pontifical Biblical Institute〕，見圖124，這些過程在《地球編年史探險》中皆有所描述。）

猶太傳統認為，理想化的以利亞，有一天將會成為以色列人最終得救的先鋒（彌賽亞的使者）而回歸。在西元前五世紀，這個傳統已經被《聖經》中最後一位先知瑪拉基，記錄在他最後的預言中。

傳統上認為，天使帶以利亞前往的西奈山山洞，就是上帝向摩西顯聖的地方，因此人們期盼以利亞會在紀念出埃及的逾越節開始之時再次出現。塞德（Seder）是為期七天的逾越節一開始的儀式性晚餐，人們需要在飯桌上放一個盛有酒的杯子，供以利亞到達時飲用；大門會打開，以迎接以利亞進來；朗誦規定的讚美詩，表示希望他早日宣布「大衛之子，彌賽亞」。（就像基督徒的孩子被告知說，聖誕老人會從煙囪偷偷溜下來，帶禮物

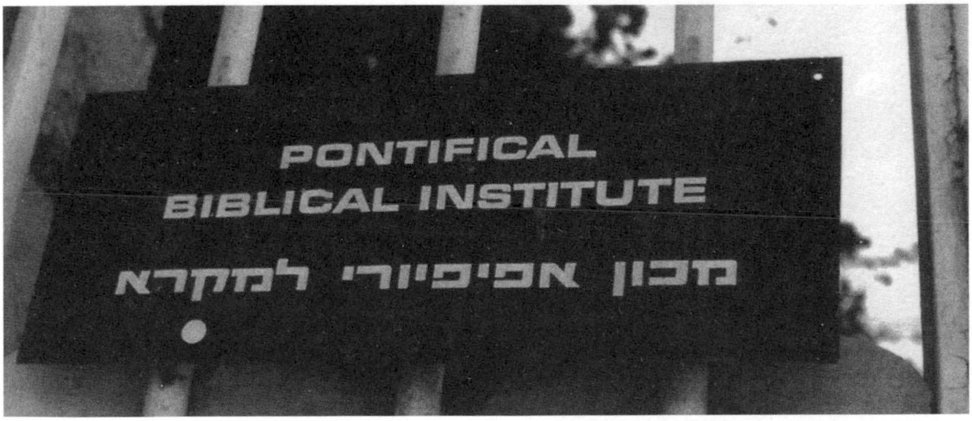

圖124：教宗聖經研究所

給他們，猶太人的孩子也被告知說，以利亞會偷偷的進來，喝一小口酒。）按照習俗，「以利亞之杯」被裝飾成一個藝術化的高腳杯，除了逾越節晚餐中的以利亞儀式外，從未用於其他目的的酒杯。

耶穌「最後的晚餐」便是傳統的逾越節晚餐。

耶穌、逾越節晚餐與以利亞的返回

猶大雖然保留了自己選擇大祭司和國王的表象，但出於各種意圖和目的，它變成了羅馬殖民地，首先由敘利亞總部統治，然後由地方州長統治。羅馬總督的職稱為「巡撫」（Procurator），他保證無論羅馬偏愛的人是誰，猶太人可以選擇一位族長（猶太人議會的負責人）擔任聖殿的大祭司，一開始也是「猶太人之王」（不是國家的「猶太王」）。

西元前三六年到西元前四年，統治者是希律王（Herod），他是皈依了猶太教的以東人後裔，由兩位羅馬將軍（因克麗奧佩脫拉〔Cleopatra〕而聞名）推選而出：馬克・安東尼（Mark Anthony）和屋大維（Octavian）。希律王留下的紀念性建築遺產，包括聖殿山的擴建，以及死海旁的馬薩達（Masada）戰略宮殿兼要塞；他迎合羅馬總督的意願，成為羅馬的附庸。

西元三十三年（根據學者一致同意的年代），拿撒勒的耶穌到達了因哈斯蒙尼王朝和希律王的建築而擴大的耶路撒冷，當地因逾越節而擠滿了朝聖者。當時，猶太人只被允許保留宗教機構，這是由七十個長老所組成的議會，即猶太公會（Sanhedrin）；猶太國王已經被廢止；這片土地不再是猶太人的國家，只是羅馬的行省，由總督龐提烏斯・彼拉多（Pontius Pilate，又譯本丟・彼拉多）管轄，進駐鄰近聖殿的安東利亞要塞（Antonia Citadel）。

猶太平民和羅馬統治者之間的矛盾日益加劇，導致耶路撒冷發生了一系列的流血衝突。彼拉多在西元二十六年來到耶路撒冷，更糟的是，羅馬軍團士兵帶著有標誌的桿子和錢幣進入城裡，上面刻著聖殿禁止的雕刻圖像。表現出抵抗行為的猶太人被無情地判處在十字架上，以至於處決地的綽號成了「各各他」（Gulgatha），意思是頭骨之地。

耶穌曾經來過耶路撒冷：「每年到逾越節，他父母就上耶路撒冷去。當他十二歲的時候，他們按著節期的規矩上去。守滿了節期，他們回去，孩童耶穌仍舊在耶路撒冷。他的父母並不知道。」（《路加福音》2：41－43）當耶穌和他的門徒在這個時候到達時，情況顯然不像他們所期望的那樣，不是聖經的預言應許的。虔誠的猶太人（耶穌應該也是）信奉救贖、彌賽亞的救世這一思想，其核心是上帝與大衛之家之間的特殊而永恆的關聯。這在宏偉的《詩篇》中清楚地強調出來，耶和華在異象中曉諭他虔誠的追隨者：

我高舉那從民中所揀選的。
我尋得我的僕人大衛，用我的聖膏膏他……
他要稱呼我說，你是我的父、是我的神，是拯救我的磐石。
我也要立他為長子，為世上最高的君王。
我要為他存留我的慈愛，直到永遠。我與他立的約，必要堅定。
我也要使他的後裔，存到永遠，使他的寶座，如天之久。（89：19、20、26－29）

文中的「如天之久」（Days of Heaven）是否為一條線索，連接了救世主的到來和預言中的完結日呢？這是不是看見預言實現的日子呢？於是，拿撒勒的耶穌，與他的十二門徒待在耶路撒冷，決定自己完成這件事：如果救世主必須是一位大衛之家的受膏者，那麼耶穌就是這個人！

他的希伯來名字Yehu-shuah（約書亞），意思是耶和華的救世主；至於受膏者（彌賽亞）必須來自大衛之家的要求，耶穌也符合：在新約《馬太福音》的一開頭便說：「**亞伯拉罕的後裔，大衛的子孫，耶穌基督的家譜**。」然後，在《新約》的許多地方，都列出了耶穌的家譜：從亞伯拉罕到大衛共有十四代；從大衛到巴比倫流放者有十四代；從那之後到耶穌又有十四代。福音系列書保證他是有資格的。

關於接下來發生了什麼事，我們的參考資料有福音系列書和《新約》的其他書。我們知道，「目擊者報告」是在事件發生後很久才寫出來的；編纂後的版本是羅馬皇帝君士坦丁在三個世紀後舉行的一次會議上，進行審議的結果；「諾斯底」（gnostic）教派的手稿，如拿戈瑪第（Nag Hammadi）手稿或《猶大福音》（*Gospel of Judas*）則提供了讓教會有理由壓制的不同版本。我們也知道（這是不容質疑的事實），起先有一個由耶穌的兄弟領導的耶路撒冷教會，專門收猶太信徒，後來被針對外邦人的羅馬教會所超越、取代並除去了。但是，我們將遵循「官方」版本，因為它本身將耶穌在耶路撒冷的事件與以前所有世紀和千年的事件連結在一起。

首先，我們必須消除任何對耶穌是否在逾越節來到耶路撒冷，以及〈最後的晚餐〉是否為逾越節晚餐的懷疑。《馬太福音》（26：2）、《馬可福音》（14：1）、《路加福音》（22：1），都引用了當耶穌等人抵達耶路撒冷時，耶穌對門徒所說的話：「你們知道過兩天是逾越節。」「過兩天是逾越節，又是除酵節。」「除酵節，又名逾越節，近了。」這三部福音書，在同樣的章節中，都敘述了耶穌叫門徒去一間特定的房子，他們可以在那裡享用逾越節晚餐，慶祝節日的開始。

接下來，我們要研究有關以利亞的資料，以利亞被認為是彌賽亞來臨的先鋒（《路加福音》〔1：17〕甚至引用了《瑪拉基書》中的句子來描述以利亞）。依照福音系列書，所有聽說耶穌所行的神奇事蹟的人，由於這些事蹟與先知以利亞的相似，都會先懷疑耶穌是否就是以利亞再次出現。耶穌沒有表示否定，而是問他的門徒說：「你們說我是誰？」彼得回答說：「你是基督。」（《馬可福音》8：28—29）。

他被問道，如果是這樣，必須先來的以利亞在哪裡呢？耶穌回答說：當然，他已經來了！

> 他們就問耶穌說，文士為甚麼說，以利亞必須先來。
> 耶穌說，以利亞固然先來，復興萬事……
> 我告訴你們，以利亞已經來了……《馬可福音》9：11—13

這是一個大膽的宣言，對它的檢驗就要來到：如果以利亞真的已經返回地球，「**確實來到**」，滿足了彌賽亞到來的條件，**那麼他應該出現在逾越節晚餐上，並從為他斟滿的酒杯中喝一口！**

就如傳統所規定的那樣，斟滿酒的以利亞之杯，被放在耶穌和門徒舉行逾越節晚餐的桌子上。《馬可福音》第十四章描述了這次的晚餐。主持宴席的耶穌拿起無酵餅（現在被稱作Matzoh），祝福後掰開餅，分給他的門徒。「又拿起杯來，祝謝了，遞給他們，他們都喝了。」（《馬可福音》14：23）

所以，以利亞之杯的確就在那裡，但是達文西選擇不把它畫出來。在他的畫作〈最後的晚餐〉（只能取材於《新約》）裡，**耶穌沒有拿著關鍵的杯子，桌上也沒有酒杯！**然而，在**耶穌右**

邊卻有個難以解釋的缺口（見圖125），他右邊的使徒彎向一邊，就像要讓某個看不見的人來到他們之間一樣。

對神學十分有研究的達文西，是否暗示著不可見的以利亞已經從那扇打開的窗戶進來，就在耶穌背後，拿走了他的杯子呢？就如這幅畫暗示的，以利亞已經回歸；大衛之家受膏國王的先鋒，已經到來了。

由此，當被捕的耶穌來到羅馬巡撫面前，「巡撫問他說，你是猶太人的王麼。耶穌說，你說的是。」（馬太福音27：11）。「死在十字架上」的句子，是不可避免的。

消失的聖杯

根據《馬可福音》（14：24），當耶穌舉起這杯酒，做了祝福後，對門徒說：「這是我立約的血。」如果這是他的原話，他指的並非他們喝的酒是血，因為這是猶太教所嚴格禁止的，「因為血即靈魂」。他所說

圖125：〈最後的晚餐〉裡的缺口

（或意圖說）的是：在這個杯子（以利亞之杯）裡的酒是契約，確認了他的血統。達文西令人信服地描繪了，它應該是被來訪的以利亞帶走了，才會消失。

這個消失的杯子是數個世紀以來的作家最喜愛的題材。故事成了傳說：十字軍尋找它；聖殿騎士找到了它；它被帶到了歐洲……這個杯子成了高腳聖杯；它是代表皇家血統（法文為 Sang Real）的聖杯，變成了 **San Greal**（Holy Grail）。

那麼，這個杯子是否離開過耶路撒冷呢？

羅馬人對於在猶大的猶太人持續加劇的鎮壓，導致爆發了對羅馬最具挑戰性的叛亂；羅馬最偉大的將軍和最好的軍團，花了七年時間才擊敗小猶太人並到達耶路撒冷。西元七〇年，經過漫長的圍困與慘烈的近身戰後，羅馬人最終攻破了猶太人的聖殿，然後，羅馬統帥提圖斯（Titus）命人將聖殿燒毀。雖然在之後的三年，各地都有持續的反抗行動，但偉大的猶太起義已經結束了。勝利的羅馬軍隊欣喜若狂，鑄造了一系列硬幣來紀念這次的勝利，並向全世界宣布 **Judaea Capta**（意思是猶大被占領），並在羅馬架起一座勝利拱門，描繪了被劫掠的聖殿的儀式物品。（見圖126）

圖126：羅馬勝利拱門上的描繪

在猶太人獨立的時期，每年發行的硬幣都刻上「第一年」、「第二年」等，以及「為錫安的自由」的圖樣，同時用土地上的果實做為裝飾主題。**令人費解的是，第二年和第三年的硬幣上刻有聖杯的圖案**（見圖127）……

那麼，聖杯（Holy Grail）還在耶路撒冷嗎？

圖127：猶太硬幣上的聖杯圖案

16・善惡大決戰與回歸的預言

他們會回歸嗎？什麼時候回歸呢？

我已經被問過類似的問題無數次了。「他們」是阿努納奇眾神，他們的傳說填滿了我的書。第一個問題的答案是「是」；有一些需要注意的線索，而回歸的預言也需要被實現。至於第二個問題，自從兩千多年前在耶路撒冷發生分水嶺事件以來，它的答案就一直困擾著人類。

但問題不僅僅是「是否」和「何時」。他們回歸的信號是什麼？它會帶來什麼？這是一次友善的來訪，還是如當初的大洪水一樣帶來末日？哪一個預言將會成真？**是彌賽亞時期、基督再臨、一個嶄新的開始，或是災難性的世界末日，最終的完結，哈米吉多頓（Armageddon）大戰……**

哈米吉多頓大戰

這是將這些預言從神學、世俗學或好奇心的領域，轉移到人類生存之道的最後可能性。「哈米吉多頓」這個詞語被用來表示一場無法想像的災難範圍的戰爭，**但實際上是遭受核毀滅威脅的土地上，特定位置的名稱**。

西元前二十一世紀，在東方國王與西方國王的戰爭之後，發生了核災難。二十一個世紀之後，在「西元前」變成「西元」的那個時刻，人類的恐懼被寫在卷軸上，深藏於死海附近的洞穴裡，其上描述了一場偉大且最後的「光明之子與黑暗之子的戰爭」。而現在，到了西元二十一世紀，核威脅又高高懸掛在同一個歷史位置上。我們有足夠的理由追問：歷史會重演嗎？歷史真的會以某種神祕的方式，每二十一個世紀重複一次？

戰爭，毀滅性的大火，在《以西結書》（第三十八章至三十九章）中被描述為完結日進程的一部分。雖然「瑪各之地的哥革」或「哥革和瑪各」被預言為最後一場戰爭的最大煽動者，但實際上，將被納入戰爭的戰士名單，幾乎涵蓋了每個值得注意的國家。這場大火的焦點，是「居住在地球之臍上的人們」。根據《聖經》，就是耶路撒冷的居民；但是對於那些時鐘停在那裡的人而言，「巴比倫」人取代了尼普爾。

令人汗毛倒豎的是，在以西結的名單中，那些廣泛分布於全世界，將要捲入最後戰爭（哈米吉多頓）的國家（38：5），是從波斯開始的。這個國家（現今是伊朗）的領導人正在尋找核武器，以便使用這些武器「除去地球上」居住在「哈爾米吉多」（Har-Megiddo）的人們！

誰是「瑪各之地的哥革」？為什麼那些兩千五百年前的預言，聽起來這麼類似現今的報紙頭條新聞？這些預言的細節精確指出了「何時」嗎？是現在，這個世紀？

哈米吉多頓這場哥革和瑪各的戰爭，同樣是《新約》預言書《啟示錄》（全名是《聖約翰啟示錄》）中完結日進程的主要元素。這本書將偽造事件的煽動者比喻為兩種野獸，其中一頭「甚至在人面前，叫火從天降在地上」（13：13）只有一個難以理解的提示曾指出過它的身分：

在這裡有智慧。凡有聰明的，可以算計獸的數目。因為這是人的數目，他的數目是六百六十

六。（13：18）

很多人都嘗試破解這個謎一般的數字「六六六」，假設它是關於完結日的密碼資訊。由於《啟示錄》是在古羅馬政權開始迫害基督徒時所寫的，公認的解釋是，這個數字是暴君尼祿的代碼，他的希伯來名字NeRON QeSaR的數值，加起來剛好是六六六。實際上，他在西元六〇年去過巴勒貝克的太空站平臺，很可能是為了朱比特神廟的開幕儀式，這可能與六六六謎團有些關聯。

但是，「六六六」不只與暴君尼祿有關係，因為令人感興趣的事實是，六百、六十和六，都是蘇美人六十進制數學系統的基本數字。因此，這個神祕代碼可能被追述到某些更早的文獻中：有六百名阿努納奇，阿努的數字階級是六十，伊希庫爾（阿達德）的階級則是六。如果把這三個數字相乘而非相加的話，我們會得到666＝600×60×6 ＝216,000，剛好是我們所熟悉的二一六〇年（黃道週期）的一百倍，這是可以無休止地推測的結果。

這裡還有一個謎團。當七位天使預言未來事件的進程時，並沒有將它們與羅馬連結起來，而是連結到「巴比倫」。傳統的解釋是，就像六六六是羅馬統治者的代碼一樣，「巴比倫」就應該是羅馬的代碼。但是，《啟示錄》成書時，巴比倫已經消失了數百年；而且，在《啟示錄》中所有關於巴比倫的預言，都與「神聖的幼發拉底河」（9：14，編注：《和合本》為「伯拉大河」）有關，甚至詳細描述了「第六位天使把碗倒在伯拉大河上」，使河水枯竭，為來自東方的國王預備道路（16：12）。所有這些都是在幼發拉底河畔的城市或土地，而非義大利的台伯河（Tiber）。

既然《啟示錄》的預言是關於未來的，我們必須承認**「巴比倫」不是代碼，巴比倫就是巴比倫**，是將要捲入與聖地有關的「哈米吉多頓」之戰的**未來巴比倫**。（《啟示錄》（16：16）正確闡釋了它就是「在希伯來的舌頭之地」的名字，這個地方就是哈爾米吉多，在以色列境內的米吉多山。）

如果預言中的未來巴比倫真是如今的伊拉克，那麼《啟示錄》的內容又將令人膽寒，因為它預言了在一場短暫而可怕的戰爭之後，導致巴比倫滅亡的時事。它預測了巴比倫／伊拉克在戰爭之後將分裂成三個部分（16：19）！

就像《但以理書》預測了彌賽亞過程中的苦難階段和嘗試過程，《啟示錄》為了解釋神祕的《舊約》預言，（在第二十章）描述了持續一千年，以「第一次復活」為標誌的第一彌賽亞時代，接著是一千年的撒旦統治（「哥革和瑪各」會煽動一場巨大的戰爭），然後是第二彌賽亞時間和另一次復活（於是有「第二次到來」）。

未來就像過去

當西元二〇〇〇年到來時，這些預言無可奈何地引起了一陣猜想狂潮：認為在人類和地球的歷史中，千年是一個預言將會成真的時間點。

我對西元二〇〇〇年即將來臨的千年問題感到困惑，一直告訴我的讀者，西元兩〇〇〇年不會有任何事發生，不只是因為自耶穌誕生日算起的真正千年早已過去；所有學術上的推算都指出，耶穌於西元前六或七年出生。我持此觀點的主要原因是：在那些預言中，時間不是線性的——第一年，第二年，第九百年，依此類推——而是一些事件的週期性重複。這些預言都遵循了一個基本原則：「最先的事件將是最後的事件」——只有當歷史和歷史時間循環移動時，才可能發生這種情況，其中的起點就是終點，反之亦然。

這種週期性歷史計畫的內在，是「上帝為永恆的神聖實體」的觀念。他從天地被創造之初就在場；在完結日，當他的國度在聖山上被更新時，他會在那裡。從最早的《聖經》宣言到最後的先知，無一不反覆聲明這個觀念，就像上帝透過以賽亞宣示的那樣（《以賽亞書》41：4、44：6、48：12）：

> 我是耶和華，我是首先的，也是末後的。（48：12）
> 我從起初指明末後的事，從古時言明未成的事（46：10）

同樣的宣示，也在新約的《啟示錄》中出現兩次：

> 主神說，我是阿拉法，我是俄梅戛（阿拉法、俄梅戛乃希臘字母首末二字），是昔在今在以後永在的全能者。（1：8）

確實，預言的基礎是相信「完結錨定於開始」，能夠預見未來，是因為過去是已知的。對人而言那不是已知的，對上帝才是：我「**從起初指明末後的事**。」耶和華說。《撒迦利亞書》（1：4、7：7、7：12）預見了上帝所設定的未來，「**最後一天**」對過去而言是「**第一天**」。

這個信仰以多種形式重申於《詩篇》、《箴言》、《約伯記》裡，被視為對於整個地球及其所有國家的全面神聖計畫。先知以賽亞預見到全世界所有民族聚集起來，試圖破解未來的祕密。描述他們互相追問：「我們之中誰能讓我們聽到第一個事物，並預知未來？」（41：22，編注：《和合本》為「可以聲明，指示我們將來必遇的事，說明先前的是甚麼事」。）《亞述預言集》

（*Assyrian Prophecies*）也呈現出這個觀念是世界性的基本原則，那布神告訴亞述王以撒哈頓：**「未來就像過去一樣。」**

馬雅預言裡的末日

關於回歸的聖經預言的這種循環元素，給了我們目前對於「何時」問題的答案。

讀者應該記得，在中美洲可以找到關於歷史時間的週期性輪轉，這兩種曆法就像兩個互相嚙合的齒輪轉動著（參見172頁圖67），造成了五十二年一「捆」的週期。羽蛇神（別名圖特、寧吉什西達）承諾他在未指定的週期轉數後會回歸。這便是所謂的馬雅預言，根據預言，**完結日（世界末日）將於西元二〇一二年到來。**

預言中的末日即將來臨這件事情，自然吸引了人們極大的注意力，也值得好好分析和解釋。這個特定的時刻，實際上就是時間單元「伯克頓」（Baktun）完成了十三次循環的那一年（關鍵在於怎樣計算）。一個伯克頓持續十四萬四千天，就像某種里程碑。

我們必須指出這個推測中的某些錯誤和虛妄的假定。首先，「伯克頓」這個單位不是屬於擁有五十二年週期的那兩個互相嚙合的日曆盤（哈布曆和卓爾金曆），而是屬於另一個更古老的「長紀曆」。這種曆法被奧爾梅克人所採用，他們是在圖特從埃及流放時遷徙到中美洲的非洲人。長紀曆就是從圖特被流放的那一天開始計算，那是西元前三一一三年八月十三號。長紀曆中的單位及其換算關係如下：

1金（kin）	1天
1烏納（uinal）	1金×20＝20天
1盾（tun）	1金×360＝360天
1卡盾（ka-tun）	1盾（360天）×20＝7200天
1伯克盾（baktun）	1卡盾（7200天）×20＝144000天

每個單位都是前一個的數倍，而不斷增加的計數總有一天會超出伯克頓的範圍。但是，馬雅紀念碑從未超出十二個伯克頓的範圍，而一百七十二萬八千天也遠遠超過了馬雅文明存在的時間。這樣看來，第十三個伯克頓似乎真的是某種里程碑了。此外，馬雅文明相信現今的「太陽」或紀元，會在第十三個伯克頓時完結。如果我們用這些天數（144,000×13＝1,872,000）除以365.25的話，剛好是五千一百二十五年，再減去西元前的三千一百一十三年，**就得到西元二〇一二年**。

這是一個讓人興奮又恐懼的預言，但實際上，在一個世紀以前，這個日期就被學者質疑過了（例如弗里茲．巴克〔Fritz Buck〕的《提瓦納庫文化的馬雅曆法》〔*El Calendario Maya en la Cultura de Tiahuanacu*〕）。他們指出，就像前面所述那些單位和乘數一樣，對於除數，也應該使用馬雅曆法的360，而非365.25。這樣的話，一百八十七萬二千天除完之後就應該是五千二百，這是一個完美的結果，因為它恰好是圖特的神祕數字「五十二」的一百「捆」。因此，**圖特的神祕歸來就應該是在西元二〇八七年**（5200－3113＝2087）。

這樣的等待是可以忍受的。但唯一美中不足的是，**長紀曆是線性的，而不是循環的**。這樣的話，它就可以繼續累加到十四個伯克頓、十五個伯克頓。

推算完結日

但是，所有這些都不能影響預言的千年之重大意義。「千年」（millennium）是世界末日時間的起源，根源於西元前二世紀的猶太偽經著作，因此對其意義的追求必須轉到這個方向。實際上，將「一千」（千年）一詞定義為一個時代，其起源可追溯到《舊約》。《申命記》（7：9）指定神和以色列人訂約的年代為「千代」，這個說法在大衛把約櫃帶到耶路撒冷時再次重複（《歷代志上》16：15）。《詩篇》裡，不斷把「千」這個詞應用到耶和華身上，他的事蹟，甚至他的戰車（68：17）。

直接與完結日和回歸有關的陳述，出現於《詩篇》中由摩西本人做出的聲明：「**在你看來，千年如已過的昨日，又如夜間的一更。**」（90：4）這種說法引起了人們的猜想（始於羅馬人破壞聖殿之後不久）：這是找出難以捉摸的彌賽亞完結日的一種方式。根據《創世記》，如果創造（「世界的開始」）用了上帝的六天，並且神聖的一天都持續一千年的話，那麼從開始到結束一共經歷了六千年。於是，可以算出來，完結日將於「安諾蒙迪」紀年的六千年到來。

由於尼普爾的希伯來曆法是從西元前三七六〇年開始的，因此**完結日將於西元二二四〇年到來**（6000－3760＝2240）。

第三種完結日推算法可能讓人覺得失望或感到安慰，這完全取決於個人的盼望。這種推算法的亮點是，它完全與蘇美的六十進制（「基數六〇」）數學系統是一致的。甚至有可能在未來被證明是正確的，但我不這麼認為：因為它也是線性的，但預言所要求的是週期性的時間單位。

尼比魯星軌道週期的變化

由於沒有一個「現代的」預言是可行的，我們必須去追溯遠古的「公式」——《以賽亞書》的忠告是：「**關注過去的徵兆。**」我們有兩個週期的選擇：尼比魯星軌道週期的神聖時間，以及黃道歲差的天體時間。到底是哪一個呢？

當尼比魯星到達近日點（離太陽最近，也最接近地球和火星）時，阿努納奇趁著這個「機會之窗」來了又去。這個明顯的假設，過去常常讓某些讀者簡單地將三六〇〇扣除四〇〇〇（阿努最後一次拜訪的週期），得到西元前四〇〇〇年，或者將三六〇〇從三七六〇（尼普爾曆開始）中扣除，就像馬加比所做的一樣，得到西元前一六〇年。不管怎麼說，尼比魯星再次到達一事，還在遙遠的未來。

實際上，尼比魯星到達的時間比預期中更早，大約在西元前五六〇年。在考慮這次「脫軌」時，我們必須記住完美的SAR（三六〇〇年）只是數學上的軌道週期，因為天體（行星、彗星、小行星）在運行時，總會在經過其他星體附近時被其引力拉扯而改變軌道。以哈雷彗星為例，它的理論軌道週期是七十五年，實際上卻在七十四到七十六年之間浮動；一九八六年的回歸時就是七十六年。將哈雷彗星的例子延伸到尼比魯星上，就會得到一個在三千六百年上下波動五十年的週期。

還有一個原因讓人好奇為什麼尼比魯星偏離了它慣常的SAR：大約在西元前一萬九百年發生的罕見大洪水。

在大洪水之前的一百二十個SAR，尼比魯星的運行沒有造成這麼大的災難。但一些不尋常事件的發生，使尼比魯星更加靠近地球；再加上南極冰蓋的滑移，造成大洪水來臨了。那到底是什麼不尋常的事呢？

答案就在太陽系的外圈，天王星和海王星繞行的地方。它們有許多衛星，其中一些沿著「逆行」方向（即尼比魯的運行方式）運行。

太陽系最大的謎團之一，就是天王星是躺著的——它的自轉軸是指向太陽，而非垂直於公轉平面。美國國家航空暨太空總署的科學家說過：「某物」曾經對天王星造成一次「重擊」。但沒有誰敢猜測這個「某物」是什麼。一九八六年，旅行者二號（Voyager 2）在天王星的衛星米蘭達（Miranda，與天王星其他衛星有許多不同之處）上，發現了巨大的神祕山凹形傷疤和無法解釋的「犁過」特徵（見圖128）。我經常在想，或許這也是「某物」造成的。**這些有可能是因為它與經過的尼比魯及其衛星發生的天體碰撞所導致的嗎？**

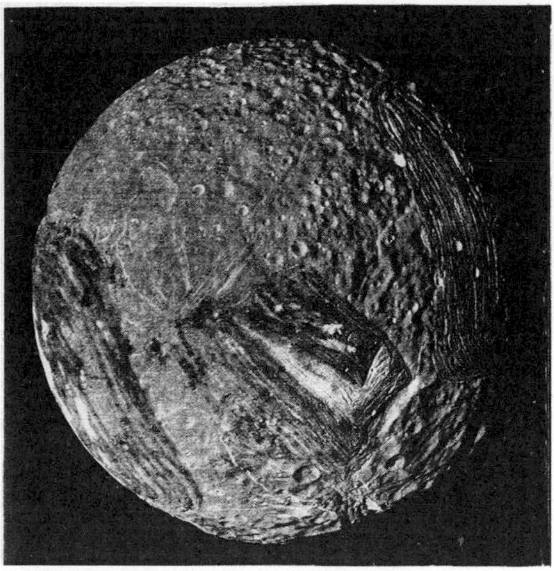

圖128：天王星的衛星米蘭達

近幾年，天文學家發現，那些外圈的大行星並非一動不動地在它成形時的軌道上運行，而是逐漸向外飄動，距離太陽越來越遠。研究指出，天王星和海王星的這種改變是最顯著的（見圖129的草圖），這樣就能解釋，為何尼比魯星在安然無事地運行了許多週期後，卻出現突發事件。

我們應該可以假設，尼比魯星在造成「大洪水」的那次週期，遇到了向外偏移的天王星，而且**它的一個衛星與天王星相撞**，使天王星向一側傾斜；而且這個撞擊的「武器」可能就是神祕的衛星米蘭達，它原本是尼比魯星的衛星，在撞擊天王星之後，被吸住而繞著天王星運行。

這個事件影響了尼比魯星的運行週期，使其從三千六百年減少到大約三千四百五十年，而大洪水之後的尼比魯星重現的時間表也重排為大約西元前七千四百五十年、四千年和五百五十年。

如果事情真是這樣的，就能解釋為何尼比魯星會在西元前五五六年提前到來，而這也暗示了**它的下一次到來大約在西元二九〇〇年**。對於那些將預言的災難性事件與尼比魯星（對某些人來說是「X星」）的回歸相連結的人而言，時間還很遙遠。

但是將阿努納奇的來去限制在尼比魯星於近日點的短暫「窗口」的任何想法，是不正確的。他們可以在其他時間到來和離去。

古代文獻記錄了許多眾神來了又去的例子，都沒有提到與這顆行星的鄰近有任何關聯。此外，也有許多關於地球人在地球和尼比魯星之間來往的傳說，但忽略了能在天空看見尼比

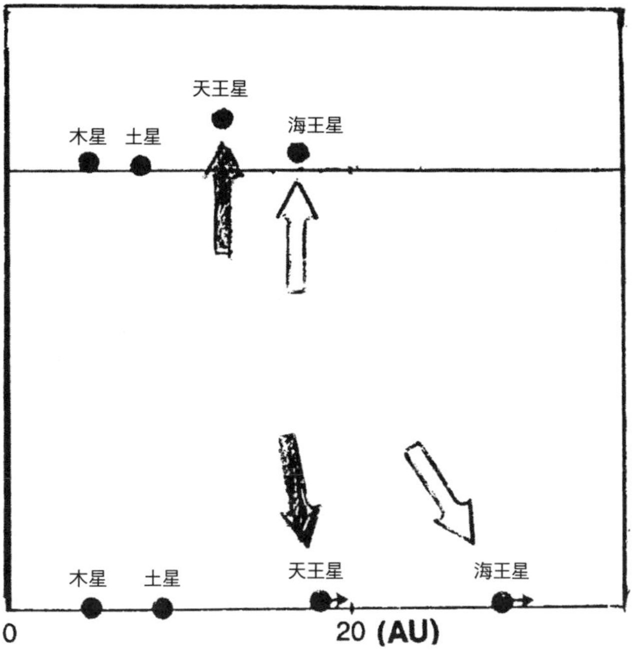

圖 129：天王星和海王星的軌道偏移

魯星一事（另一方面，阿努大約在西元前四〇〇〇年造訪地球時，則特別強調此事）。例如，恩基和女性地球人所生的兒子阿達帕，他得到了智慧卻未被賦予永生，曾經在杜姆茲和寧吉什西達這兩位神的陪同下，短暫地造訪了尼比魯星。以諾（類似蘇美的恩麥杜蘭基）也在他的地球人生中去過尼比魯星兩次。

如圖130所示，至少有兩種方式是可能的。一種是在尼比魯星到來的階段使太空船加速（航線A），在近日點之前到達地球；另一種是在尼比魯星遠離的階段，使太空船減速（航線B），然後朝太陽（進而朝地球和火星）「後退」。如果想跟阿努一樣，來到地球進行短暫的造訪，可以利用「A」航線到達，利用「B」航線離開；要短暫造訪尼比魯星（如阿達帕一般）則反向進行以上的步驟：利用「A」航線攔截尼比魯，利用「B」航線返回地球，依此類推。

阿努納奇的回歸並非都發生在這顆行星回歸時，為此，我們還有另一個週期時間：黃道時間。

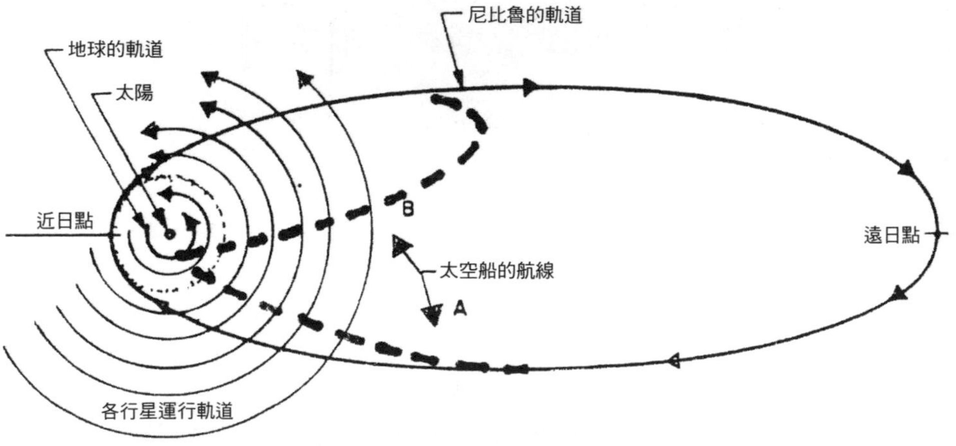

圖130：往返地球和尼比魯星之間的航線

黃道週期與牛頓的完結日計算

在《當時間開始》一書中，我稱之為「天體時間」。它與地球時間（我們星球的軌道週期）和神聖時間（阿努納奇的行星的時鐘）截然不同，卻是這兩者之間的紐帶。如果人們盼望的回歸，是針對阿努納奇而非他們的行星，那麼我們應該透過連接眾神和人們的時鐘：天體時間的黃道週期，來尋求解決兩者之間的謎團的方法。畢竟，黃道週期是阿努納奇發明來調和這兩個週期的。尼比魯的三千六百年軌道週期和二千一百六十年的黃道週期，兩者的比率是完美的十比六。如我所介紹的，它導致了蘇美人使用在數學和天文上的六十進制的誕生（6×10×6×10，依此類推）。

我們曾提過，貝羅蘇斯相信黃道週期是眾神和人們關係的轉捩點，並認為世界會週期性地經歷末日災難，不論是火災或洪水；而末日來臨的時間由天文現象決定。就像與他同時代的曼涅托一樣，他也把史前和歷史時期分為神話時代、半神話時代和後神話時代，總共二百一十六萬年，稱為「這個世界持續的時間」。這個奇蹟中的奇蹟，**剛好是黃道週期的一千倍**。

學者在研究關於數學和天文學的古代泥版時，驚訝地發現，泥版是以奇特的數字「一千二百九十六萬」（沒錯）做為起點。他們的結論是，這與二千一百六十年的黃道週期相關，它的六倍是一萬二千九百六十、六十倍是十二萬九千六百、六百倍是一百二十九萬六千。最令人驚訝的是，「一千二百九十六萬」這些古代列表開始的奇特數字，**是二千一百六十的六千倍，也就是上帝創世的神聖六天**。

貫穿整個《地球編年史》系列，我始終都在展示那些眾神事務影響到人們事務的重大事件，都與黃道週期有關聯。在每個時代展開時，都有大事件發生：金牛宮時代是文明被授予人類的時代。白羊宮時代從一場核劇變展開，隨著眾神的離去而結束。雙魚宮時代隨著聖殿的毀壞一起來臨，也是基督紀年的開始。**難道我們不該追問預言中的完結日，是否意味著（黃道）時代的結束？**

《但以理書》中的「一載，二載，半載」會是一個關於黃道時代的詞語嗎？這個可能性在三個世紀以前，就已經被艾薩克．牛頓爵士思考過了。他最富盛名的是關於天體運行（比如繞太陽公轉的行星）的自然規律的方程式。他同樣熱衷於宗教思考，並且寫了關於《聖經》及其預言的長篇專題著作。他認為，他所描述的天體運動都是「上帝的力學」。他堅信，那些由哥白尼（Copernicus）和伽利略（Galileo）展開，又被他繼承並發揚的科學發現，是命中注定要發生的。這讓他付出了大量心血來研究「但以理的數學」。

二〇〇三年三月，英國廣播公司（BBC）一個關於牛頓的節目，震驚了科學界和宗教界。節目中透露了一份文件的存在，牛頓的筆跡寫滿了它的正面和背面，他根據但以理的語言計算出了完結日的具體時間。

牛頓在紙張的一面寫下了數值計算過程，在另一面寫下了七個由計算結果分析出的「論點」。最近對這張紙的審視（我收藏了這張紙的影印本）發現，牛頓在計算中多次使用「二一六」和「二一六〇」這兩個數字。這個線索讓我知道了他的想法：**他在考慮黃道時間，對他而言，這就是彌賽亞時鐘！**

他寫下一份時間表，總結了自己對但以理預言的觀點，包括三個「不早於」和一個「不晚於」：

- 根據但以理給出的第一個線索，是在二一三二年和二三七〇年間。
- 根據第二個線索，是在二〇九〇年和二三七四年間。
- 根據決定性的「一載，二載，半載」，是在二〇六〇年到二三七〇年間。

「艾薩克・牛頓爵士預言世界將於二〇六〇年完結。」BBC宣布道。這可能不是很精確。但就如之前章節描述的黃道時代表所展現的，他的兩個「不早於」時間：二〇六〇年和二〇九〇年，相距不遠。

這個偉大的英國人的原始手稿，被保存在以色列國家圖書館（Jewish National and University Library）的手稿和檔案部，就在耶路撒冷！

這只是一個巧合嗎？

火衛一事件

我在一九九〇年出版的《重返創世記》中，首次公開披露了被忽略的「火衛一事件」（Phobos Incident）。它與一九八九年蘇聯太空船的失蹤有關，這艘太空船被發射去探測火星及其可能是中空的衛星：火衛一。

實際上，並非只有一艘，而是有兩艘蘇聯太空船失蹤。它們分別被命名為「火衛一 1號」（Phobos 1）和「火衛一 2號」（Phobos 2），暗示了其任務是探索火星的衛星火衛一。它們於一九八八年發射，一九八九年到達火星。雖然這是一項蘇聯的計畫，卻是由美國國家航空暨太空總署和一些歐洲機構贊助的。「火衛一 1號」消失了，卻沒有任何細節和解釋被公布過。「火衛一

2號」到達了火星，開始送回由兩部攝影機（一部一般攝影機，一部紅外線攝影機）拍攝的照片。

令人驚訝或讓人害怕的是，這些圖片包含了一個飛行在蘇聯探測器和火星地面之間的雪茄形陰影（見圖131，由兩部攝影機拍攝）。蘇聯的任務負責人將這個陰影描述為「可被稱為飛碟的物體」。他們馬上控制探測器從火星軌道移向衛星，並在五十碼的距離用鐳射轟擊它。「**火衛一2**

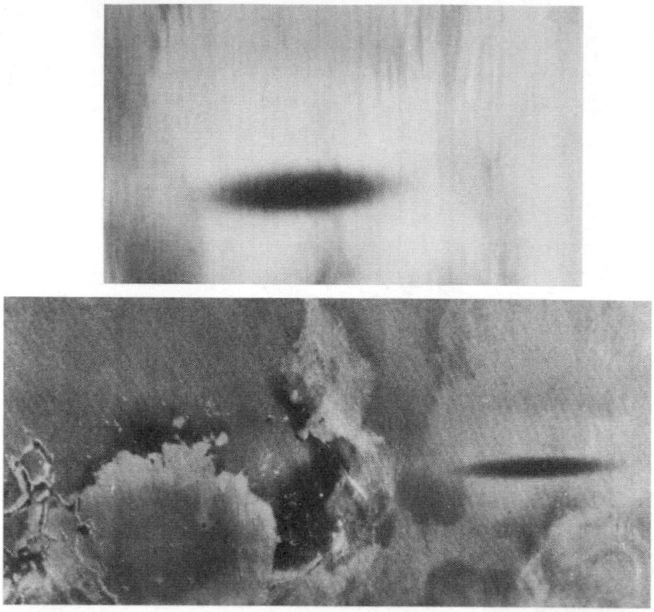

圖131：「火衛一2號」拍到的照片

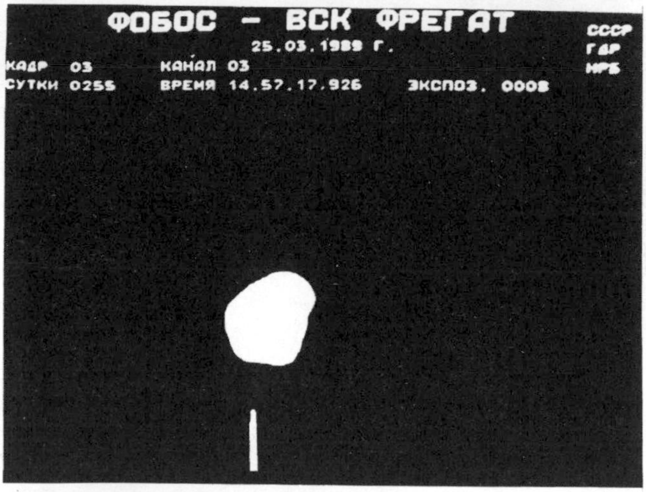

圖132：一枚飛彈射過來

號」發回的最後一張照片顯示，一枚飛彈從衛星射向它（見圖132）。之後，探測器就開始旋轉並停止發回資訊，它被這個神祕的飛彈擊毀了。

在官方，「火衛一事件」至今仍然是一個「無法解釋的事故」。實際上，在此之後，一個由所有領導太空研究的前鋒國家各自派代表參加的祕密委員會開始行動。這個委員會及其製定的文件，值得接受更多的檢驗，因為他們掌握了世界領先國家對於尼比魯星和阿努納奇的了解程度。

導致這個祕密組織形成的地緣政治事件，最早開始於一九八三年被IRAS探測到的「海王星大小的星球」。IRAS是美國國家航空暨太空總署的紅外天文探測衛星，透過熱輻射而非視覺觀察來探測天體，並以此方法掃描了太陽系的邊緣。尋找第十顆行星是它的既定目標之一，而且它也確實找到了一顆。之所以能確定被找到的那一顆是行星，是因為六個月後再次探測時，發現它明顯在向我們靠近。這個發現被當成報紙頭條刊登（見下頁圖133），卻在第二天以「誤會」為由撤銷了。實際上，這個發現太令人震驚，導致了美蘇關係的突變：雷根（Reagan）總統和戈巴契夫（Gorbachev）主席之間的會議和太空合作協定。美國總統在聯合國及其他會議上的公開聲明，包括以下的言論（他一邊用手指著天空邊說）：

> 試想一下，假如突然有一個來自宇宙中某星球的其他種族對這個世界產生了威脅，在我們舉行的這些會議中，他的任務和我的任務可能會多麼輕鬆……我偶爾會想，如果我們面臨來自這個世界外部的外來威脅，我們的分歧將很快消失。

因為這些憂慮而成立的工作委員會，從容不迫地組織了多次會議和磋商，直到一九八九年三月火衛一事件發生。委員會在狂熱地工作後，於一九八九年四月制定了一套被稱為《關於外星智

CHICAGO SUN-TIMES, FRIDAY, DECEMBER 30, 1983 PAGE 5

Heavenly body poses a cosmic riddle to astronomers

By Thomas O'Toole
Washington Post

WASHINGTON—A heavenly body that could be anything from a newly formed galaxy to a planetlike addition to this solar system has been found in the direction of the constellation Orion by an orbiting telescope.

So mysterious is the object …

… what it is," said Gerry Neugebauer, chief scientist on the project for California's Jet Propulsion Laboratory and director of the Palomar Observatory for the California Institute of Technology.

The most fascinating explanation of this mystery body, which is so cold it casts no light and has never been seen by …

… Houck of Cornell University's Center for Radio Physics and Space Research and a member of the tracking team. "If it is that close, I don't know how the world's planetary scientists would even begin to classify it."

Whatever it is …

Then, what is it? What if it is as large as Jupiter and so close to the sun it would be part of the solar system? Conceivably, it could be the 10th planet astronomers have searched for in vain. It also might have … to become a star eons ago but … hot enough.

… bauer and Houck hope the mys… is a distant galaxy either so … have not begun to … that its

---

4-A—THE DETROIT NEWS—Friday, Dec. 30, 1983

'Mystery' body found in space

Washington Post News Service

WASHINGTON — A mysterious heavenly body has been found in the direction of the constellation Orion by an orbiting telescope called the Infrared Astronomical Observatory.

It is possibly as large as the giant planet Jupiter and possibly so close to Earth that it would be part of this solar system.

So mysterious is the object that astronomers do not know if it is a planet, a giant comet, a nearby "protostar" that never got hot enough to become a star, a distant galaxy so young that it is still in the process of forming its first stars, or a galaxy so shrouded in dust that none of the light cast by its stars ever gets through.

"All I can tell you is that we don't know what it is," said Dr. Gerry Neugebauer, chief scientist for California's Jet Propulsion Laboratory and director of the Palomar Observatory for the California Institute of Technology.

The most fascinating explanation of this mystery body, which is so cold it casts no light and has never been … telescopes on Earth or

---

PHILADELPHIA INQUIRER, DEC. 30, 1983

At solar system's edge, giant object is mystery

By Thomas O'Toole
Washington Post Service

WASHINGTON — A heavenly body possibly as large as the giant planet Jupiter and possibly so close to Earth that it would be part of this solar system has been found in the direction of the constellation Orion by an orbiting telescope called the Infrared Astronomical Observatory (IRAS).

So mysterious is the object that astronomers do not know if it is a planet, a giant comet, a "protostar" that never got hot enough to become a star, a distant galaxy so young that it is still in the process of forming its first stars or a galaxy so shrouded in dust that none of the light cast by its stars ever gets through.

"All I can tell you is that we don't know what it is," said Gerry Neugebauer, chief IRAS scientist for California's Jet Propulsion Laboratory and director of the Palomar Observatory for the California Institute of Technology.

The mysterious body is so cold that it casts no light and has never been seen through optical telescopes on Earth or in space. The most fascinating explanation is that it is a giant, gaseous planet as large as Jupiter and a mere 50 billion miles from Earth. Although that might seem …

in the heavens. The second observation took place six months after the first and suggested that, during that time, the body had not moved from its spot in the sky, near the western edge of the constellation Orion.

"This suggests it's not a comet … cause a comet would not be as … as the one we've observed … comet would probably have m… Houck said.

Whatever it is, Houck sa… mystery body is so cold that … perature is no more than 40 … above absolute zero, whic… degrees Fahrenheit below …

When IRAS scientists fir… mystery body and calcu… could be as close as 50 … there was some specu… might be moving tow…

"It's not incoming …" Neugebauer said. "I … that idea with as m… I can."

Then, what is i… large as Jupiter … sun that it would … system? Conceiv… 10th planet th… searched for i…

It also migh… that started o… ago but neve… the sun, to …

Giant object mystifies astronomers

By Thomas O'Toole
Washington Post Service

WASHINGTON — A heavenly body possibly as large as the giant planet Jupiter and possibly so close to Earth that it would be part of this solar system has been found in the direction of the constellation Orion by an orbiting telescope called the Infrared Astronomical Observatory (IRAS).

So mysterious is the object that astronomers do not know if it is a planet, a giant comet, a "protostar" that never got hot enough to become a star, a distant galaxy so young that it is still in the process of forming its first stars or a galaxy so shrouded in dust that none of the light cast by its stars ever gets through.

"All I can tell you is that we don't know what it is," said Gerry Neugebauer, chief IRAS scientist for California's Jet Propulsion Laboratory and director of the Palomar Observatory for the California Institute of Technology.

The mysterious body is so cold that it casts no light and has never been seen through optical telescopes on Earth or in space. The most fascinat-

(See DISCOVERY on 4-A)

圖133：發現第10顆行星的相關報導

慧生命發現後的活動之原則聲明》的指導方針。其中商定了在**收到「關於外星智慧生命的信號或其他證據」後**必須遵循的程序。根據委員會透露，「信號可能不僅是表明其智慧生命來源的訊息，還可能是需要解碼的**實際訊息**。」商定的程序包括，承諾在**做出回應之前**至少延遲二十四個小時再披露聯繫方式。這顯然是非常荒謬的，假如那些信號來自一個數光年之外的行星的話……不過，這些都是為了近距離碰面所做的準備！

對我而言，從一九八三年開始的所有事件，還有在之前的章節中簡短提過的源自火星上的證據，以及從火衛一上發射出的物體，都暗示著阿努納奇依然存在（或許是他們的機器人）於火星（他們的舊轉運站）上。這可能顯示了一項為將來的訪問預先做準備的計畫。**綜上所述，這表示他們有「回歸」的意圖**。

對我而言，那個關於地球和火星的圓筒印章（見269頁圖113），既是對過去的記述，也是對未來的預言。因為它上面標示了一個時期，**那是用兩條魚的符號來暗示的雙魚宮時代**。

這是在告訴我們，發生在之前的雙魚宮時代的事件，也會在下一個雙魚宮時代重複嗎？如果預言真的成真，如果最先的事件會是最後的事件，如果過去就是未來，那麼答案就是肯定的。

我們依然處在雙魚宮時代。就如那個符號所說的，「回歸」必然會在現今這個時代結束之前發生。

後記

二〇〇五年十一月，以色列有了一個重要的考古發現。在他們為了新建築而清理地面時，一座古老的巨型建築遺蹟暴露在人們面前。考古學家被召集起來，對其進行仔細挖掘。這棟建築後來被證實是一座基督教堂，是迄今為止在聖地發現的最古老的教堂。上面的希臘語銘文暗示了它建於（或重建於）西元三世紀。由於遺址已被清理乾淨，一塊華麗的馬賽克地板映入人們的眼簾。它的中心是一幅兩條魚的圖案：雙魚宮的符號（見圖134）。

它象徵了什麼呢？

這個遺址是在米吉多發現的，就位在米吉多山的山腳下。而米吉多山正是哈爾米吉多（Har-Megiddo），也就是哈米吉多頓（ARMAGEDDON）。

這是另一個巧合嗎？

圖134：老基督教堂地面的雙魚符號

The Other 21

完結日・善惡大決戰與回歸的預言

地球編年史第七部

The End of Days: Armageddon and Prophecies of the Return (Earth Chronicles VII)

作者／撒迦利亞・西琴（Zecharia Sitchin）
譯者／龔力、洪禎璐
責任編輯／于芝峰
協力編輯／洪禎璐
內頁排版／宸遠彩藝
封面設計／陳文德

新星球出版 New Planet Books

總編輯／蘇拾平
發行人／蘇拾平
業務發行／王綬晨、邱紹溢
行銷企劃／陳詩婷
出版／新星球出版
105台北市松山區復興北路333號11樓之4
電話／（02）2718-2001
傳真／（02）2718-1258
發行／大雁文化事業股份有限公司
105 台北市松山區復興北路333號11樓之4
Email:newplanet@andbooks.com.tw
劃撥帳號／19983379
戶名／大雁文化事業股份有限公司

CIP國家圖書館出版品預行編目（CIP）資料

完結日・善惡大決戰與回歸的預言：地球編年史第七部／撒迦利亞・西琴(Zecharia Sitchin)作；龔力、洪禎璐譯. -- 初版. -- 臺北市：新星球出版：大雁文化發行，2020.08
336面；22x17公分. -- (The other ; 21)
譯自：The End of Days: Armageddon and Prophecies of the Return (Earth Chronicles VII)

ISBN 978-986-96857-7-1（平裝）

1.古代史　2.文明史　3.地球

712.1　　109011630

印刷／中原造像股份有限公司
初版一刷／2020年08月　定價：480元
初版四刷／2023年04月

ISBN：978-986-96857-7-1